모두를 위한 서관극,
다시 성장하는 대한민국을
함께 만들어 갑시다!

오세훈

다시 성장이다

오세훈의 5대 동행, 미래가 되다

다시 성장이다: 오세훈의 5대 동행, 미래가 되다

1판 1쇄 인쇄 2025. 3. 19.
1판 1쇄 발행 2025. 3. 24.

지은이 오세훈

발행인 박강휘
편집 심성미 | 마케팅 이헌영 | 홍보 이한솔
발행처 김영사
등록 1979년 5월 17일(제406-2003-036호)
주소 경기도 파주시 문발로 197(문발동) 우편번호 10881
전화 마케팅부 031)955-3100, 편집부 031)955-3200 | 팩스 031)955-3111

값은 뒤표지에 있습니다.
ISBN 979-11-7332-152-8 03340

홈페이지 www.gimmyoung.com   블로그 blog.naver.com/gybook
인스타그램 instagram.com/gimmyoung   이메일 bestbook@gimmyoung.com

좋은 독자가 좋은 책을 만듭니다.
김영사는 독자 여러분의 의견에 항상 귀 기울이고 있습니다.

다시 성장이다

미래가 되다

오세훈의 5대 동행

오세훈 지음

김영사

혁명적인 시기에 인간은 때때로 온갖 신기한 경험을 한다.

그러나 그에 질리고 난 다음에는 오래된 원칙으로 되돌아간다.

너무나 오랫동안 사용되지 않아서 다시 발견했을 때는

오히려 신선하고 강렬하게 보일 정도다.

러셀 커크, 《보수의 정신: 버크에서 엘리엇까지》

왜 지금 성장을 말하는가

혼돈의 시대다. 대한민국은 나라 안팎으로 격변의 한복판에 있다. 대내적으로는 모든 논의가 비상계엄과 그에 따른 후폭풍에 휩쓸려 한 치 앞도 내다보기 어렵다. 대외적으로는 도널드 트럼프 미국 대통령의 두 번째 임기가 시작되면서 전 세계가 외교, 안보, 경제, 산업, 통상을 비롯한 거의 모든 분야에서 극심한 불확실성과 싸우는 상황이다. 정부와 여야 정치권이 정신을 똑바로 차리고 역량을 결집해도 제대로 헤쳐나갈 수 있을지 장담하기 어려운 난국이다. 이런 마당에 정치권은 정쟁으로 골든타임을 흘려보내고 있다.

지금 세상이 바뀌는 속도는 현기증이 난다는 말로도 부족할 정도로 빠르다. 인공지능AI으로 대표되는 신기술이 빅데이터, 바이오, 에너지, 자율주행과 결합해 인류의 삶을 송두리째 바꾸고 있다. 동시에 일자리 시장엔 파괴적 변화의 물결이 들이닥쳤다. 미국과 중국의 극한 갈등 속에 세계화와 자유무역의 복음은 더는 들리지 않는다. 자유주의적 국제 질서의 균열은 이제 상수常數가 됐다. 급속히 재편되는 글로벌 공급망에 편승하지 못하면 빛의 속도로 낙오하는 시대다. 한국 안보에 최대 위협인 북핵은 미·중 갈등과 북·러 밀착으로 해결이 요원해진 가운데 트럼프 재집권이란 변수까지 더해져 불확실성이 증폭하는 모양새다.

대내적인 상황도 악화일로를 걷고 있다. 세계 최악의 저출산과 고령화로 잠재 성장률이 2% 이하로 추락해 사회 전반에 활기가 사라졌다. 인구 축소가 성장의 발목을 잡고, 팍팍한 살림살이 탓에 결혼과 출산을 꺼리니 사회와 경제 전반이 위축되는 악순환이 벌어지고 있다. 이 과정에서 계층 이동의 기회를 상실한 세대의 절망감이 전 사회적 혐오와 불신으로 번지며 극단적 진영 정치를 부채질하고 있다. 극성 팬덤과 포퓰리즘의 노예가 된 정치는 정치 보복과 극한 대립, 국정 표류의 악순환을 낳고 있다. 불치병 수준인 한국 사회의 환부가 곪아 터진 것이 비상계엄 선언으로 촉발된 탄핵 국면이 아닐까 싶다.

2025년이 가지는 의미를 고려하면 지금 한국이 처한 운명이 참으로 얄궂다. 올해는 대한민국이 해방 80주년을 맞는 해다. 지난 80년간 대한민국은 산업화와 민주화를 이룩해 세계 10위권 경제 규모와 1인당 국민총소득GNI 3만 5,000달러 고지에 올랐다. 제2차 세계대전 이후 독립한 신생국 가운데 후진국에서 중진국을 거쳐 3050클럽(인구 5,000만 명, 1인당 GNI 3만 달러 이상)에 가입한 나라는 대한민국이 유일하다. 최소한 양적인 측면에선 선진화를 이뤘다고 자부할 수 있다. 동·하계 올림픽과 월드컵을 유치했고 수혜국에서 공여국으로 거듭났다. 대한민국 여권만 있으면 세계 191개국에 무비자로 입국할 수 있다. 전 세계가 K-팝을 비롯한 한류에 열광한다. 35년간의 식민지 수탈과 6·25 전쟁의 폐허를 딛고 그야말로 기적의 역사를 썼다.

20년 뒤면 해방 100주년이다. 2045년의 대한민국은 지금보다 번영하는 나라여야 한다. 그러려면 한계에 봉착한 기존의 국가 발전 전략을 전면적으로 개조하는 발상의 전환이 필요하다. 여전히 소프트 파워를 경시하는 하드 파워 중심의 낡은 성장 모델, 상대적 박탈감에 좌절하는 사회적 약자를 보듬지 못하는 행정, 극단적 대립과 악성 팬덤에 발목이 잡힌 정치를 그대로 두면 대한민국의 미래는 없다. 이 위기를 기회로 삼아 국가 대개조 작업과 정치 개혁을 완수한다면 20년 뒤 한국의 위상은 지금과는 비교가 안 될 만큼 '레벨 업'이 될 것이다.

산업화 시대를 대한민국 1.0, 민주화 시대를 대한민국 2.0, 양적 선진화의 시대를 대한민국 3.0이라고 하자. 이제 우리가 만들 대한민국 4.0의 요체는 질적 도약을 통해 진정한 선진화를 완수한 성숙한 나라다. 한마디로 표현하면 코가KoGA:Korea Growth Again, 즉 다시 성장이다. 미국, 중국과 어깨를 나란히 하는 G3 코리아를 허황한 꿈으로만 치부할 게 아니다. 누가 대한민국 4.0을 설계하고 현실로 만들 것인가. 대한민국은 그 적임자를 찾고 있다.

'디자인서울'을 디자인하다

지난해 일본 모리기념재단이 발표한 2024 세계도시종합경쟁력지수GPCI 평가에서 서울은 전체 48개 도시 가운데 6위를 차지했다. 런던, 뉴욕, 도쿄, 파리, 싱가포르가 1~5위였다. 서울은 내가 처음 서울시장이 됐을 때만 해도 10위권 밖이었지만 두 번째 임기를 시작한 2010년에 8위로 10위권에 진입한 것을 시작으로 줄곧 6~8위권을 유지하고 있다. 전임 시장 때 6위에서 8위로 떨어졌다가 내가 세 번째 임기를 시작한 뒤 7위가 됐고, 이번에 다시 6위로 올라섰다. 서울을 글로벌 5대 도시로 만들겠다는 게 나의 목표다.

이 목표는 어느 날 갑자기 세운 게 아니다. 2010년 7월에 서울시장 두 번째 임기를 시작하면서 했던 말이 "서울을 세계 5대

도시의 반열에 올려놓겠다"였다. 많은 사람이 비웃었다. 하지만 중국 사회과학원이 발표하는 세계 주요 도시 경쟁력 순위에서 2006년에 27위였던 서울은 2010년에 9위로 순위가 크게 올랐다. 영국계 컨설팅그룹 지엔의 국제금융센터지수GFCI 조사에서 서울은 2007년 43위에서 2011년 11위로 도약했다. 국제협회연합UIA이 발표한 컨벤션 순위에서도 서울은 2006년 세계 11위에서 2010년에는 5대 도시로 거듭났다.

무엇이 서울을 바꿔놨을까. 나는 서울시장 첫 임기를 시작하는 2006년 7월 취임사에서 "21세기는 모든 것이 디자인인 시대"라고 선언했다. 거의 20년 전에 했던 말이다. 21세기는 단순히 경제 자본과 인적 자본만으로는 경쟁우위를 유지하기 어려운 시대이고, 위대한 도시가 되려면 문화 자본이 있어야 한다고 봤다. 그래서 문화의 경제·산업적 가치에 주목해 '컬처노믹스'를 제안하고 이를 역점 정책으로 추진했다. '디자인서울'과 '디자이노믹스'를 통해 도시의 부가가치와 경쟁력을 높이기 시작했고, 디자인을 미래 성장 동력으로 제시했다. 서울이 하드웨어와 하드 파워가 아니라 소프트웨어와 소프트 파워 중심의 도시로 거듭나야 한다고 확신했기 때문이다.

국가 경영도 마찬가지다. 1인당 GNI 3만 달러 시대를 열기까지 우리 사회 성장의 중심은 하드웨어였다. 기능과 효율, 건설과 산업, 자동차와 속도 중심, 에너지 과잉의 사회였다. 세계

머리말

는 기능을 넘어 감성 중심의 사회로 바뀐 지 오래됐다. 1만 달러나 2만 달러 시대의 성장 패러다임에 안주해서는 글로벌 경쟁력을 유지하기 어렵다.

세계은행의 집계에 따르면 한국의 2023년 1인당 GNI는 3만 5,490달러로 세계 29위다. 이는 종합 국력 세계 1위인 미국(8만 300달러·6위)의 44.2% 수준이다. 상위권은 주로 리히텐슈타인(11만 6,600달러·1위), 스위스(9만 5,160달러·3위), 룩셈부르크(8만 8,370달러·4위) 같은 유럽의 강소국들 차지였다. 단순 계산으로 소득을 2배 이상 키워야 선진국 대열에 설 수 있다는 이야기다. 세계 증시에서 국가별 체급을 판정하는 모건스탠리MSCI 지수도 한국을 선진국이 아니라 신흥국emerging market으로 분류하고 있다. 아직 갈 길이 멀다.

종합 예술의 결정체, 대한민국을 위해

이웃 일본의 부침에서 눈여겨볼 만한 교훈이 있다. 한국은 인구 구조와 경제 관련 지표 등에서 10~20년 시차를 두고 일본을 따라가고 있다. 1980년대 세계 2위의 경제 대국으로 승승장구하던 일본은 1990년대 들어 거품 경제 붕괴로 장기 침체의 늪에 빠졌다. 1992년부터 30년 동안 경제 성장률 연평균

0.73%로 사실상 정체 또는 마이너스 성장을 기록했다. 이 기간에 일본의 정치 리더십은 무기력했고 일본 정부는 재정 투입을 계속하며 경기 부양에만 매달렸다. 일본의 누적 국채 발행액은 1,000조 엔이 넘었고 국가 부채 비율은 국내총생산GDP 대비 256%까지 치솟았다. 성장은 못 이룬 채 천문학적인 국가 부채만 떠안은 것이다. 일본의 1인당 GNI는 2012년 4만 6,000달러로 정점을 찍고 줄곧 내리막을 걷고 있다. 결국 2023년엔 한국에 역전당했다.

성장과 국가 발전 경로에서 한국이 일본화되는 조짐을 뚜렷하게 보이는 것은 안타깝고 아찔한 일이다. 한국에서는 나라 전체가 빚을 내 약자들에게 돈을 퍼주면서 돈 잔치를 벌이자거나, 가진 자들의 부를 빼앗아 나누자고 선동하는 좌파들이 이런 흐름을 부채질한다. 문재인 정부가 2017년부터 5년 내내 한 일이 그런 것이었다. 이념에 사로잡힌 부동산 정책으로 '미친 집값'과 '벼락 거지'를 만들고, 경제학 원리에도 안 맞는 소득 주도 성장으로 최저 임금을 마구 올려 빈곤층을 더 지독한 가난의 구렁텅이로 몰아넣었다. 집권 5년 만에 국가 채무가 450조 원 늘어나 1,000조 원을 넘겼다. GDP 대비 부채 비율은 36%에서 50%로 치솟았다. 또다시 좌파 포퓰리즘 정권이 들어선다면 영락없이 일본 꼴이 날 것이다.

2025년부터 짧게는 5년, 길게는 10년의 시간이 대한민국의 부흥과 쇠락을 좌우할 골든타임이 될 것이다. 이 시기에 어떤 성장 전략을 갖춘 지도자가 한국을 이끄느냐가 대단히 중요하다. 양적 팽창 중심의 하드 파워만 갖고 국력을 논하는 시대가 지났다는 것을 절감하고 일찍부터 소프트 파워의 잠재력에 주목해온 지도자가 필요하다. 소프트 파워를 활용해 선진국의 초입에서 정체하는 한국 경제를 되살릴 설계도를 다시 짜야 한다.

대한민국 4.0 만들기는 종합 예술이다. 경제 성장률이나 1인당 GNI도 중요하지만, 그것이 전부는 아니다. 단선적 성장 모델과 낡은 사고방식을 버려야 한다. 기능과 효율 중심에서 인간 중심으로, 외형과 설비 중심에서 문화와 예술 중심으로, 에너지 과잉 소비에서 에너지 고효율로 나아가는 건 선택이 아니라 필수다. 하드 파워에 걸맞은 소프트 파워를 겸비하고, 뒤처진 지방정부의 경쟁력을 키워야 정체된 한국 사회가 '퀀텀 점프'를 할 수 있다. 이것이 시대정신이자 미래형 성장 전략이다. 서울을 글로벌 5대 도시로 만들 비전일 뿐만 아니라 1인당 GNI 3만 달러 시대를 넘어 5만 달러, 10만 달러 시대를 열어갈 대한민국의 비전이다.

대한민국의 궁극적인 비전은 삶의 질 1등 국가를 만드는 것이다. 국가 경쟁력이든 경제 발전이든 이 모든 것은 국민이 행복을 누릴 수 있는 국가를 만들기 위한 수단에 불과하다. 각종 행복도 조사에서 한국의 순위는 부끄러운 수준이다. UN 지속

가능발전해법네트워크SDSN가 2024년에 발표한 《세계행복보고서WHR》에서 1위는 핀란드였고 그 뒤를 덴마크, 아이슬란드, 스웨덴이 이었다. 한국은 52위였다. 2021년 62위, 2022년 57위에서 오르긴 했으나 한국의 경제력이나 글로벌 영향력에 비하면 턱없이 낮은 성적이다. 객관적인 국력은 커졌지만, 개인의 삶은 각박하다는 의미다.

우리의 최종 목적은 번영 속에서 국민 개개인이 행복을 누리는 국가를 건설하는 것이다. 묵묵히 자기 일에 매진하는 사람이 성공하는 국가가 필요하다. 나는 이렇게 만들어질 미래의 대한민국을 '모두를 위한 선진국'이라 부르고 싶다. 이 책은 그 길을 가기 위해 내가 국민 여러분께 제시하는 이정표다.

아직은 멈출 때가 아니다

본문은 크게 두 묶음으로 구성됐다. 1부에는 진중권 동양대 교수와의 대담을 담았다. 두 차례의 대담 중 한 번은 그와 치열하게 토론했고, 또 한 번은 그의 질문에 답하는 시간을 가졌다. 2부에는 그간 내가 숙고해온 '5대 동행'의 구상을 담았다. 도전과 성취, 약자, 미래세대, 지방, 국제 사회 등 평소 나의 머릿속을 채운 키워드를 체계화해 대한민국 미래의 틀을 만들었다.

　모름지기 이 책이 혼돈과 격변의 시기에 지친 국민에게 작
은 희망의 씨앗이 되기를 간절히 바란다. 나의 생각과 구상이
지금과는 다른 미래를 위한 밑거름이 될 수 있다면 더 바랄 나
위가 없겠다. 대한민국은 아직 멈출 때가 아니다.

2025년 2월

서울시장 오세훈

차례

머리말
왜 지금 성장을 말하는가   005

1부

오세훈과 진중권의 끝장 토론

낭떠러지 끝에서 살아남기

1. 논쟁

국민을 위하는 길엔 보수와 진보가 없다   023
성장과 분배, 그 오랜 숙제에 관하여   030
중도화의 본질은 양극화 해소   039
'오세훈법'과 유튜브의 영향력   047
한국에 5개의 싱가포르가 생긴다면   054
권력 충돌 막을 안전 장치   060
머리에 핵을 이고 살 것인가   066

2. 문답

규제 NO, 인센티브 YES   077
부자 미국, 병자 유럽   086
미친 집값의 시대를 건너는 법   096
부채의 나라, 누가 부담을 떠안을 것인가   105
소멸의 나라, 일할 사람이 없다   112

2부

선도할 것인가, 추격할 것인가

미래로 가는 5대 동행

1. 도전·성취와의 동행

자유 없는 번영은 없다	125
G3 코리아 리더의 덕목	135
승자 독식 정치, 과연 괜찮은가	144
과학과 기술이 피울 꽃	152
공무원을 날게 하다	159
AI 혁명과 불붙는 선점 경쟁	165
첨단 기술로 다시 '한강의 기적'	172

2. 약자와의 동행

나는 왜 정치를 하는가	181
일자리를 위한 복지	188
인문학이 희망이 될 때	194
소득의 디딤돌	203
계층 이동 사다리, 교육	214

3. 미래세대와의 동행

청년 세대가 갚아야 할 빚	223
아이를 낳고 싶은 나라로	234
축소 사회 해법	241
'공정한 일터'를 만드는 노동 개혁	246
국민연금, '폭탄 돌리기'는 그만	252

4. 지방과의 동행

지방이 꿈꾸는 이상   259

소멸하지 않는다, 살아날 것이다   267

부단한 업그레이드, 세 도시 이야기   272

5개의 열쇠   279

5. 국제 사회와의 동행

국제 교류의 자산   297

기회의 땅, 트럼프의 미국   304

중국, 환상을 넘어 원칙으로   317

통일은 '안보·경제·국제' 3중 복합 게임   325

K-리더십의 미래   333

주   342

1부

살아남기

낭떠러지 끝에서

오세훈과 진중권의 끝장 토론

"누가 오늘날의 시대정신을 물으면 저는 늘 '양극화 해소'라고 답합니다."

"인간이 좌절을 하면 감정 자체도 극단화돼요. 거기서 정치적 양극화가 발생하죠."

1

논쟁

국민을 위하는 길엔

보수와 진보가 없다

> '보수가 소수파가 됐다'는 주장이 회자됩니다. 무조건 보수 정당을 찍는 사람이 과거에는 30% 정도였는데 이제는 20% 안팎으로 쪼그라들었다는 주장인데요. 두 분은 동의하는지요.

진중권 기본적으로는 세대마다 공유하는 역사적 경험이 있습니다. 예를 들어 70대 이상은 반공과 산업화를 통해 정체성을 형성한 세대죠. 50~60대는 흔히 민주화 세대로 불립니다. 1980년 5·18 광주민주화운동과 1987년 6월 민주항쟁에 대한 기억을 통해 정치적 정체성을 형성한 세대입니다. 40대는 대개 50~60대와 유사한 정체성을 보입니다.

과거만 해도 사실 70대 이상의 산업화 세대가 주류로 꼽혔는

데, 이제는 이분들이 연로화되고 50~60대의 사회적 영향력이 커지면서 보수 세력 역시 소수파로 전락했습니다. 그나마 지난 20대 대선에서는 2030과 연대한 소위 '세대 포위 전략'을 통해 집권에 성공했지만, 점점 세대적으로 고립되는 건 사실이죠. 과거 비전으로는 더 이상 2030에게도 소구하기 힘든 상황이라고 봅니다.

오세훈 그렇게 세대로 도식화해서 설명하는 것에 저는 늘 거부감이 듭니다. 그리고 보수와 진보로 분류할 수 있느냐도 의문이에요. 꼭 보수라고 국민의힘을 지지하는 것도, 진보라서 더불어민주당을 지지하는 것도 아니에요. 국내적 특수성에 따라 출신 지역이나 발전 혹은 분배에 대한 담론 등에서 생각이 갈리고, 그 결과로 각 당을 지지하는 것이겠죠. 거기에 평소에는 정치에 큰 관심을 두지 않고 생업에 매진하지만, 선거 때면 한쪽 손을 들어주는 스윙보터가 있습니다. 저는 그런 분들을 중도층으로 분류합니다.

1950~60년대에서 군부 정권 시대에 이르기까지의 산업화 시대에는 경제적 안정에 대한 희구 세력이 있었죠. 대개 그분들을 보수로 분류했습니다. 그런데 그 과정에서 워낙 불균형한 성장을 추구했잖아요. 나라에 먹을 게 너무 없고 축적된 경제력이 없어서 일단 공장을 돌리고 조그마한 기업이라도 운영해 부

가가치를 생산해 먹고살아야 하는 시절이었어요. 그렇다 보니 기업을 운영하는 사람은 부자이고 노동력을 제공하는 사람은 저임금에 늘 허덕이는 상황이었죠. 그러니까 노동 운동을 하면 진보 쪽으로 분류됐는데, 지금 어디 그런 분류가 가능한가요. 민노총 구성원들이 중산층을 이루고 있어요.

예컨대, 윤석열 정부 초기에 국민적 기대감이 넘쳐나다가 김건희 여사 이슈가 뉴스를 도배하기 시작하니 민심이 돌아섰잖아요. 사과해야 할 타이밍에 적절한 사과가 없었죠. 한마디로 말해서 국민을 이기려는 대통령 부부의 모습에 상당수 유권자가 돌아섰습니다. 그 모습을 두고 국민의힘이 지지를 잃었다거나, 보수가 힘을 잃었다고 표현할 수 있나요? 과거 노무현 정권 때는 돌부리에 걸려 넘어져도 대통령 탓이라고 했습니다. 그 정도로 인기가 바닥이었어요. 그렇다고 해서 진보가 망했다고 표현하지는 않았습니다.

제가 말씀드리고 싶은 요지는 이런 겁니다. 일률적으로 유권자를 규정하면 정치하는 사람의 입장에서는 엄청난 무력감을 느낍니다. 모든 국민이 경제적으로 여유롭고 정신적 가치도 추구할 수 있는 나라를 지향하는 정치인이라면, 보수건 진보건 국민 전부가 동의해주리라 믿고 정치를 합니다. 국민을 믿는 거죠. 지금 더불어민주당이 정치하는 것처럼 국민 절반을 배제하더라도 51%만 확보해 선거에서 이기면 된다는 마음가짐으로 정치하면 그야말로 국민적 불행이죠.

진중권 하지만 국민의힘 지지층을 묶어주는 그 이념 자체가 굉장히 낡았잖아요. 보세요, 지금은 대통령의 계엄이 정당했다는 주장으로 똘똘 뭉쳐 있거든요. 이는 보수 진영과 국민의힘이라는 정당이 던지는 정치적 메시지에 큰 문제가 있다는 걸 보여주죠.

시대가 달라져도 여전히 과거에 집착하는 행태를 저는 '후유증'이라고 표현합니다. 지금 대한민국에는 군사 정권의 후유증과 반독재 투쟁의 후유증, 이 둘이 충돌하고 있거든요. 이번 대선에서도 그 후유증이 큰 영향을 발휘할 거라고 봐요. 특히 보수 진영이 미래가 아니라 과거에 집착하는 모습이 국민의 눈에 띌 겁니다. 총선 참패 후에 부정 선거에 집착하듯이, 탄핵이 인용되면 국민의힘의 강성 지지층은 헌재의 결정에 대한 불복 투쟁을 주장할 것이고, 그 프레임으로 대선을 치르자고 할 겁니다.

오세훈 민주당이야말로 과거 집착 세력 아닌가요? 허구한 날 일제강점기 이야기를 하잖아요. 윤석열 정부가 일본과의 관계 개선에 나서는 것조차 인정하지 못하겠다는 것 아닙니까.

진중권 민주당조차 1980년대 정서에 갇혀 있는 거죠. 그런데 국민의힘은 1960~70년대에 머물러 있다는 게 문제라는 겁니다.

오세훈 (웃음) 저는 그 말에 동의하지 않습니다. 우리 당에는 저 같은 사람도 있으니까요.

승리도 실패도 단정할 수 없는 현재

화제를 돌려보죠. 최근 광장과 온라인을 막론하고 2030세대 의 일부가 탄핵 반대 집회에 참석하는 모습이 관찰됩니다. 일 각에서는 이들을 두고 극우라는 표현도 쓰는데요.

오세훈 저는 극우라는 표현에도 동의하지 않습니다. 그들이 왜 극우입니까? 탄핵을 29회나 남발한 사람들에 대한 분노지, 거 기에 무슨 극우가 있고 극좌가 있어요? 대통령은 구속됐고, 막 상 그 원인을 제공한 사람은 활보하고 있는 것에 대한 분노죠.

진중권 분노를 표출하는 방식이 '계엄령이 아니라 계몽령'이라 고 하는 것 아닙니까. 탄핵에도 반대하고요.

오세훈 사람들이 단순화해서 이야기할 뿐입니다. 그 자리에 가는 사람들은요, '대통령이 판단을 그르쳐 무리하게 계엄이라는 오판을 했고 그로 인해 일국의 대통령이 구치소에 수감됐는데, 그렇다고 해서 지금 너희가 승리의 찬가를 부르는 행태에는 동의하지 못한다'는 거예요. 거기에 앉아 있다고 해서 모두가 계엄이 잘한 일이라고 동의하는 사람은 아니라고 생각해요.

진중권 문제는 뭐냐 하면 계엄은 잘못이고 탄핵도 필요하다는 명확한 입장을 취해야 하는데, 탄핵에 반대하고 헌법재판소까지 공격하니 다음 장으로 못 넘어가는 거죠. 여당 역시 강성 지지층만 결집해선 대선을 치를 수 없습니다.

오세훈 일부를 일반화해서 극우라고 이야기하면 안 되죠.

진중권 한두 사람도 아니고 집단적으로 법원에서 난동을 부렸는데, 그게 문제가 아닙니까?

오세훈 저는 진 교수님이 일부를 전체로 침소봉대하고 있다고 생각합니다.

진중권 그게 작은 일입니까?

오세훈 그 자체는 분명 작은 일이 아니죠. 그런데 법원에 들어가 문제가 된 사람이 전체에서 얼마나 차지합니까? 잘못에 대해서는 법적 판단을 구하되, 집회에 참석한 모두의 문제로 비약해서는 안 되죠.

진중권 저는 극단적인 사람들이 주도하는 그런 분위기를 지적하는 겁니다. 지도력은 사람들을 선동해서 싸우게 만드는 게 아니에요. 폭력적인 행동을 할 때 제지할 수 있는 힘이 지도력이라는 말을 운동권 사람들이 많이 했어요. 그런데 지금 탄핵 반대 집회에서는 그 메커니즘이 작동하지 않고 있고, 당이 편승하고 있단 말이죠. 대선에서 국민들은 보수를 향해 '탄핵의 강을 넘었냐' '계엄의 강을 건넜냐'고 물을 겁니다.

성장과 분배,

그 오랜 숙제에 관하여

첫 번째 질문에 대한 대화를 나누다가 논쟁의 범위가 좀 넓어졌습니다.(웃음) 다시 돌아와서 보수에 대해 논해보죠. 국민은 보수 정당이 부자를 위한 정당이라고 생각하는 경향이 있습니다. 오해입니까, 아니면 그런 비판을 자초한 면이 있습니까?

오세훈 일종의 프레임이죠. 경제 발전은 불균형한 성장일 수밖에 없어요. 그렇게 발전 과정에서 생기는 빈부 격차를 두고 진보 쪽에서는 '보수가 부자를 위한 정치를 했다'는 프레임을 짜는 겁니다. 과거에 횡행한 가장 큰 착시가 '기업=부자'라는 논리입니다. 산업화 과정에서 일부 부도덕한 기업인을 문제 삼아서 '부자인 기업인이 노동자를 착취한다'고 공격했고 보수가 이들을 비호한다고 주장했어요. 거짓말이죠.

기업이 부를 창출하지 않으면 가난한 사람들에게 부가 돌아가지 않습니다. 그런데 기업이 부를 창출한다는 그 사실 자체를 악용해, 기업인은 부자이고 부자를 편드는 세력이 보수라는 식의 구조를 짠 겁니다.

산업화 시대 초기에는 그런 공격이 통했어요. 우리나라는 자원이라고는 노동력밖에 없어서 저임금을 바탕으로 제조업에서 경공업, 중화학공업으로 발전하는 경로를 거쳐왔으니까요. 이제는 사람들이 '기업은 부를 창출하는 하나의 도구'라는 점을 알아요. 기업 활동을 활발하게 하는 시스템을 만드는 정책을 입안하는 것은 부자를 위한 일이 아니라 나라의 부를 창출하기 위한 일이라는 점을 압니다. 1970~80년대에 통하던 프레임에서 벗어날 때가 됐어요.

| 프레임이라는 주장에 대해 진 교수님은 어떤 생각인지요.

진중권 양쪽에서 다 프레임을 쓰잖아요. 예를 들어 보수는 '노조는 다 빨갱이이고 생산성을 저해하여 기업을 파괴하는 자들'이라는 식의 프레임을 짜고, 더 나아가서 '종북·주사파' 프레임까지 사용하잖아요.

질문의 본질로 돌아가면, 저는 국면의 문제라고 봅니다. 성장이 필요한 국면이 있죠. 그다음에는 분배 이슈가 제기되는 때가 오고요. 이렇게 순환하기 마련인데, 현재 한국 상황에서는 분명 성장 담론이 우선할 수밖에 없다고 봅니다. 이재명 대표가 우경화를 통해 그걸 입증하고 있죠.

그럼에도 항상 좌파의 문제가 뭐냐면, 흔히 '선한 의도가 늘 선한 결과를 낳지는 않는다'고 하던데, 바로 거기서 자유롭지 않다는 점이죠. 예를 들어 임대차 3법(전월세 상한제·계약갱신청구권제·전월세 신고제)을 만들었는데 어떻게 됐습니까. 부동산 값이 폭등해 결국 서민을 어렵게 만들었고, 노동 시간 규제도 타당한 면이 있지만 다른 한편으로 이로 인해 건설업 같은 경우 공사 기간이 늘어나면서 그에 따른 초과 비용이 집값 상승으로 나타나 서민의 피해로 돌아오기도 하거든요. 특정한 현상의 원인과 결과가 단선적으로만 이어지는 게 아니라는 의미죠.

그렇다고 하더라도 노동 운동이 있었기 때문에 국민의 삶이 더 나아졌죠. 1987년 노동자 대투쟁을 통해 임금이 2배 가까이 올랐습니다. 저는 이것이 내수를 살찌우는 토대로 작용해 한국이 대만, 일본과 비교해 가파른 경제 성장을 구가하게 된 요인 중 하나가 됐다고 생각합니다.

결국 성장과 분배는 항상 동전의 양면처럼 함께 가야 하고, 정당들도 하나만 내걸고 싸울 일이 아니라 늘 타협하고 협상해야 할 필요가 있다고 봅니다.

그럼에도 여전히 국민의 상당수는 보수 정당이 성장과 분배에 관해 균형감 있게 접근하는 게 맞느냐고 의심하는 것도 사실인데요. 오 시장님은 서울시에서 '약자와의 동행'을 캐치프레이즈로 내걸면서 성장 못지않게 분배의 중요성을 강조하고 있습니다. 그 이유는 무엇입니까?

오세훈 번영의 과정에서 필연적으로 격차가 나타날 수밖에 없고, 그 격차를 보듬어 안고 갈등을 최소화하지 않으면 더 큰 번영을 이룰 수 없기 때문이죠. 인간은 필연적으로 불평등하게 태어납니다. 부모로부터 내려오는 재산 격차도 있지만, 애당초 다양한 능력의 차이를 안고 태어납니다.

이와 같은 필연적인 불평등을 어떻게 보듬어 안고 미래로 가느냐가 모든 정치 세력의 숙제가 돼야 합니다. 구성원 일부가 사회에 적대감을 품는다거나, 심지어 저주까지 퍼붓는다면 그 사회는 소모적 갈등으로 인해 건전하게 번영할 수가 없어요.

적어도 출발선에서는 고르게 출발할 수 있도록 제도가 정비돼야 한다고 봅니다. 그런 의미에서 '약자와의 동행'이라는 이름을 붙였지만, 사실 미안한 마음도 있어요. 뭐랄까요, 그분들을 약자로 지칭하면서 배려하는 듯한 느낌을 주는 게 꼭 온당한 것은 아닌 것 같아서요. 궁극적으로는 시혜나 배려가 아니라 그분들에게 기회를 주는 접근 방법이라고 생각해줬으면 합니다.

담합인가, 고착화인가

진중권 저는 서울시장으로서 오 시장님이 펼쳤던 정책에 적극 찬성해요. '서울런'이나 '디딤돌소득'에 대해서도 높이 평가합니다. 다만 문제는 뭐냐면, 평등이라는 게 사실 자본주의를 위해 필요한 측면이 분명히 있거든요.

정규직과 비정규직, 대기업과 중소기업 간 임금 격차는 노동 의욕의 감소로 이어집니다.

또 자산 격차도 엄연한 현실 아닙니까? 이런 상황에서는, 사람들이 어떻게 하면 효율적인 기술을 개발할 것이냐 고민할 시간에 오히려 코인 거래소를 들여다봐요. 결국 노동 생산력을 엄청나게 떨어뜨리는 문제로 이어지죠.

또 한편으로는 기회의 격차도 있잖아요. 서울, 그중에서도 강남에 사는 사람에게 기회가 훨씬 많이 돌아가거든요. 저는 강남 아이들이 무슨 특별한 DNA를 타고났다고 생각하지 않습니다. 대한민국 5,000만 명 중 인재를 뽑는 것과 강남에 사는 50만 명 중 인재를 뽑는 것 중에 무엇이 더 뛰어난 엘리트를 충원하는 길이겠습니까. 제가 볼 때는 단연코 전자예요. 지금은 평균적으로 수준이 상당히 떨어지는 이들이 인재로 뽑히는 상태가 되는 겁니다.

이것은 정의의 차원을 넘어 대한민국 자본주의의 생존 문제와 직결된다고 볼 수도 있는데, 이런 구조적인 문제에 대해 오 시장님의 해법은 무엇인지 견해를 듣고 싶습니다.

오세훈 교육 격차가 워낙 크니 서울런을 예로 들었습니다만, 사실 그와 비슷한 유형의 약자 동행 정책은 서울시에 많습니다. '동행식당'이나 '온기창고', '희망의 인문학'은 실패를 경험한 분들에게 손을 내미는 정책이죠. '영케어러'처럼 자립 청년을 돕기 위한 정책도 서울시가 타 지자체를 선도하고 있고요.

구조적인 문제로 넘어가면, 궁극에는 부동산 양극화가 만드는 자산 격차를 어떻게 해소하느냐가 중요한 숙제죠. 그런 뜻에서 부동산 값 하향 안정화가 정책의 최우선순위에 있어야 한다고 생각합니다. 수입의 격차도 줄여야죠.

이와 관련해 유럽에서 배울 점이 있다면, 비정규직과 정규직 간 수입 격차를 현실적으로 해소하는 방법입니다. 아시다시피 북유럽 국가에선 굳이 정규직이 되고 싶어 하지 않아요. 비정규직으로 일하면서 여가를 가족과 함께 보내는 분들도 많습니다. 정규직과 비정규직 간 임금 격차가 크지 않기 때문에 가능한 일이죠. 그런데 우리나라 노조는 말로는 비정규직을 정규직으로 전환하라고 하면서 행동은 반대로 해왔어요. 이제는 노조도 달라져야죠.

진중권 말씀을 가만히 듣다 보면 자꾸 노조만 공격하는 것 같습니다.(웃음)

오세훈 공격이 아니라 해법이 거기에 있다고 말하는 거예요. 상생하자고 노조에 호소하는 겁니다. 제가 한국노총의 자문 변호사였어요.

진중권 제가 겪은 에피소드가 있는데요. 1980년대에 현대중공업 노동자들이 상경 투쟁을 한다고 해서 서울역에 맞이하러 나가자고 했어요. 그랬더니 다들 무슨 소리냐고 해요. 그 사람들은 다 차를 몰고 온다고 해요.(웃음) 그때 제 머릿속에 있는 노동자상은 구로공단 봉제공이었는데, 그 말을 듣고 충격을 받았죠.(웃음)

다시 돌아오면, 정규직과 비정규직 간 격차라는 게 기업만의 문제도 아니고 노조만의 문제도 아니고, 대기업과 대기업 노동자 사이에 이뤄지는 모종의 담합에서 비롯한다는 겁니다. 노조에서 비정규직 투쟁을 한다고 해도, 가서 명함만 내보이는 정도이고 자기들 이익과 충돌하는 순간 돌아서는 모습도 봤어요. 저는 그것이 한국 노동 운동이 쇠퇴한 가장 중요한 이유 중 하나라고 보거든요.

오세훈 글쎄요. 저는 노조가 기업과 담합한다는 진단에 동의하지는 않습니다. 결과적으로는 담합이지만요. 노조가 그렇게 드세게 나오는데 무슨 수가 있겠어요? 대기업과 중소·중견기업의 직원 간 소득 격차가 양극화 심화의 큰 원인 중 하나잖아요. 중소기업에 들어가서 경력과 기술을 쌓고 이를 바탕으로 더 큰 기업에 갈 수 있는 구조가 마련되면 이런 걱정을 하지 않아도 됩니다. 그런데 이 구조를 고착화하는 데 결정적 역할을 하는 집단이 노조 아닙니까.

노조도 이제 내 것을 내놓을 상생의 마음가짐을 가져야 합니다. 지금은 '우리는 한 푼도 못 내놓겠고 나라가 세금으로 빈부 격차나 비정규직 문제를 해결하라'는 것 아닌가요? 그에 대한 문제 제기 없이 기업과의 담합 구조라고 치부하면 해법이 나올 수 없죠.

진중권 저는 대기업이 단가 후려치기라든지, 기술 탈취라든지 등의 방식으로 중소기업의 인센티브를 빼앗아서 그 일부를 노동조합 상층부에 뿌림으로써 잠시 노사 간 평화를 얻는 게 핵심이라고 봐요. 노조에 상생을 요구하는 것이라면, 기업에는 무얼 촉구하는 겁니까.

오세훈 기업도 발전의 여력이 될 정도의 재원만 남기고 버는 만큼 나눠야죠. 그래야 요새 유행하는 말로 '밸류 업value up(기업 가치 제고)'도 가능해집니다. 기업은 돈 버는 게 본업입니다. 벌어서 세금을 내고 일자리를 창출하고 기술 개발로 미래의 더 큰 돈벌이의 바탕을 만드는 것, 그리고 '밸류 업'을 해서 소액 투자자의 재테크에 기여하는 것 이상을 바라면 너무 과욕을 부리는 것 아닌가요.

중도화의 본질은

양극화 해소

주제가 조금 멀리 왔습니다.(웃음) 두 분 모두 격차 해소가 시대 정신이라는 데는 큰 틀에서 동의하시는 것 같습니다. 여기서 분위기도 전환할 겸 가벼운 질문 하나 드리겠습니다. 0을 극좌, 10을 극우로 둔다면 두 분의 위치는 어디쯤 있습니까.

진중권 저는 유럽에 있었으면 아마 사민주의 정당을 지지했을 겁니다. 부분적으로는 녹색당을 지지했을 거고요. 스스로는 3 정도로 보고 있습니다.

오세훈 저는 5.5입니다.(웃음) 저는 제가 중간보다 조금 오른쪽에 있다고 생각해요.

이 질문을 드린 이유가 있습니다. 우리가 이 자리에서 논하는 의제가 보수 개혁인데요. 3과 5.5에 위치한 분들이 볼 때 중도란 무엇이고, 중도로의 확장은 무엇을 뜻하는지가 궁금합니다.

오세훈 기본적으로 저는 이념에 가중치를 두지 않는 편이에요. 서울시의 슬로건이 '동행·매력 특별시'입니다. 사실 매력은 경쟁력을 뜻해요. 우파의 가치죠. 그런데 경쟁력을 뜻하는 매력보다 동행을 앞에 놓습니다. 물론 사람들은 저를 6이나 7 정도로 분류하겠죠. 경쟁을 중시하니 틀린 진단은 아니에요.
그런데 중요한 건 균형 감각입니다. 성장을 위해서는 철저히 기술과 기업을 우위에 두고 정책을 설계해야 한다는 명제를 잊지 말아야죠. 그러나 다른 한편으로는 불균형한 부의 축적 과정에서 뒤처진 분들이 성장의 대열에서 탈락하지 않게 하는 정책도 매우 중요하다고 생각하거든요. 갈등은 성장 역량을 좀먹으니까요. 그래서 저의 좌표를 5.5에 두는 겁니다.

진중권 중도라는 이념이 있는 건 아니거든요. 다만 제가 답답하게 생각하는 점은 이념을 종교적 신앙처럼 대하는 일각의 행태입니다. 어떤 설명을 해도, 그분들은 설득이 안 됩니다. 사실이어서 믿는 게 아니라 그냥 믿음을 믿는 사람들이거든요. 그런 사람들이 양쪽으로 30% 정도씩 있다고 봅니다.

그리고 가운데에 40% 정도의 사람들이 있는데, 공정성의 관점에서 누가 더 올바르고 도덕적이며 유능한가를 판단하는 세력이죠. 선거 때만 되면 이 40%의 수가 점점 줄어 20%까지 내려가요. 선거 막판에 이르면 10%까지 떨어지는데, 이들이 캐스팅보트 역할을 합니다. 보수가 똘똘 뭉치기만 할 것이 아니라 바깥으로 향해야 할 이유죠.

보수의 더 큰 울타리

두 분 모두 보수가 울타리를 넓혀야 한다는 대의에는 동의하시는 것으로 보입니다. 이와 관련해 진 교수님이 과거에 쓴 책에 이런 표현이 나옵니다. 그대로 읽어드리겠습니다.

"보수에게 필요한 것은 '민주적인 아버지상'이다. 중요한 점은 그 아버지가 디지털 시대에도 나라를 먹여 살릴 능력이 있음을 입증하는 것이다. 새로운 아버지는 과거 아버지와 달라야 한다. 이견자를 밖으로 내칠 게 아니라 안으로 품어야 한다. 노조를 적대시하기보다 아군으로 만들고, 외국인 노동자를 배척하기보다 우리 사회 일원으로 만들어야 한다. 좋은 아버지는 말 안 듣는 자식마저 품고, 배다른 자식이라고 밖으로 내치지 않는다."[1]

"매력은 경쟁력을 뜻해요. 그런데 매력보다 동행을 앞에 놓습니다."

마침 때가 될 때마다 오 시장님은 보수가 아버지의 마음에서 어머니의 마음으로 바뀌어야 한다고 주장해왔는데요. 진 교수님이 말하는 민주적인 아버지와 오 시장님이 말하는 어머니는 같은 듯 달라 보입니다. 각자 무슨 의미로 이런 비유를 드셨는지 설명해주십시오.

진중권 보수의 기본적인 상은 아버지죠. 가족을 먹여 살린다는 능력에 방점이 찍혀 있습니다. 그런데 뭐랄까, 지금까지는 너무 강하고 엄격한 아버지였잖아요. 이제는 시대 변화에 맞춰 더 따뜻하고 유연한 아버지로 바뀌어야 한다는 뜻으로 '민주적인 아버지상'을 말한 겁니다. 아마도 시장님께서 말씀한 '어머니로서의 보수'와 맥락이 같다고 봐요.

오세훈 각기 쓰는 표현만 다를 뿐, 똑같은 고민을 담은 내용이라고 생각해요. 과거의 예를 들면, 우리 때의 아버지들은 가정사에 관여하기보다는 주로 직장 생활에 매진하셨죠. 그 대신 아이들을 다독거리면서 보듬고 건강한 인격체로 키워내는 역할을 어머니들이 담당했습니다.
과거의 보수 정당은 큰 틀에서 경제 총량을 키우는 것에 에너지를 쏟았죠. 아무것도 없는 상태에서는 고루고루 잘살게 할 방법이 없으니 일단 발전부터 시키자고 인식했죠. 실제로 균등 발전은 인류 역사상 존재하지 않아요. 그리고 때로는 불평등이 성장과 번영의 에너지가 될 수도 있죠. 박탈감이나 뒤처진 자의 열정을 자극할 수 있으니까요. 한국의 성장 경로 역시 이와 같은 모델에서 크게 벗어나지는 않습니다.

그렇게 해서 보수 정당이 대한민국을 세계 10위권의 경제 규모를 가진 국가로 만드는 데 역할을 했지만, 막상 그 결과물을 받아든 국민 한 사람 한 사람의 마음에는 고마움도 자랑스러움도 별로 없거든요. '대한민국은 1인당 GNI 3만 달러의 나라가 됐는데 왜 나는 힘들지?' '왜 나의 지갑은 이렇게 얇지?' '왜 내 삶에 희망이 보이지 않지?' 이런 생각을 하는 국민이 많잖아요. 그럼 무얼 해야 합니까. 국민을 잘 다독이고 보듬으면서 공허함을 채워드려야죠. 한쪽을 배제하고 포기하고 가기보다, 한데 어우러져 공생하는 자본주의 모델이 시급해지죠. 그것을 저는 어머니로서의 보수라고 표현한 셈이고, 두 글자로 줄이면 동행이 됩니다.

진중권 말씀하셨듯 불평등이 성장의 자극제가 되기도 하는데, 다만 2가지 관점을 검토해볼 필요는 있습니다. 하나는 윤리학적 관점인데, '정당화될 수 있는 불평등은 어디까지인가'라는 질문이 남죠. 다른 하나는 경제학적 관점인데요. 불평등이 극심해져서 양극화 단계까지 가버리면 사실상 경쟁 자체가 불가능해집니다. 이때는 경제적 순기능이 아니라 경제적 역기능으로 작용하죠. 인간이 좌절을 하면 감정 자체도 극단화돼요. 거기서 정치적 양극화가 발생하죠. 가령 한쪽은 29회 '줄탄핵'을 자행하고 다른 한쪽은 계엄으로 맞서는 식의 극단적 충돌의 배경도 저는 여기에 있다고 봅니다.

오세훈 좋은 논점을 제기하셨는데요. 저는 불평등이 순기능으로 작용할 때의 기준을 '포기 여부'로 봅니다. 그러니까 한 인간으로 태어나서 철들 때쯤 됐는데 '아무리 노력해도 안되는 집안이고, 내 능력을 제대로 발휘할 수는 없겠구나' 생각하게 되는 정도의 불평등이면 순기능의 한계치를 넘어선 것이죠. '나도 노력하면 저기까지 갈 수 있어'라고 생각하는 사회가 기준점이 돼야 합니다. 그래서 제가 해법을 교육에서 찾은 거예요.

예컨대 중고등학교에 다니는 어떤 학생이 '나도 지금부터 정부에서 주는 이런 기회를 활용해서 공부하면 명문대에 갈 수 있을 것 같아' '그러면 향후 이러이러한 직업을 갖게 되고 부모님보다 경제적으로 더 풍요로운 삶을 영위하면서 자아실현을 할 수 있는 기반을 마련할 수 있을 것 같아'라고 생각해야 불평등이 자극제로서 기능하는 사회라고 할 수 있습니다.

지금은 어떻습니까. 많은 청년이 좌절부터 한 채 출발선에 서요. 불평등이 극심해지다 못해 양극화 단계까지 나아갔어요.

이렇게 사회 갈등을 잉태하는 현실을 바꾸지 않고는 대한민국이 성숙한 선진국이 될 수 없습니다. 누가 오늘날의 시대정신을 물으면 저는 늘 '양극화 해소'라고 답합니다. 정치의 본질이기도 하죠. 보수가 울타리를 넘어 중도로 진격하는 이유도 여기에서 찾아야 합니다.

'오세훈법'과

유튜브의 영향력

정치 개혁을 이야기하는 시간입니다. 먼저 '오세훈법' 이야기를 해보겠습니다. 오세훈법의 요체 중 하나는 '원내 정당화'였습니다. 그런데 지난해에 갑자기 지구당 부활론이 등장하면서 과연 어떤 체제로 가는 게 맞느냐에 대해 갑론을박이 벌어졌는데요. 먼저 오 시장님이 오세훈법의 취지를 간략히 설명해주시고, 진 교수님은 오세훈법이 여전히 유효하다고 보는지 혹은 변화가 필요한지 답변해주시면 되겠습니다.

오세훈 지금 우리나라에서 가장 특징적인 점이 과잉 정치화 현상입니다. 사회적인 사건 하나에도 정당에서 논평이 나와요. 이런 나라가 또 있을까 싶어요. 선거 때 치열하게 논쟁해서 지도자를 뽑고 의회를 구성해놨으면 그들끼리 국가 발전 방안에 대해 논의하면 돼요. 사회적 갈등은 원내로 수렴하여 원내대표를 정점으로 원내 정당 사이에서 토론하게 만들어야죠. 보통의 국민은 거기에 일일이 신경 쓰기보다 생업에 종사해야죠. 우리나라에서는 매일같이 정치권에서 소음이 들려와요. 이래서는 국민 통합에 도움이 안 된다는 생각을 제가 수십 년 전부터 했어요.

과잉 정치화 현상을 해소할 방법이 무얼까 고민하다 보니, 정치에 먹을 게 너무 많은 거예요. 먹을 걸 없애야 한다는 결론에 이르렀죠. 그래서 제가 3법(정치자금법·정당법·공직선거법 개정안)을 모두 손본 거예요. 지구당 폐지와 법인의 정치 후원 원천 금지가 핵심입니다. 그때만 해도 후원금을 무한정 받았습니다. 기업의 돈도 막 받았어요. 1인당 후원 한도액을 500만 원으로 줄이니 후원 액수가 대폭 줄었습니다. 금권 정치를 막아놓은 거죠.

또 지구당을 없애고 중앙당 후원회를 비롯한 정당 후원회를 금지했어요. 제 나름대로는 미국식 원내 정당 시스템을 구상했는데, 제도만 놓고 보면 굉장히 선진적이라고 자부해요.

오세훈법을 바꾸자는 일련의 정치적 흐름에 대해 상당히 비판적이었던 것으로 아는데요.

오세훈 제도 손질이야 공론화의 대상이 될 수 있죠. 다만 지구당 부활을 정치 개혁이라고 강변하는 행태는 이해할 수 없었습니다.

| 진 교수님 생각은 어떻습니까.

진중권 저는 이견이 있습니다. 저 역시 오세훈법이 한국 정치를 투명하게 만드는 데 매우 큰 역할을 했고, 더 나아가서 지난 20년간 한국 정치의 틀을 만들었다고 평가해요.

그런데 한 번 옳았던 것이 영원히 옳을 수는 없거든요. 한동훈 전 국민의힘 대표의 주장으로 기억하는데, 정치 신인들이 현장에서 공정한 경쟁을 할 수 있도록 하자는 취지잖아요. 현역 의원들과 달리 원외 당협위원장들은 후원금을 거둘 수 없어 역설적으로 많은 편법을 낳는다는 겁니다. 사실상 기득권의 장벽에 가로막혀 기회조차 얻을 수 없다는 거죠.

그리고 중앙당의 약화가 마냥 좋은 것인가 싶은 생각도 들어요. 지금은 중앙당이 약화된 정도가 아니라 사실상 당이 사라진 시대입니다. 그 자리를 대신한 게 가령 김어준 씨와 같은 파워 유튜버입니다. 김어준 씨는 여론조사 업체까지 운영하잖아요. 그러다 보니 국회의원들이나 총선 후보자가 김어준 씨 방송에 출연하고 그 분위기에 편승하게 됩니다. 김어준 씨 방송

자체가 일종의 프로파간다 머신(선전 기계)인데, 선출직인 국회의원들이 여기에 나가는 걸 굉장한 기회로 여겨요. 주변부에 있어야 할 유튜버가 정당을 삼켜버린 겁니다. 정당의 기능이 망가진 거죠.

정당이라는 게 체계화된 정강·정책 아래에서 노선을 정하고 이에 맞춰 당원 교육도 하면서 나아가야 하는데, 유튜브에 출연해 즉흥적으로 감정을 표출하는 행태에 부화뇌동하면서 이 것을 정치적 자산으로 삼으려고 한단 말이죠. 지금 국민의힘도 그 길을 따라가고 있다는 점이 큰 문제고요.

기억하건대 오세훈법이 도입될 당시에 저는 찬성했을 거예요. 그도 그럴 것이, 당시에는 조직 자체가 기득권이었잖아요. 그래서 참여 민주주의의 순기능이 필요하다고 봤는데 지금은 또 상황이 달라졌거든요. 지구당을 부활한다고 해서 이 문제가 해결될지는 미지수지만, 그렇다고 마냥 정당 기능을 약화하는 게 답은 아니라는 겁니다.

정당의 기능이 망가진 이유

| 오 시장님께서 반론이 있을 것 같은데요.(웃음)

오세훈 하나씩 제 의견을 말해볼게요. 먼저 원외 위원장들의 기회가 봉쇄된다는 취지로 말씀하셨는데, 저는 관점이 다릅니다. 일단 국민의 선택을 받은 사람들이 정치를 해야 해요. 아직 국민의 선택을 받지 못한 정치 지망생이 같은 권한으로 원내 인사와 비슷한 비중을 차지하고 역할을 하는 것은 공평하지 않죠.

그리고 실제 정치 현장에서는 지구당 활성화가 지역 토호와의 밀착으로 이어질 우려가 있습니다. 모이기만 해도 돈이 들어가요. 밥을 한 끼 먹어도 다 돈입니다. 동네에서 조그마한 사업하는 사람들 있잖아요. 지구당 위원장이 그분들한테 큰돈을 받지 않습니다. 모일 때 밥값을 내는 정도예요. 그런데 1년, 2년 계속 쌓이면 빚이 돼요, 마음의 빚. 그러면 지방선거에서 그 사람들을 공천하게 됩니다. 동네 정치가 엉망이 됩니다.

지구당 부활론자들은 이런 현실을 몰라요. 이론적으로는 그들의 말이 맞아요. '왜 우리의 기회는 봉쇄돼야 해? 정치를 하려면 최소한의 비용이 필요한 것 아니야?' 그럴듯한 논리죠. 그런데 현실은 토호에게 포획당하는 현상으로 나타나요. 그런 이유로, 정치를 오래 하면서 의원도 해보고 원외 생활도 해본 분들은 절대다수가 원외 위원장이 후원금 걷어 쓰게 하자는 제안을 반대합니다. 가랑비에 옷이 젖는다는 걸 아는 거예요.

또 하나, 정당의 기능을 말씀하셨는데요. 현대 민주주의에서 정치적 결사체의 순기능은 크죠. 인정합니다. 다만 과잉 정치화 현상을 만드는 데 중앙당이 역할을 한다는 거예요. 전 세계 어느 나라에서 원내대표가 있는데 당대표를 따로 뽑습니까. 제가 처음 정치를 시작할 때는 당 총재가 있었어요. 전지전능한 존재예요. 당내에 바람직한 담론이 형성되기가 어려워요. 비단 과거 이야기가 아니에요. 민주당을 보세요. 이재명이라는 사람이 단지 차기 대통령감이라는 이유 하나로 원내대표 위에 군림하는 '당의 아버지'가 돼버렸잖아요.

유튜브에 의한 폐해를 언급하면서 정당의 중요성을 강조하셨는데, 적절한 사례는 아니라고 생각합니다. 중앙당이 슬림화돼 있어서 정치가 유튜브에 먹히는 게 아니죠. 미디어 기술의 발달로 직접 민주주의적인 요소가 커지는 맥락에서 유튜브 정치가 발흥한 것이지, 이것이 정당 기능을 강화해야 할 근거가 된다고 생각하지는 않습니다.

진중권 시장님께서 미디어 환경에 따른 변화를 다소 주변화한다는 느낌이 듭니다. 저는 다르게 봐요. 우리나라만의 현상이 아니거든요. 저는 트럼프가 어쩌다 나온 대통령이라고 보지 않습니다. 거대한 패러다임의 변화가 있는 것이죠.

우리나라에서도 조국 사태부터 유튜브 정치의 폐해가 커지기 시작했고, 야당은 진즉에 김어준으로 대표되는 유튜브 정치에 잡아먹혀 버렸어요. 그뿐입니까. 대통령이 계엄을 단행하는 과정에도 영향을 미쳤단 말이에요. 대통령이 자신을 방문한 여당 의원들에게 뭐라고 했습니까. 이렇게 말했다고 해요. "요즘 레거시 미디어는 편향돼 있다. 잘 정리된 유튜브를 봐라." 객관성과 공정성 대신 편파성과 당파성을 추종하라는 말과 다름없습니다. 국민의힘이나 민주당이나 유튜브 정치를 냉정하게 끊어내지 않으면 한국 정당 정치는 전례 없는 위기에 빠질 겁니다.

한국에 5개의

싱가포르가 생긴다면

오 시장님께서는 '5대 강소국 프로젝트', 즉 전국을 5곳 초광역 경제권으로 구획하고 한 곳 한 곳을 싱가포르처럼 글로벌 경쟁력이 있는 곳으로 성장시키는 전략을 공언하셨습니다. 대단히 파격적인 지방 분권론인데요. 지금처럼 수도권 일극 체제에서 과연 가능하겠느냐는 지적이 있는 것도 사실입니다.

오세훈 지난 40~50년간 대한민국이 번영의 길을 걸으면서 세계 10위권 경제 대국의 반열에 올랐는데, 더는 순위도 올리지 못하고 파이도 키우지 못하는 상황이 답답했습니다. 그때 싱가포르를 떠올린 거예요. 자원 없이 인재로 승부하고 해양 국가라는 점도 우리와 닮은 점이죠.

저는 사실 서울시를 경영하면서 싱가포르를 여러 면에서 벤치마킹해왔어요. 실용적이고 거품이 없을뿐더러, 이념적이지도 않은 곳이죠. 성과도 좋습니다. 인구는 600만 명에 불과하지만 1인당 GNI는 8만 5,000달러에 육박하잖아요.

싱가포르 시스템을 고스란히 가져오면 우리나라에 5개 강소국을 만들 수 있겠더라고요. 싱가포르뿐만 아니라 두바이나 아일랜드를 참고하면, 사실 인구 500만 명이면 독자적 발전 전략을 펴기에 충분합니다.

> 서울시장 신분으로서 지방이 거점이 되는 성장 전략을 고민하게 된 결정적 계기가 있을 것 같은데요.

오세훈 이런 아이디어를 내게 된 토양이 있죠. 시·도지사협의회입니다. 협의회가 정기적으로 열리는데, 가급적 빠지지 않고 갑니다. 대화하면 시·도지사들에게 엄청난 갈증이 있다는 점을 알게 돼요. 모두가 지역을 발전시키고자 하는 욕구가 굉장히 강합니다.

하지만 불행하게도 발전의 모든 수단을 중앙정부가 쥐고 있어요. 그러니 기획재정부 장관에게 가서 손 벌리게 되는 거죠. 난센스죠. 발전하고 싶은 지역이 밑천을 마련할 수 있게만 하면 더 열심히 뛸 텐데, 다 틀어 막아놓고 정부에서 모든 재원을 배분하는 식으로 행정이 이뤄지는 겁니다.

특히 결정적인 방아쇠 역할을 한 게 박형준 부산시장과의 대화였습니다. 사실 그분은 중앙 정치를 하던 사람이거든요. 그런데 부산시장이 되고 2년 정도 지나서 만났는데 눈빛이 묘해요. 발전에 대한 의지도 보이지만 동시에 어쩔 수 없다는 무력감이 보이더군요. 그러면서 자신한테 몇 가지 권한만 주면 부산을 획기적으로 바꿀 수 있다고 해요.

그 대화 과정에서 제가 굉장한 인사이트를 얻었습니다. 고르디우스의 매듭을 칼로 내려치듯 획기적으로 발상의 전환을 하지 않으면 지방은 이대로 고사하겠다 싶었어요. 그렇게 되면 대한민국의 도약도 불가능하죠.

물론 싱가포르도 그렇고 두바이도 그렇고 특수성이 있죠. 일종의 철인哲人 정치 시스템이잖아요. 민주적 정당성은 다소 떨어져요. 하지만 우리는 민주적인 리더십을 통해서도 충분히 효율적인 발전 전략을 구사할 수 있는 토양이 있습니다. 이 토양에 근거해 싱가포르의 발전 경험을 요긴하게 벤치마킹하면 된다고 봅니다. 그렇게 해서 지역마다 자신들에 가장 잘 맞는 발전 모델을 스스로 설정하는 겁니다.

사실 우리나라 지방 자치가 반쪽짜리로 불리는 이유는 중앙이 재정을 다 틀어쥐고 있기 때문이거든요. 대안이 있습니까.

돈과 인재를 지방으로 보내야

오세훈 맞습니다. 가장 중요한 게 재원 마련인데요. 세입·세출 권한을 지방정부로 이양하는 동시에 국세와 지방세 비율을 7 대 3에서 5 대 5나 6 대 4로 조정하는 방법이 있어요. 이렇게 마련된 재원을 통해 발전 전략을 구사해보라고 하는 겁니다. 마음만 먹으면 공동세 제도를 도입해서 지방과 세금을 나눠 쓸 수 있게 체계를 바꿀 수도 있습니다. 여야 합의로 법만 바꾸면 될 일입니다.

거기에 중앙에서 훈련받은 엘리트 공무원까지 각 지방으로 내려보내야 합니다. 극단적으로 이야기하면 산업 전략을 담당하는 부처는 다 보내는 거죠. 흔히 기획재정부 공무원들이 최고의 엘리트라고 하는데, 그중 4분의 3을 지방으로 보내겠다는 발상의 전환을 해야 합니다.

대개 권력 분산을 이야기하는 분들은 책임총리제를 언급하는데, 저는 광역화된 지자체에 돈과 사람, 그러니까 재정과 인사에 대한 권한을 넘기는 작업이 훨씬 큰 권력 분산 효과를 낳을 것이라고 봅니다. 수도권을 빼면 TK와 PK, 호남, 충청 이렇게 4곳이 서로 경쟁하겠죠. 광역단체별로 인구가 490만~750만 명쯤 될 겁니다. 이 중에서 2곳만 성공해도 1인당 GNI 5만 달러, 10만 달러 시대로 퀀텀 점프를 할 수 있다고 봐요.

진중권 기본적인 아이디어에 전적으로 공감합니다. 저도 오랫동안 지방 분권을 주장해왔습니다. 특히 중앙 집권적인 통제 시스템의 비효율성이 도드라지거든요. 예컨대 예산 낭비 현상이 벌어지는 배경도 결국 중앙에서 예산을 따내 선심성 사업에 쏟아붓기 때문이잖아요. 자기 돈이면 저렇게 필요 없는 걸 지어댈까 싶을 때도 있죠. 다만 궁금한 점은, 박형준 부산시장도 부·울·경 메가시티를 주장하잖아요. 이것과의 차이점은 뭡니까.

오세훈 박형준 시장의 논리는 이런 겁니다. 1970~80년대에 제조업이 주력 산업이고 자동차나 가전제품 수출이 주된 먹거리일 때는 부산도 살 만했다는 거죠. 그런데 지금은 패러다임이 첨단 산업으로 넘어갔잖아요. 이제는 수출하려면 공항을 끼고 있어야 한다는 겁니다. 가덕도 신공항 건설의 명분이 바로 거기에 있다는 거예요. 여타 지방에서 보기에는 가덕도 신공항이 불필요해 보이지만, 부산이 또 하나의 경제권으로 도약하려면 공항이 필요하다는 논리를 펴시거든요. 그런 점에서는 저와 이견이 있죠.

하지만 지방이 스스로 발전의 동력을 찾겠다는 그 정신에는 적극 동의해요. 메가시티의 철학 역시 제가 강조하는 5대 강소국과 결이 같습니다. 광역 단위 행정 통합을 통해 규모의 경제를 갖추고 중앙정부의 권한을 대폭 이양받아 자치권을 강화하겠다는 취지잖아요. 실제로 경남과 울산이 원자력 산업을 다시 추스르면서 살아나면 부산과 훌륭한 시너지 효과를 낼 수 있잖아요. TK와 호남, 충청에도 해당하는 이야기죠. 5대 강소국과 결이 다르지 않죠.

다만 메가시티의 경우 재정적 집행력에 대한 구체성이 다소 떨어집니다. 중앙정부가 지방정부 위에서 군림하는 힘은 결국 돈에서 나옵니다. 지방정부가 추진하는 모든 일에는 돈이 들어가니, 그 권한을 쥔 기재부의 권력이 세질 수밖에 없죠. 즉 기재부 문제를 정면으로 다루지 않고는 5대 강소국이건 메가시티건 구호에 불과할 뿐이에요. 무엇보다 지자체가 주체가 된 것이 아니라 정치권과 중앙정부가 주도하다 보니 성과를 내지 못한 측면도 있어요. 그러니 논의만 무성할 뿐, 진전 과정이 더뎌요.

결국은 돈이 있어야 이것을 밑천으로 삼아 발전 전략을 짭니다. 지방에 재정권이 부여되면 소모적인 곳에 돈을 쓰지 않겠죠. 인기 영합적인 지출보다는 미래를 위한 투자처를 찾는 데 애쓰게 됩니다. 무엇보다 다른 초광역권을 이기려면 비합리적인 의사결정을 지양하고 생산적인 돈벌이를 찾아 나서겠죠. 좋은 의미에서의 경쟁이죠. 소꿉장난처럼 중앙행정기관 몇 군데를 각 지방으로 찢어 나눠주는 '지방 살리기'와는 근본적으로 다른 패러다임입니다.

권력 충돌 막을

안전 장치

자연스럽게 이어지는 것이 권력 구조 개편에 관한 논의입니다. 제왕적 대통령도 문제이지만, 제왕적 야당 대표가 더 큰 문제라는 지적도 나옵니다. 이와 관련해 오 시장님은 "내각의 의회 해산권, 의회의 내각 불신임권 등 상호 견제할 수 있는 내용이 개헌안에 들어가야 한다"고 주장하고 있는데요. 이에 대해 진 교수님은 어떻게 생각하십니까.

진중권 저는 사실 이해가 잘 안 가는 게, 의회 해산권과 의회의 내각 불신임권은 내각제적 요소 아닌가요. 대통령제와 어울리는 제도인가 싶기도 한데요.

오세훈 제가 주장하는 것은 사실 이원집정부제에 가깝습니다. 외교·안보를 전담하는 대통령이 있고 내치를 전담하는 총리가 있어야 해요. 이름은 책임총리건 무엇이건 좋습니다. 앞서 말씀 드린 대로 각각의 초광역권이 마냥 경쟁하기만 하면 충돌이 생기고 비효율이 발생할 수 있죠. 그러니 지금의 국무조정실처럼 전반적인 조정 권한을 가진 조직이 하나는 있어야 합니다.

진중권 그런데 지금 개헌에 대한 생각이 모두 다르지 않습니까. 지난 20년간 개헌 논의가 나왔지만 결국 이뤄지지 않은 건 서로 간의 이해관계를 조정하지 못했기 때문인데요.

오세훈 힘을 가진 자가 개헌에 동의하지 않아서 벌어진 일이죠. 하지만 이번에는 어쩌면 개헌이 될 수도 있다는 희망에 제가 적극적으로 덤비는 거예요. 지금 다수 의석을 가진 민주당이 일극화돼 있잖아요. 이재명 대표가 결심하면 됩니다. 그러려면 이 대표가 다급해야 해요. 자신이 내려놓는 모습을 보여야 당선될 수 있겠다는 위기감이 들어야죠.
그래서 제가 꺼낸 이야기가, 만약 조기 대선이 치러지면 우리 당 후보가 누가 되든 임기 단축을 공약하면 좋겠다는 겁니다. 지금은 대선과 총선, 지방선거 등 전국 단위 선거 3개가 각각 치러지면서 국력이 낭비되고 있거든요. 선거가 없는 해가 거의 없어요. 최소한 그중 2개의 주기는 맞춰야 합니다.

물론 이재명 대표가 선거가 급해 설사 임기 단축 제안을 받아들인다고 해도 실제로 당선되면 실천하지 않을 가능성이 높아요. 압도적 다수 의석을 확보한 정당의 대통령이 개헌에 나설 니즈needs가 없죠. 지금으로서는 국회 다수당이 대통령 권력까지 쥐면 사실상 무엇이건 할 수 있는 구조잖아요. 개헌처럼 정국의 물꼬를 바꾸는 선택을 할 유인이 없죠.

하지만 우리 당 후보가 당선되면 이야기가 달라집니다. 여소야대의 그 고통스러운 상황에서 국정 운영을 정상적으로 이어가기가 어려워요. 그러니까 개헌 논의를 통해 국정의 동력을 모을 필요성이 생기는 것이죠. 거기다 또다시 야당이 된 민주당으로선 5년 임기의 대통령을 합법적으로 끌어내리기 위해서라도 3년 뒤에 총선과 대선을 같이 치르겠다는 제안에 동의할 수밖에 없어요. 그러면 개헌 논의에 들어와야죠. 저는 그런 기대를 하는 겁니다.

한계에 봉착한 87년 체제

일각에서 제기되는 반론을 소개하며 추가 질문을 드리고 싶은데요. 선거 주기를 맞추기 위해 총선과 대선을 함께 치르면 상시적인 여대야소가 될 가능성이 많다는 우려도 있습니다. 예

컨대 '이재명 대통령에 절대다수 의석의 민주당'이 4~5년간
지속될 수 있다는 겁니다. 이에 대한 부작용은 없겠습니까?

오세훈 현인賢人이 대통령이 되면 여대야소는 참 바람직한 환경
이죠. 다만 그렇지 못한 지도자가 탄생하면 여대야소는 독재의
씨앗이 될 수 있습니다. 바로 그런 이유로 인해 앞서 이야기한
지방 분권과 총리 역할의 강화가 필요한 겁니다.

사실 외교·안보의 큰 방향은 이미 정해졌습니다. 대한민국의
생존을 위해 어느 나라와 함께 가느냐에 대한 공감대는 형성됐
다고 봅니다. 문제는 내치죠. 제가 설계하고 있는 안案대로라면,
내치에서 문제가 생길 경우 의회 해산권과 내각 불신임권이 상
호 견제 수단으로 작동하게 됩니다. 협치를 불가피하게 만드는
제도죠.

물론 쓸 수 있는 기간은 제한을 둬야 해요. 가령 총선 직후 1년
혹은 2년 내에는 행사할 수 없게 묶어놔야 합니다. 일정 기간
정치적 안정을 꾀하면서 책임 정치에 나설 기회를 주는 거죠.

각자의 권한을 쓸 수 없는 제한 기간이 끝나면 또다시 혼란의
상황에 접어들 우려는 없습니까?

오세훈 2년이 지났다고 가정해보죠. 내각을 불신임하거나 의회

를 해산하면 당장 총선을 치러야 해요. 총선이 그렇게 빠르게 치러질지도 모르는데 지금 민주당이 하듯이 29회 탄핵을 자행할 수 있을까요? 의회가 합리적인 법안을 통과시켰는데 거부권만 행사할 수 있을까요? 선거가 코앞에 있다고 가정하면 그렇게 할 수는 없죠. 의회의 폭거와 대통령 권한의 무소불위적인 행사를 동시에 제어할 수 있습니다. 제도가 견제와 균형의 윤활유 구실을 하는 거죠. 그 자체가 정치적인 인센티브로 작용합니다.

진중권 저는 오 시장님의 개헌안 속에 내각제적 요소가 들어 있기 때문에 소위 다수파의 횡포 가능성에 대한 우려는 크지 않다고 봐요. 다만 걱정은 다른 데 있습니다. 내각제에서는 내각 불신임과 의회 해산이 사실상 의회에 의해 '셀프'로 단행됩니다. 그런데 오 시장님의 대안대로라면, 대통령제에 내각제적 요소를 곁들이는 형태가 될 텐데요. 행정부와 의회가 서로를 탄핵하면서 정치적 충돌이 일어날 가능성도 고려해야 하지 않겠습니까.

오세훈 설사 그런 우려가 있다고 해도 지금 제도보다는 우월하다고 봅니다. 지금 제도는 충돌을 막을 장치가 없잖아요. 한쪽에서 폭거를 하리라고 예상치 못하고 만든 제도거든요. 최소한 공직자가 탄핵 소추되더라도 업무 정지는 안 되게끔 안전 장치를 마련해놓았다면 오늘날의 파열음은 없었을 겁니다.

지금은 다수당이 마음만 먹으면 누구든 업무를 정지할 수 있잖아요. 검찰총장도 일하지 말라, 감사원장도 일하지 말라, 자기네 수사한 검사도 일하지 말라…. 소수당의 대통령 시각에선 '이게 나라냐'라는 생각이 들 수 있죠. 국민의 눈에는 한마디로 폭력적인 권한 행사로 보이는 것이고요. 결국 대통령은 거기에 폭발해 계엄이라는 과잉 방어에 나선 것 아닙니까.

제도가 그렇게 중요한 거예요. 1987년만 해도 대통령 직선제를 쟁취한 것 하나로도 엄청나게 큰 역사적 의미가 있었죠. 하지만 40여 년 동안 정치적 사건을 여럿 겪으면서 87년 체제가 어느 정도 한계를 드러낸 것도 분명한 사실이죠. 아무리 개헌이 힘들다손 치더라도 이번에는 꼭 좀 이뤄졌으면 좋겠다는 국민적 공감대는 숙성 단계에 올라왔다고 생각합니다.

머리에 핵을 이고

살 것인가

동트기 전이 가장 어둡다고 이야기하듯 87년 체제의 막바지에 달하면서 개헌에 대한 욕구가 분출되고 있는 것 같습니다. 자, 이제 주제를 외교와 북한 문제로 넘어가겠습니다. 대한민국은 세계 유일한 분단 국가여서 북한 문제를 빼놓고는 정치를 논하기가 불가능할 겁니다. 이 대목에서는 두 분 사이에 생각의 차이가 있을 듯한데요. 먼저 논할 주제는 북핵입니다. 오시장님께서 북핵 문제를 풀 해법을 말씀해주시고, 이에 대해 진 교수님의 생각을 듣는 방식으로 진행하겠습니다.

오세훈 제가 그간 견지해온 입장은 제가 정책 결정권자가 아니라는 전제를 두고 있습니다. 만약 대선 국면이 되면 달라질 수 있는데, 그 점은 먼저 양해를 구하고요.

사실 저는 그동안 우리도 핵을 가져야 한다고 이야기했습니다. 유력 정치인의 한 명으로서 그러한 입장을 밝히는 것이 국익에 도움이 되리라는 신념에서 그 역할에 충실했습니다. 제가 진심으로 핵무기를 가져야 한다고 생각한 건 아니에요.

솔직히 말해 핵 보유가 해법이 될 수는 없어요. 하지만 한반도 비핵화가 우리의 궁극적인 정책적 목표이기 때문에 그에 기여하는 저의 역할이 '핵 개발론'을 내거는 것이었습니다. 특히 북한에 실질적 영향력을 행사하는 중국 측에도 정책 결정 과정에 상당한 고려 요소가 될 수 있다고 봤죠. '중국이 북한의 핵을 방치하니 한국 정치권에서 핵 무장론이 커지고 있다'는 메시지를 전달하는 역할이죠.

제가 다시 제도권에 진입하면서 핵에 대한 입장이 바뀌기 시작합니다. 서울시장으로 복귀한 뒤에는 핵 잠재력의 고양高揚을 주장했어요. 우리에게는 6개월이면 핵을 만들 수 있는 기술력과 재력이 있으니 일본 수준으로 핵 잠재력을 키우자는 뜻입니다. 그러다 최근에 와서는 도널드 트럼프 대통령이 재집권하면서 또 상황이 달라졌어요. 트럼프 대통령은 실리주의자입니다. 자기네 돈만 안 쓰면 되는 사람이에요. '너희가 핵무기를 가지건 말건 그건 너희의 능력이고 선택이지, 우리는 방위비만 더 쓰지 않으면 된다'는 겁니다.

미국의 국방 정책을 좌지우지하는 사람들의 입장이 어느 쪽에 있는지 가늠하기 힘들고, 그들이 한국에서 얻어내고 싶은 것이 무엇인지도 예측할 수는 있으나 단정하긴 어렵죠. 바로 그런 이유로 현시점에서 대한민국의 정치 지도자가 가진 스탠스가 결정적으로 중요합니다.

다만 속내를 먼저 내비치는 건 지혜롭지 않아요. 그래서 제가 말을 아끼고 있습니다. 조기 대선이 열린다면, 끝까지 전략적 모호성을 유지하면서 선거를 치러야 하지 않나 생각합니다.

진중권 민주당이 주장해온 민족 담론이 사실상 무너졌어요. 김일성-김정일-김정은 정권을 거치면서 북한의 기조가 달라진 것 같습니다. 핵을 바라보는 관점부터 달라요. 김일성의 경우에는 실제 핵을 개발하겠다기보다는 주한 미군 철수와 경제적 지원을 얻어낼 카드로 생각했어요. 그런 기조가 김정일 정권 초반까지는 유지됐던 것 같습니다.

김정일 정권 후반을 거쳐 김정은 정권에 이르자 완전히 달라졌어요. 실제로 핵 개발에 매진하면서 2017년에 '국가 핵무력 완성'을 대놓고 선언했습니다. 대한민국에 대해서도 민족적 특수 관계는커녕 아예 '명백한 적국'이라고 규정해요. 그러다 보니 대한민국 내에서 북한과의 화해 협력과 통일을 주장하던 세력들의 입지가 굉장히 축소된 건 사실입니다.

무엇보다 트럼프 2기라는 점을 고려해야겠죠. 트럼프 대통령은 비즈니스맨입니다. 말을 곧이곧대로 받아들이면 안 돼요. 무엇을 취하려는지 파악해야 하죠. 특히 트럼프 대통령이 북한을 '핵 보유국nuclear power'이라고 칭하면서 국내에서도 우려가 나왔죠. 혹여 트럼프 대통령이 비핵화가 아니라 핵 군축으로 북한과의 협상 어젠다를 바꾸려는 의도가 아니냐는 거죠. 다행히 공화당이건 민주당이건 북한 비핵화에 대해서는 기본적인 합의가 있다는 점이 확인됐어요.

그렇다고 해서 문제가 사라지는 건 아닙니다. 북한이 핵 보유국이라는 점은 명확해졌다는 거죠. 그뿐만 아니라 장·중·단거리 탄도미사일, 극초음속미사일 등 핵 투발 수단도 다양화했고 핵탄두 보유량도 계속 늘리고 있어요. 거기에 대해 우리는 어떻게 대응할 것이냐는 질문이 따라올 수밖에 없죠. 미국이 지켜준다고 하는데, 정말로 미국이 서울을 위해 핵우산을 펼칠까요? 미국 본토가 공격당할 위험을 감수하면서까지 한국을 돕겠습니까? 누구도 알 수 없죠.

그래서 등장한 것이 핵 무장론인데, 정답은 아닌 것 같아요. 대한민국은 재래식 전력으로는 세계 5위의 군사 강국입니다. 우리가 핵 무장을 하는 순간 그 파장은 어마어마할 겁니다. 당장 일본이 가만히 있지 않겠죠. 대만까지 핵 도미노 현상이 벌어질 수 있습니다. 그러면 미국이 관망하고만 있지는 않을 겁니다.

일각에서는 핵 공유를 주장하는데, 이 경우에도 어차피 단추는 미국이 누르는 거잖아요. 과연 미국이 굳이 우리와 핵 공유를 하려고 할까 싶어요. 상징적 효과 외에는 큰 의미는 없어 보입니다.

그렇다면 남는 카드는 말씀하신 대로 핵 잠재력의 고양인데, 궁극적으로는 쓰지도 않을 능력을 왜 키워야 하나 싶은 생각도 들어요. 물론 만일을 위해 대비한다는 차원에서는 고려할 수도 있는 대안이겠죠.

외면할 수 없는 북한 인권 문제

대한민국에서 진보와 보수 정당 사이에 늘 뜨겁게 논쟁이 붙는 이슈 중 하나가 북한 인권 문제인데요. 진 교수님은 진보 논객으로 오래 활동하셨음에도 북한 인권 문제에 원칙적으로 대응해야 한다는 입장을 피력한 것으로 압니다. 진 교수님께는 왜 북한 인권 문제가 한국 진보의 아킬레스건이 됐다고 보시는지 궁금하고요. 오 시장님께는 왜 우리가 북한 인권 문제에 입장을 내야 한다고 보시는지에 대해 질문드리고 싶네요.

진중권 그간 한국 진보 진영이 북한 인권 문제를 다루지 못한 이유는 합리적인 면과 비합리적인 면, 2가지로 나뉘어요.

먼저 비합리적인 이유는 이념적인 친화성이에요. 예를 들어 과거 운동권 중에서 민족해방NL 계열의 이념이 북한에 상당히 친화적이었죠. 그 사람들은 본사本社는 북쪽에 있고 우리는 지사支社라는 인식을 가졌어요. 대개 사람들은 20대 때 형성된 세계관을 평생 유지하잖아요. NL 운동을 그만뒀어도 그 흔적은 평생 남는 겁니다. 이는 인권을 보편적 가치관으로 설정하는 진보의 본질과 배치되는 거죠.

그 나름대로 합리적으로 이해할 구석도 있죠. 북한과의 대화에 실효성이 없다는 겁니다. 북한이 인권에 대한 지적을 예민하게 생각하니 굳이 건드리지 말자는 의미죠. 우리가 언급한다고 해서 북한의 인권 상황이 더 나아지리라는 보장도 없으니 차라리 언급하지 말자는 겁니다. 그런데 제 생각은 '그럼에도 불구하고 언급해야 한다'는 거예요. 오히려 남북 대화를 위해서는 이것이 우리의 '디폴트값'이라고 강조하면서 북한을 설득해야 한다는 게 제 입장입니다.

오세훈 누가 '왜 가난한 사람을 돕느냐' 하고 물으면 사실 합목적적合目的的으로 답할 수도 있습니다만 본능적으로도 답할 수 있습니다. 인간이기 때문이죠. 마찬가지로 북한의 인권 문제를 언급하는 이유도 여러 기술적·논리적 설명이 가능하지만 실은 인간이고 동포이기 때문입니다. 같은 민족이기 때문이죠.

민족이 다르다면야 그 나라가 인권에 무감각하다든가 인권을 침해하는 것에 대해, 굳이 국익에 도움이 되지 않는다면 이야기할 필요가 없죠. 예를 들어 러시아나 중국을 상대로 인권에 대해 논하면서 해당 정권과 불편한 관계를 만들 이유는 없습니다. 하지만 북한 인권 문제는 다르죠. 동포에게 닥친 문제이니 당연히 이야기해야 합니다.

진중권 다만 제가 짚고 싶은 대목은 보수가 그간 북한 인권을 이념적으로 이용한 겁니다. 실제로 인권 옹호의 관점에서 접근하기보다 반북 이데올로기나 반북 혐오 감정을 조장하면서 상대 진영을 공격하기 위한 수단으로 이용했어요. 북한 인권에 유달리 매달리는 분들이 있는데, 이들이 유일하게 거론하는 인권 이슈가 바로 북한 인권입니다.

국내 노동자의 인권이나 장애인 인권, 여성 인권에 대해서는 무감각한 분들이 휴전선 너머의 인권에는 그토록 민감하게 반응하니 이해가 안 된다는 겁니다. 북한 인권에 대해서는 위원회를 만들고 미국까지 찾아가는데, 다른 인권에 대해 같은 활동을 하는 모습을 본 적이 없어요.

오세훈 글쎄요. 보수가 우리 체제 내의 인권에 무관심했다는 진단에는 동의하기가 어렵습니다. 1970~80년대에는 경제 발전이 급선무이니 약자들의 인권이 우선순위에서 밀렸던 건 사실입니다. 산재에 둔감하고 희생을 감수하더라도 우선 달려가자는 식의 인식이 팽배했죠. 하지만 오늘날에도 그와 같은 패러다임을 유지할 수는 없죠. 우리 당이 인권에 무감각하고 산재에 무심합니까? 적어도 서울시는 안 그래요.

무심한 '한 줄 평'보다는 디테일한 '열 줄 평'을

보수 혁신과 정치 개혁, 개헌, 외교·북한에 이르기까지 쉼 없이 달려왔습니다. 어느덧 오늘 대담을 마칠 시간이 됐는데요. 꼭 덧붙이고 싶은 말씀이 있다면요.

진중권 역대 정권을 평가하면서 마무리하고 싶습니다.
우선 이승만 정권에는 농지 개혁이라는 공이 있습니다. 이승만 대통령 혼자만의 역할은 아니었죠. 좌익의 역할이 커지는 것을 막기 위해 농민의 마음을 사로잡으려는 목적도 있었지만, 어쨌든 굉장히 성공적이었습니다. 박정희 대통령은 산업화, 김대중 대통령은 민주화와 디지털 전환이라는 성과를 남겼습니다. 노무현 대통령은 수직적 사회 구조를 네트워크형으로 전환한 공이 있죠. 그 뒤로는 한국 정치에 발전이 있나 싶어요.

이명박 정권은 경제 위기 극복 외에 무얼 특별히 남긴 게 없다는 느낌이 들고, 박근혜 정권은 탄핵을 맞았죠. 문재인 정권은 정책을 선거의 전술로만 다루다가 실패했습니다. 윤석열 정부는 계엄까지 해버렸고요. 정점을 찍은 모습이죠.

그래도 예전에는 나날이 정치가 좋아진다는 인상이 강했거든요. 오세훈법도 그렇지만, 정치가 투명해지고 생산적이라는 인상이 짙었어요. 그러다 어느 순간부터 정치가 망가지니 자꾸 이렇게 회고조가 되는 겁니다. '예전엔 좋았는데'만 되뇌면서요.

오세훈 역대 정권에 대해 '한 줄 평'을 하면 교수님처럼 말할 수 있죠. 그런데 디테일을 담아 '열 줄 평'을 하면 이야기가 달라집니다. 각각의 정권에 많은 성취와 여러 단점이 있죠. 예를 들면 "이명박 시장은 청계천이라는 성과가 있는데, 오세훈 시장은 무얼 했느냐"고 묻는 사람이 많아요. 저는 그 질문에 동의할 수 없어요.

제 리더십은 한 줄 평으로 요약할 수 없습니다. 일일이 챙기고 점진적으로 업그레이드하는 데 매진하는 스타일이니까요. 그래서 저는 한 줄 평이 온당하다고 생각하지 않습니다. 모든 역사적인 인물은 한두 줄로 정의되지만, 그것이 전부는 아니에요.

지금의 대한민국을 일구는 과정에서 역대 정권 각각이 수많은 순기능과 역기능을 수반했을 겁니다. 책 한 권으로는 모자랄 정도의 공과功過가 있죠. 그럼에도 한 줄 평으로만 남는다는 게 지도자가 감내해야 할 운명이죠. 어쩌면 정치의 비극이기도 하고요. 그렇게만 이야기할게요.

2

문답

규제 NO,

인센티브 YES

진중권 예전만 하더라도 '지금은 못살지만 시간이 지나면 잘살 것'이라는 기대감이 있었는데, 어느 순간 그런 희망이 사라졌어요. 말 그대로 대한민국은 추락하고 있습니다. 경제는 경제대로 정치는 정치대로 꼬인 탓에 한국이 일본의 '잃어버린 30년'을 따라가는 게 아니냐는 위기 의식도 팽배합니다. 대한민국의 국가 경쟁력이 상실되고 있다는 국민의 우려가 큽니다. 그래서인지 더불어민주당도 성장을 이야기합니다. 성장률 목표치로 3%를 제시했고요.[2]

오세훈 민주당이 발표한 성장 전략을 보니 우리 당의 입장이라고 해도 이상하지 않아요.(웃음) 번영을 추구하는 정치 세력이라면 누구나 할 수 있는 정도의 이야기예요. 경제협력개발기구 OECD 10위권 언저리 국가라면 3% 정도의 성장률을 목표로 설정하는 게 합리적이에요. 경제 규모가 커질수록 성장률이 떨어지는 건 자연스러운 현상이니까요.

혹자는 미국의 경제 성장률이 높다고 콕 집어 말하는데, 현재 전 세계 인재와 자본, 기술이 미국으로 몰리고 있잖아요. 그러니 큰 덩치를 갖고 있는데도 성장률이 높은 겁니다. 세계에서 가장 잘나가는 나라와 비교해 스트레스를 받을 필요는 없다는 이야기예요.

물론 그렇다고 하더라도 한국의 경쟁력이 떨어지는 건 사실이니 대책을 마련할 필요는 있죠. 그간 경제 성장을 앞장서 이끈 중화학공업조차 국제 경쟁력에서 정점에 도달했다는 평가를 받습니다.

그런 의미에서는 민주당이 내건 방법론이 맞아요. 과학과 기술, 기업이 중요하다고 하잖아요. 민주당에서 그런 주장이 나오는 건 처음 봤어요. 평소에 제가 강연하는 내용과도 일치합니다. 저는 정치를 쉬는 동안 고려대학교 기술경영전문대학원에서 석좌교수로 강의했습니다. 기술과 경영 분야에서 고루 역량을 갖춘 융·복합형 인재를 양성하는 곳입니다. 이미 기술과 기업이 해답이라는 점을 알고 꾸준히 연구해왔어요.

다만 민주당 발표에 아쉬운 대목은 있어요. 내용을 면밀하게 뜯어보니 첨단 산업을 발전시키기 위해 강력한 국가 주도 지원 정책을 펴겠다고 합니다. 역시 관管 주도의 본능에서 벗어나지 못하는구나 싶었어요. 기술 발전은 자본의 힘입니다. 훈련된 과학자와 엔지니어를 모아놓고 집중적으로 연구를 하게 한다고 해서 상용 기술이 개발되는 건 아니죠. 돈을 벌기 위해 전심전력을 다하는 기업가들이 기업 활동으로 축적된 자본을 다음 단계 기술을 위한 투자에 사용할 때 혁신이 이뤄지는 것이 아니겠어요?

그런 의미에서 미국식 모델을 평가할 만해요. 미국식 모델이 승자 독식의 신자유주의적인 양태를 띠면서, 평등을 추구하는 분의 눈에는 굉장히 무자비하게 보이겠죠. 하지만 그 과정에서 엄청난 기술 진보가 이뤄집니다. 정부는 이 과정에서 보완재 역할을 해야죠.

진중권 보완재란 어떤 의미입니까?

오세훈 기업이 축적된 이윤을 투자하기에 적절한 환경을 만들어주는 역할이죠. 한마디로 정부의 역할은 생태계를 구축하는 것 그 이상도 그 이하도 아닙니다. 예컨대 기업 활동에 각종 규제가 걸림돌로 작용하면 치워주는 주체는 정부여야 합니다. 그래야 번 돈을 재투자하는 데 거리낌이 없어지죠. 존 메이너드 케인즈의 말을 빌리면 기업가의 '야성적 충동animal spirit'을 끊임없이 자극해야 경제가 성장합니다. 그래서 제가 서울시에서 규제 철폐를 부르짖고 있어요. 혁신을 북돋는 게 목적이죠.

진중권 구체적으로 어떤 규제 철폐를 시도하고 있습니까?

오세훈 보통은 스타트업이 자금난으로 '죽음의 계곡death valley'에서 고꾸라진다고 하잖아요. 그런데 우리나라에서는 자본이 부족해서가 아니라 이 일을 할 수 있나 없나 단계에서부터 스타트업이 좌절을 겪습니다. 공무원들한테 사업 아이템을 가져가면 돌아오는 반응이 '근거 규정이 없다'예요. 근거 규정이 없으면 할 수 있는 거 아닌가요? 그런데 근거 규정이 없으니 안 된다는 겁니다. 이것을 '그림자 규제'라고 해요.

'허당 규제'라는 것도 있어요. 가령 사고가 나면 급하게 규제를 강화하는 경향이 있어요. 그러다 시간이 흐르면 사고는 잊히고 오히려 규제가 생각지도 못한 족쇄로 작용합니다. 이런 규제를 수시로 걸러주지 않으면 새로운 시도를 하는 사람에게는 엄청난 진입 장벽으로 작용하죠.

물론 진입 장벽을 없앤다고 곧장 성장이 이뤄지는 건 아니죠. 누구든지 새로운 아이디어만 있으면 돈을 벌 수 있겠다는 생각이 들게 해야죠. 제가 애용하는 표현대로라면 '도전과 성취의 메커니즘'입니다. 제가 동행이라는 단어를 좋아하니 '도전·성취와의 동행'이라는 표현을 쓸 때도 있고요. 영어식으로 하면 결국 인센티브예요. 도전하고 성취했을 때 정당한 보상이 주어지리라는 믿음이 있어야 경제가 발전합니다. 더 많은 인센티브를 얻기 위한 선의의 경쟁이 번영의 토대가 됩니다.

미국 경제학자 에드먼드 펠프스는 이렇게 주장합니다. '조그마한 개인적인 도전과 모험'을 망설이지 않는 사회가 잘사는 나라를 향한 최소한의 조건이라고요. 산업혁명처럼 큰 도전과 성취가 번영을 만드는 게 아니라 일상에서 벌어지는 평범한 국민의 소소한 도전과 성취가 모여 번영을 이룹니다. 대한민국이 여기까지 온 것도 소소한 도전과 성취의 힘이에요. 언제부턴가 이점이 간과되고 있는데, 정부가 해야 할 일은 인센티브가 작동할 수 있는 운동장을 만들어 국민이 다시 뛰게 하는 겁니다.

진중권 사회가 발전하면 으레 새로운 규제가 생길 수밖에 없습니다. 낡은 규제는 퇴출돼야 마땅하나 오히려 남아 있으니 규제 총량은 늘어난다는 뜻이겠네요. 그런데 다른 한편으로는 이런 궁금증도 생깁니다. 십수 년 전만 해도 네이버니 카카오니 하면서 새로운 기술을 활용한 기업이 여럿 태어났고 어느덧 대기업 반열에 올랐습니다. 그런데 지금은 그런 기업이 보이지 않아요. 왜 그렇다고 보십니까?

오세훈 문제는 규제예요. 스타트업에서 유니콘 기업unicorn(기업 가치가 10억 달러 이상이면서 창업 10년 이하의 비상장 스타트업) 단계로 넘어가면 법적으로는 중견기업으로 분류돼요. 그때부터 규제가 왕창 늘어나요. 이즈음에 이르면 기업가들은 고민합니다. 많은 규제를 감수하더라도 중견기업을 거쳐 대기업으로 가는 길을 택할 것이냐, 아니면 사업을 쪼개서 여러 개의 중소기업으로 운영해 세금을 비롯해 각종 규제를 피해 갈 것이냐를 놓고 말이죠.

많은 기업가는 후자를 택해요. 자연스레 인재가 밖으로 유출되는 겁니다. 스스로 발목을 잡게 만드는 비즈니스 환경인데, 좀 심하게 말하면 자해적 시스템이죠. 끊임없이 기업을 키우도록 북돋는 미국과는 완전히 반대되는 현상이에요. 기업을 빨리 키워 상장에 성공하면 그때부터는 은행에서 돈을 꾸지 않고 주식 시장을 통해 조달할 수 있잖아요.

그렇게 들어온 사업 자금을 실탄 삼아 새로운 기술을 개발해 승부를 볼 수 있는 선순환 구조가 이뤄져야 하는데, 우리나라에선 제자리에 정체하게 만드는 시스템이 작동합니다. 이 문제를 해소하지 않고는 앞으로 나아갈 수가 없어요. 연구와 기술 개발, 사업화의 단계마다 규제를 없애줘야 하는 이유죠.

다른 한편으로는 자본 시장 이야기를 해보고 싶어요. 유니콘이 등장하려면 기술과 아이디어뿐만 아니라 이를 지원하는 자본의 역할도 중요합니다. 그런데 우리나라 자본 시장이 제대로 역할을 하지 못해요.

쿠팡의 사례가 보여주듯이 국내보다 해외 증시에 상장하는 경우가 많습니다. 자본 시장 선진화가 그래서 필요해요. 좀비 기업을 퇴출해 자원 배분의 효율성을 높이고, 지금도 잘하고 있습니다만, 기업 가치 제고(밸류 업)와 더불어 주주 친화적인 경영을 강화할 필요가 있어요. 거기에 주식 시장에서 나타나는 불공정 행위에 대해서는 처벌을 강화해야죠.

진중권 다른 한편으로는 스타트업이 좀 크겠다 싶으면 대기업이 기술을 뺏어가는 이른바 '기술 탈취' 문제도 있지 않습니까. 이것도 불공정인데요.

오세훈 그렇습니다. 나쁜 관행을 바꾸지 않고는 혁신 생태계 innovation ecosystem가 진전되는 데 한계가 뒤따라요. 아직도 시장에서 하청 기업에 대한 약탈적 지배가 나타나곤 하는데, 새로 탄생한 기업이 기존 기업과 경쟁하는 데 높은 장애물로 작용해요. 창의적인 아이디어와 기술 개발을 유도하려면 불공정 행위에는 엄격히 대응해야 합니다.

진중권 상속세 완화 여부도 논쟁거리인데요. 방안은 여러 가지

겠죠. 상속세 자체를 낮추는 방식이 있고, 혹은 상속세를 유지하되 경영권에 대한 방어막을 쳐주는 방식도 있고요. 어느 쪽을 선호합니까.

오세훈 상속세는 부의 세습을 막는 효과도 있어 폐지하기는 어려워요. 다만 유럽의 경우에서 보듯 글로벌 스탠더드를 웃도는 세율稅率은 국내의 부를 해외로 이전하게 하는 요인이 될 수 있습니다. 자식에게 물려줄 수 없다고 생각하면 부를 축적하겠다는 유인도 약해질 수 있고요. 즉 상속세가 기업을 키우거나 부를 축적하는 인센티브까지 저해하는 역기능의 요소로 작동하면 곤란합니다.

또 언급하고 싶은 건, 국내 상속세율 자체가 경제 성장 과정에서도 거의 변화가 없었다는 점이에요. 극소수만 부담했던 과거와 비교하면 높다고 느낄 수 있죠. 또 기업 경쟁력과도 연동돼요. 최근 세계 경제의 질서가 자본력을 갖춘 기업에 의해 좌우되잖아요. 그런 상황에서 만약 상속세가 과도해 기업 경쟁력에 영향을 미치는 게 사실이라면 문제를 좀 더 깊숙이 들여다볼 필요는 있다고 봅니다. 아시다시피 기업가들은 기업의 지배력을 잃어버리는 걸 가장 두려워합니다.

그렇다고 해서 무작정 혜택을 줘선 곤란하죠. 대안으로 기업가정신을 발휘하는 기업에 상속세 공제를 확대하는 방안을 전향적으로 검토할 수 있습니다. 의결권이 제한된 주식을 많이 발행할 수 있게 해주는 방법도 있고요. 개미 투자자가 의결권이 필요한 건 아니니까요. 그런 측면에서는 미국 시스템이 굉장히 합리적이에요. 미국은 사업을 시작한 사람이 어떤 경우에도 경영권을 위협받지 않고 하고 싶은 투자를 마음껏 해서 회사를 키울 수 있게 해요.

고려해야 할 요소가 있긴 해요. 자식에게 주식을 물려줄 순 있지만, 이것이 경영권까지 물려주는 일과 같은 뜻으로 받아들여져서는 곤란하다고 봐요. 경영권 승계는 심사숙고해서 결정해야 할 문제입니다. 기업에는 주주를 포함해 여러 이해관계자가 있잖아요. 선진국의 세계적 기업을 보더라도 기업은 가장 잘 경영할 수 있는 사람이 맡는 것이 좋습니다.

부자 미국,

병자 유럽

진중권 중국 인공지능AI 스타트업 딥시크DeepSeek가 내놓은 AI 모델 'R1'을 두고 "소련이 인공위성 스푸트니크를 발사했을 때 미국이 받은 충격"이라는 말이 나옵니다. 한국 사회도 엄청난 충격을 받았죠.

오세훈 AI는 누가 뭐래도 승자 독식의 세계예요. 구글이나 애플, 마이크로소프트, 아마존 같은 기업이 AI까지 독식하면 유럽은 영원히 미국의 디지털 식민지가 됩니다. 대한민국도 마찬가지예요. AI 산업 영역에서 n분의 1의 비율을 차지하지 못하는 순간 우리도 미국의 디지털 식민지 신세를 면치 못해요. 소름이 끼칠 정도로 긴장해야 하는 국면이 온 겁니다.

미국의 엄청난 투자 규모를 보면서 패배주의에 빠져 있었는데, 딥시크가 등장하면서 오히려 가능성을 봤어요. 중국 측 발표를 액면 그대로 믿는다면, 미국 빅테크가 투자한 금액의 10분의 1 정도의 규모로 성과를 냈다는 의미잖아요. 그 자체로는 우리에게 희망을 주죠.

진중권 서울시 차원에서 할 수 있는 일이 있습니까?

오세훈 가장 중요한 게 인재인데, 현재 국내 교육 시스템에서 단기간에 인력을 양성하는 일은 어려워요. 대학에서 첨단학과 만들려고 해도 규제가 많은데, 이 문제는 정부가 해결해야죠. 우선은 생성형 AI 모델 학습과 추론에 필요한 그래픽처리장치GPU 등 컴퓨팅 자원을 민간에 제공할 계획이에요.

그리고 공직 사회에 엄청나게 방대한 양질의 데이터가 있습니다. 가령 서울시에는 무궁무진한 교통 정보가 있죠. 그 자체로 엄청난 부가가치를 낼 수 있습니다만, 민간에서 제공해달라고 하면 개인 정보 보호를 이유로 비협조적인 분위기예요.

그래서 제가 간부들을 모아서 1시간 넘게 AI 관련 회의를 했어요. 그때 강조한 이야기는 이런 겁니다. 정부가 재원을 써서 연구·개발R&D 투자를 늘리는 건 그것대로 할 수 있는데, 문제는 데이터라고 했어요. 개인 정보를 보호하면서도 양질의 데이터를 제공하는 방법을 찾아야 하는데, 안 된다고 하면 그 자체가 규제잖아요. 이 단계에서부터 공직 사회가 달라져야 한다고 강조했어요.

진중권 말씀대로 AI 시대에 가장 필요한 건 기술 인력인데, 공부 잘하는 고등학생들은 죄다 의대를 가버리잖아요.

오세훈 안타까운 현실이죠. 창의적 인재들이 실패를 두려워하지 않고 연구와 기술 개발에 매진해야 기업 생태계가 돌아가는데, 그 단계에 다다르기도 전에 의대로 빠져버리니까요.
중국이 게릴라 전술로 미국 빅테크 기업과 맞서는 바탕에는 인재가 있습니다. 미국에서 최첨단 과학 기술을 공부한 인재들이 중국으로 돌아와 토종 인재를 양성하는 데 매진했어요. 중국 당국이 미국에서 공부한 인재들을 돌아오게 할 때 애국심에만 호소하지 않았어요. 충분한 부를 축적할 수 있는 동기를 부여했습니다. 그로 인해 중국 대학 내 첨단기술학과의 역량이 커졌습니다. 딥시크 창업자인 량원펑도 저장대학에서 컴퓨터공학으로 학사·석사를 마쳤습니다. 량원펑이 불러모은 개발자들도 대다수가 토종파예요.

진중권 우리나라는 지금 거꾸로 가지 않습니까. 해외로 나간 우수 인재들이 오히려 돌아오지 않습니다.

오세훈 해답은 보상이에요. 20년 전만 해도 국내 대기업 CEO
들의 연봉이 그리 높지 않았습니다. 그러다 어느 순간부터 조
금씩 높아지더니 지금은 대기업 임원이면 웬만한 중소기업 사
장보다 더 많은 금액을 보상으로 받아요. 저는 이것이 우리의
산업 생태계를 바꾸는 데 매우 크게 기여했다고 봅니다. 사력
을 다해 일할 수 있도록 인센티브 구조를 짠 거죠.
일단 국내와 국제, 2가지 측면에서 대안을 만들어야 합니다. 국
내 인재를 육성하기 위해서는 우수 교수부터 충원해야죠. 급
여 수준을 대폭 올리는 것 말고는 답이 없어요. 대학은 다양한
인재를 빨아들이는 채널이 돼야 발전합니다. 의대에 가는 이유
는 이른바 '초고도 기술 인재'의 기대 수입보다 의사의 기대 수
입이 훨씬 높기 때문이잖아요. 그렇다면 초고도 기술 인재가
됐을 때의 기대 수입이 더 높다는 확신을 심어줘야죠.
거기다 의대를 포기하고 초고도 기술 인재가 됐다고 해도 국내
기업보다는 미국 등 선진국 기업에 취업해야 훨씬 좋은 대우를
받아요. 개인의 애국심에 호소한다고 될 일이 아니죠. 이들을
고용한 국내 기업에 정부가 파격 지원을 하는 게 정답입니다.
다른 한편으로는 전 세계적인 '우수 인재 쟁탈전'에서 국내 기
업과 대학, 연구소가 승리할 수 있게 지원하는 게 중요합니다.

다행히도 한국은 전 세계 젊은이가 살고 싶은 나라의 반열에 올랐어요. 국가적·도시적 매력 역시 인재 확보에 큰 자산이 될 것이라고 확신해요.

진중권 미국 경제가 다시 부흥한 힘도 각국에서 온 기술 인재에 있다고 할 수 있죠.

오세훈 세계 500대 기업의 목록을 보면, 100등 안에 드는 기업 중에 유럽 기업은 가뭄에 콩 나듯이 있을 뿐이에요. 또 유럽 국가 중에 미국의 한 주에도 못 미치는 GDP를 가진 국가가 많아요. 2022년을 기준으로 캘리포니아 GDP가 3조 5,981억 달러인데요. 영국(3조 706억 달러), 프랑스(2조 7,840억 달러), 이탈리아(2조 120억 달러)를 모두 앞서는 규모입니다. 유럽에서는 독일(4조 754억 달러)만 캘리포니아 위에 있어요.

오죽하면 〈월스트리트저널〉이 '유럽 사람들은 가난해지고 있다'는 제목의 기사를 내겠습니까.[3] 시간이 흐를수록 유럽 기업은 미국 경제에 예속될 겁니다.

독일 사정도 녹록지는 않아요. 한때 국내 진보 진영을 중심으로 독일을 상찬하는 분위기가 컸어요. 실제로 독일을 벤치마킹하기 위해 노력했죠. 하지만 지금의 독일은 병자病者 수준으로 몰락했습니다. 몇 가지 정책을 잘못 썼기 때문인데요.

핵심은 탈원전입니다. 신재생 에너지 중심으로 에너지 대전환을 선언했지만, 러시아-우크라이나 전쟁 탓에 '에너지 안보' 위기가 닥친 거예요. 독일이 탈원전을 내걸면서 러시아산 천연가스 의존도가 높아진 점이 부메랑이 돼 돌아온 겁니다. 전기 요금은 OECD 평균의 2배까지 치솟았어요. 이제는 정치권에서 화력발전소를 짓겠다는 공약까지 나오기 시작했습니다. 에너지 문제로 경제가 고꾸라진 겁니다.

이상과 이념을 비즈니스에 섞기 시작하면 예측하지 못한 국가적 손실이 발생할 수 있어요. 독일이 보여주는 바죠. 반면 미국은 철저히 실용주의를 표방합니다. 인재를 끌어당기는 동력도 인센티브에 기반한 실용주의에 있어요. 독자들 눈에는, 제가 미국 이야기를 반복하니 신자유주의자처럼 보일 수 있겠죠. 미국의 빈부 격차가 유럽에 비해 극심한 건 사실이에요. 그렇다고 나쁜 체제라고 낙인찍고 무시할 일이 아니에요.

미국 시스템의 장점을 배우되, 이 과정에서 생기는 격차는 핀란드식이건 스위스식이건 무얼 가져와서라도 보완하면서 국가를 운용해야 합니다. 제 식대로 표현하면, 약자와의 동행과 도전·성취와의 동행이 함께 굴러가게 하는 거죠. 어려운 사람을 돕기 위해서라도 국가는 돈을 벌어야 해요.

진중권 미국 이야기가 나온 김에 화제를 이어가 보죠. 좌우를 떠나 초미의 관심사는 도널드 트럼프 시대에 어떻게 대처하느냐일 것입니다. 미·일 정상 회담이 시사하는 바가 큰데요. 미국이 관세를 부과하면 보복할 것이냐는 질문에 대해 이시바 시게루 일본 총리가 "가정적 질문에는 답변할 수 없다"면서 직답을 피했습니다. 그러니까 트럼프 대통령이 "와우wow"라고 하면서 "아주 좋은 답변"이라고 했고요. 이시바 총리가 완전히 주눅이 든 게 아닌가 싶은데, 남의 일이 아니죠. 이미 트럼프 대통령이 우리나라 기업에 대해서도 거명하기 시작했잖아요. 어떻게 대응해야 합니까?

오세훈 한마디로 말해, 트럼프는 일자리를 창출하기 위해 자국 내에 공장을 늘리는 게 목표입니다. 현 상황에서 미국은 빅테크를 비롯해 IT 기업들이 주도하는 산업에서 초강세죠. 반면 제조업은 많이 약해졌잖아요. 제조업에서 일자리를 창출하는 효과가 크니 '너희 나라에 지을 공장을 미국에 지어' 식으로 나오는 거죠. 한국과 중국, 독일의 생산 시설을 콕 집어 '다른 나라들의 일자리들을 가져오겠다'는 건 아닙니까. 이미 한국이 트럼프 대통령의 레이더망 안에 있는 셈이죠.

트럼프 1기와 2기의 차이점도 인식할 필요가 있어요. 1기의 주요 표적은 단연코 중국이었죠. 2기에 이르면 캐나다와 멕시코 등 우방에까지 관세 부과라는 카드를 꺼냅니다. 겉으로는 '불법 이민 통제 부실'과 '펜타닐 유입'을 명분으로 내세웠지만, 속내를 들여다보면 캐나다와 멕시코가 미국을 상대로 흑자를 내고 있다는 것이거든요. 한국은 대미 8위의 무역 흑자국이니 트럼프 관세의 칼끝을 피해 갈 수는 없어요. 미국 시각에서 한국은 무역 적자국이에요.

다만 트럼프 대통령은 과욕을 부리지 않는 비즈니스맨입니다. 무모한 사람이 아니에요. 제가 보기에는 성동격서聲東擊西예요. 정책 담당자들은 트럼프 대통령의 속내를 읽어내는 데 익숙해져야 해요. 러시아-우크라이나 전쟁 종전 구상을 거론하면서 벌써 희토류를 이야기하잖아요.[4] 마음속에는 원하는 게 정해져 있는 거예요.

우리로서는 트럼프 대통령이 원하는 게 무엇인지 파악하고, 큰 타격이 있는 요구가 아니라면 일단 들어주되 그에 대한 반대급부로 필요한 걸 받아내는 비즈니스 리더십을 발휘하면 됩니다. 트럼프식 협상에 익숙해질 필요가 있어요.

그 점에서 저는 미·일 정상 회담에서 배울 게 많다고 봐요. 진 교수께서는 이시바 총리가 주눅 들었다고 표현했는데, 냉혹한 국제 정치의 현실이죠. 국익을 위해 무엇이라도 하는 겁니다. 저는 이시바 총리가 선방했다고 봐요. 대미 흑자 해소를 위해 제안한 '종합 선물 세트'가 3개잖아요. ①미국산 LNG 수입 확대 ②대미 투자액 증대(약 1,455조 원) ③방위비 지출액 증가입니다. 어차피 일본은 LNG를 수입해야 합니다. 미국산 수입을 확대해 대미 흑자 규모를 축소하는 정책은 일본에 그리 해로운 카드는 아니죠.

또 이시바 총리는 2027년까지 방위비를 트럼프 1기 때(GDP 대비 1%)와 비교해 2배 늘리기로 약속(2%)했는데, 트럼프가 일본에 압박한 3%에 크게 못 미치는 수준입니다. 어차피 2% 수준의 방위비 지출은 '보통 국가화'를 위해 군비 증강을 해온 일본에는 도움이 되는 수준이죠.

그렇다면 한국도 유사한 '패키지'를 준비해놓을 필요가 있어요. 예를 들면 ①적절한 방위비 분담금 증액 ②원유·가스 수입 확대 등 대미 흑자 축소 ③대미 투자 규모 확대 ④우리의 대미 지렛대라고 할 수 있는 원자력 산업 및 조선업에서의 협력 제고 등의 방안을 패키지로 구성할 수 있죠. 이를 활용해 과도한 방위비 분담금과 관세 인상을 예방하는 거죠.

특히 관세 문제에서 한마디 덧붙이면 미국의 표적이 된 철강, 반도체, 자동차, 가전 등은 국내 산업 기반이 붕괴하지 않는 선에서 미국으로 생산 기지를 옮기는 방안도 고려해야 할 겁니다. 물론 한국의 존재가 미국 경제에 얼마나 큰 도움이 되느냐를 설득하는 일도 필요하죠. 예컨대 미국에 이미 건설된 한국의 자동차·반도체·배터리 공장이 미국 내 제조업 일자리 창출에 기여하고 있다는 점을 트럼프 대통령과 미국 정치인들에게 반복해서 강조해야 합니다.

진중권 미국이 중국과 관세 전쟁을 벌이기 시작하면 우리에게도 불똥이 튀지 않겠습니까?

오세훈 불이익이 있겠죠. 중국 경제와 긴밀하게 연결된 우리 경제에도 일정 부분 악영향이 있을 것이고요. 현실로 받아들여야죠. 위기를 이겨낼 경제력을 유지하는 것 외에 무슨 방법이 있겠습니까. 결국은 우리 스스로 버틸 경제적 체력을 길러야 해요.

미친 집값의 시대를

건너는 법

진중권 자산 양극화 이야기를 나눠보죠. 서울 강남 집값이 40~50억 원에 이른다는 보도가 이어져요. 중산층이 소멸한다는 느낌이 강해집니다. 단순하게 볼 문제가 아니라고 생각하는데요. 중산층은 공론장에서 상식적인 의견을 담당하는 계층입니다. 즉 중산층의 소멸은 정치적 양극화의 토양이기도 해요. 이재명 대표가 이끄는 더불어민주당의 폭주와 윤석열 대통령의 계엄은 중산층의 소멸, 그에 따른 공론장의 쇠퇴에서 비롯한다는 게 저의 관점입니다.

오세훈 중산층의 가치에 대해서는 저도 같은 생각입니다. 경제적 불안이 적어 사회적으로 극단에 빠지지 않고 균형을 유지하면서 책임의식을 다하는 분들이죠. 중위소득의 50~150%를 중산층으로 볼 때 그 비율은 전체 인구의 60%를 넘어서 굉장히 이상적인 분포를 보여요. 다만 국민적 체감은 다르죠. 통계적으로 중산층에 해당하는 사람 중 절반이 스스로 하류층이라 여겨요.

진중권 그렇죠. 모두가 강남의 삶을 기준점으로 두니까요.

오세훈 맞아요. 그것이 잘못됐다고만은 생각지 않아요. 더 열심히 살게 하는 동력이 될 수 있죠. 다만 격차가 너무 커지면 갈등이 증폭돼 문제가 되고, 격차를 줄이는 것이 정치인의 역할입니다. 보수건 진보건 마땅히 해야 할 일이죠.

자산 격차에 관해선 우리나라 좌파 정권은 입이 10개라도 할 말이 없다고 생각합니다. 전국의 집값이 폭등하고 자산 격차가 커진 시기는 노무현·문재인 정권 때예요. 섣부른 인기 영합주의가 남긴 후과입니다. 임대차 3법을 포함해 무슨 조치만 내놓으면 부동산 가격이 오르게 만드는 특별한 재주를 지닌 정권이었잖아요. 재개발·재건축은 근거 없이 터부시하고요. 그러면서 도시 재생이라는 말을 붙여 도로 일부를 포장하고 벽화를 그리는 데 천문학적인 돈을 썼습니다. 기가 막혀요.

진중권 그런 뜻에서 자산 양극화 해소가 필요하고 핵심은 부동산이라고 보는데, 만약 국가를 운영한다면 묘안이 있습니까?

오세훈 해법은 나와 있어요. 꾸준하고 일관성 있는 주택 공급과 지속적인 생활 인프라 개선이죠. 정책 기조 역시 일관성 있게 유지해야 합니다. 주택 건설은 계획에서 공급까지 최소한 5~6년의 기간이 필요해요. 특정 시점의 공급 과잉 혹은 부족을 이유로 정책을 바꾸면 밀턴 프리드먼이 이야기한 '샤워실의 바보'처럼 찬물, 더운물을 번갈아 트는 식이 돼 시장의 부침이 심해집니다.

다른 각도에서 보면 부동산 말고 투자할 자산이 없는 경제 현실도 언급할 수 있죠. 그러니 주식 시장의 가치를 제고해 가용 자산이 부동산 대신 주식으로 흘러가게 만드는 것도 중요합니다.

사실 이명박 전 대통령의 뉴타운 사업이나 제가 시행한 뉴타운 혹은 재개발·재건축 사업이 계획대로만 이뤄졌어도 부동산 값에 따른 격차는 지금보다 줄었을 겁니다.

뒤늦게라도 무얼 해야겠다 싶었어요. 그래서 2021년 시장직에 복귀한 후에 '신속통합기획'을 시행했어요.[5] 또 노후화된 저층 주거지 주민들의 상대적 박탈감이 있거든요. 그래서 작은 규모의 재개발인 '모아타운'을 시작했습니다.[6] 이렇게 해서 서울과 서울 인근에 많은 수의 주택이 공급될 예정입니다.

저는 평소에 이렇게 이야기해요. 강남은 어떻게 할 방법이 없이 전국의 부가 모이는 곳이잖아요. 강남 집값은 어떤 정책을 펴도 떨어지기 어려울 거예요. 그렇다고 좌절할 필요는 없어요. 저는 20년 전부터 "집은 사는buy 것이 아니라 사는live 곳"이라고 주장했습니다. 그 후에는 많은 사람이 그 말을 가져다 썼죠. 모든 기준을 강남 30평대 아파트에 두면 상대적 박탈감에서 헤어날 수가 없어요. 정책도 그에 맞춰 패러다임을 바꿔야 하고요.

진중권 사는live 곳에 초점을 맞춘 정책을 소개해준다면요?

오세훈 '미리내집'이죠. 장기전세주택Ⅱ입니다. 저출산 대책이기도 해요. 국가가 저출산 대책을 여럿 쓰고 있지만 대부분 간접 지원입니다. 반면 임대 주택을 제공하는 건 직접 지원이죠. 출산과 결혼의 기회비용이 빠른 속도로 커지는데, 핵심은 집입니다. 양질의 임대 주택을 공급하고 주택 취득 기회도 늘려야죠. 미리내집은 전세 보증금이 시세의 절반 수준이에요. 거기다 자녀를 낳으면 인센티브를 제공해요.

진중권 여기서도 인센티브가 나옵니까?(웃음)

오세훈 그럼요.(웃음) 자녀가 없을 때는 10년간 거주할 수 있고,

자녀 출산 시 20년까지 거주 기간이 연장돼요. 자녀를 둘 이상 낳으면 시세보다 10~20% 저렴하게 매입할 수 있는 혜택까지 줍니다.

진중권 물량은요?

오세훈 올해 기준으로 연간 4,000가구 정도를 공급해요. 엄청 쥐어 짜내서 만든 숫자입니다. 해마다 서울에서 결혼하는 커플이 약 4만 쌍입니다. 즉 10분의 1에 해당하는 부부가 미리내집의 수혜 대상인데, 이 수를 5분의 1까지 줄이려면 무엇을 해야하나 고민했어요. 찾아보니 방법이 있습니다. 다세대·다가구 매입 임대 주택을 활용하는 거죠.

아무래도 시중에서는 아파트보다 선호도가 떨어지죠. 그렇다고 단념할 필요는 없어요. 정책에 관한 인센티브 구조를 새로이 짜면 되는 일이에요. 역세권과 신축 위주로 매입하고, 일단 이곳에 입주해 아이를 낳으면 우선순위로 아파트 미리내집에 입주할 권리를 줍니다. 그러면 집이 없어 결혼과 출산을 망설이는 기류를 일정하게 불식할 수 있죠.

진중권 관(官)에서 매입하는 방식이니 부작용이 있을 것도 같은데요.

오세훈 맞아요. 통으로 빌라를 사니 업자들과 유착 가능성이 생깁니다. 그래서 그간 원활하게 활용하지 못했는데, 올해부터 검증은 강화하고 매입을 대폭 늘리기로 했어요. 빌라에 입주한 분들이 아이를 더 낳을수록 아파트로 옮길 확률도 높아집니다. 합리적으로 운영하면 출산에 대한 굉장한 인센티브로 작동할 수 있겠다 싶어요.

제가 2006~2011년 동안 시장으로 일할 때 장기전세주택을 3만 가구가량 공급하고 물러났습니다. 그때는 이름이 '시프트Shift'였어요. 주변 시세의 80% 내에서 최장 20년간 거주할 수 있도록 해 집값 안정을 유도하기 위해 내놓은 대안이었습니다. 취지가 좋으니까 제가 없는 사이에 10~15만 가구까지 늘었어야 정상이죠.

진중권 늘어나지 않았습니까?

오세훈 박원순 전 시장이 겨우 3,000가구를 늘려놨습니다. 계획한 물량만 하고 놔둔 거예요. 이해할 수가 없어요. 부족한 대로 제가 다시 늘려서 3만 5,000가구가 됐습니다.

앞으로 장기전세주택 물량이 늘면 많은 걸 해결할 수 있어요. 실제로 입주 가구의 출산율이 높아요. 현재 서울 지역 전체 출산율이 0.55명대인데 장기전세주택 입주자의 출산율은 0.79명입니다.

저는 그 이유가 예측 가능성과 안정성 때문이라고 봅니다. 장기간 살 수 있게 되면 미래를 준비할 수 있잖아요. 시세보다 저렴한 가격에 미리내집에 입주하면 자산을 축적할 수가 있죠. 그러면 10년 뒤든 20년 뒤든 집을 살 정도의 형편이 될 때 더 큰 전셋집으로 옮길 수도 있고요. 여기서 나오는 심리적 안정감을 무시할 수가 없습니다.

진중권 일부 부동산 전문가들은 이렇게 말합니다. "우리나라 집값에 거품이 끼어 있고 경제가 침체하는 중이니 결국 폭락할 것"이라고요. 사실 폭락을 원하는 사람은 많지 않습니다. 국가 경제를 생각하면 누구나 연착륙을 원하죠. 그렇다고 해도 서울 집값이 터무니없는 건 사실입니다. 강남 집값은 일종의 '비트코인'과 같은 현상이니 예외라고 해도, 강북 역시 저 같은 사람에게는 진입 장벽이 너무 높습니다.

저도 사실 집을 사려고 알아보는 중인데, 결정하기가 쉽지 않아요. 집값이 떨어질 줄 알고 기다리다가 아직 못 샀는데, 5년 전에 샀으면 지금보다 3~4억 원은 저렴하게 샀거든요. 그렇다 보니 지금이라도 빚내서 사야 하는 게 아니냐는 조급함도 듭니다. 서울 집값의 적정선이 어느 수준이고, 어느 정도까지 빠져야 한다고 봅니까?

오세훈 수치로 말씀드리기는 어렵겠습니다만, 집값은 강남 같은 예외 사례를 빼면 매우 천천히 조금씩 내리도록 관리하는 게 가장 좋습니다. 그런 의미에서 헌 집을 허물고 새 집을 짓는 일이 매우 중요해요. 신축에 대한 선호가 높잖아요. 신축 주택을 꾸준하고 충분하게 공급한다는 확신만 시장에 주면 부동산을 재테크 수단으로 삼는 일은 줄어듭니다. 한마디로 가수요가 줄면 집값 하향 안정화에 큰 도움이 되겠죠.

집은 워낙 고가의 자산이라 구매하는 데 비용이 많이 듭니다. 그러니 집을 사야 할 이유가 분명할 때 구매에 나서야 합니다. 단순히 재테크만을 고려해 무리하면 자칫 후회할 수 있죠. 제 큰딸이 결혼한 지 7~8년이 됐는데 아직 집이 없어요. 사위가 월급은 적잖게 받는 편이에요. 그래도 제가 집을 사지 말라고 해요. "집 살 돈으로 다른 재테크 수단에 투자하라." 솔직히 말해서 이렇게 조언해요. 어차피 강남 집 살 형편도 못 되거든요. 지난 연말만 하더라도 부동산 시장은 가격이 상당히 안정돼 있었습니다. 거래 건수가 30% 정도 줄었어요. 그래서 제가 용기를 내서 잠실의 토지거래허가구역 해제를 단행한 거예요. 재산권 행사를 물리적으로 묶어 놓은 반시장적·비정상적 규제거든요. 오히려 토지거래허가구역에서 빠진 곳이 반포예요. 반포는 재건축도 없고 묶을 명분도 없어 빠졌는데, 여기서 신고가가 많이 나옵니다. 오히려 반사이익을 누린 셈이죠. 토지거래허가구

역으로는 묶이지 않아 형평성에 어긋난다는 주장에도 일리가
있어요.

다만 규제를 푸는 시점에는 부동산 값이 오릅니다. 그간 인위
적으로 눌러놨으니 스프링이 튀어 오르는 것처럼 가격이 상승
하는 건 예상되는 바입니다. 시장에 부담을 주지 않는 적정한
선에서 가격이 오르면 3~6개월 정도 예의주시하며 지켜볼 생
각입니다.

하지만 부동산 시장의 변동성이 크다는 점도 늘 염두에 둬야
합니다. 대중의 '자기실현적 기대'가 부동산 값에 영향을 미치
기도 하잖아요. 사 놓으면 오른다고 생각하니 거래량이 늘어나
는 것이죠. 거기에 금리 인하에 대한 기대감 등 금융 시장의 변
화도 부동산 수요에 영향을 미칩니다.

이렇듯 다양한 변수 탓에 부동산 값이 과도하게 상승하면 토
지거래허가구역 재지정을 즉시 검토할 겁니다. 주택 시장을 면
밀히 점검하면서 상황에 따라 가장 적합한 정책 수단을 활용할
필요가 있어요. 부동산 정책에 있어선 탄력성과 유연성·신속
성이 매우 중요합니다.

부채의 나라,

누가 부담을 떠안을 것인가

진중권 연금 개혁에 관해 젊은 세대의 불신이 큽니다. 우리 세대만 해도 복지 국가로 나아가야 한다는 사회적 합의가 있었는데, 젊은 세대는 아예 시각이 다른 것 같아요. 복지를 논하면 기성세대가 미래세대의 피를 빨아먹는다는 식으로 인식한달까요?

오세훈 기성세대의 한 사람으로서 우선 미안한 마음이 앞섭니다. 일단 모수 개혁에[7] 초점을 맞춰 여야 논의가 시작된 건 바람직하다고 봐요. 한 가지 아쉬운 건, 연금 개혁 이슈가 등장한 지 꽤 긴 시간이 흘렀는데, 왜 이제야 모수 개혁에 초점이 맞춰 논의가 이뤄지느냐죠. 재차 문재인 정부를 비판하지 않을 수가 없습니다. 사실 그때 할 수 있었습니다. 대통령이 막판에 이 상태로는 동의하지 못하겠다고 하는 바람에 올스톱이 됐잖아요. 일단 모수 개혁을 통해 국민연금 제도를 안정화한 후에 미래세대의 부담을 덜어주고 재정 안정성을 제고하는 방향으로 구조 개혁도 추진해야 합니다. 4개 정도의 논점에 대해 고민해야 한다고 봅니다.

먼저 국민연금 수급 연령과 정년이 일치하지 않는 '소득 크레바스(공백)' 현상입니다. 지금은 63세에 연금을 받기 시작하고 2033년에는 65세로 상향되니 이대로라면 불일치의 기간이 늘어나겠죠. 해법으로 재고용(또는 정년 연장) 제도를 검토할 필요가 있어요.

또 퇴직금을 의무적으로 연금처럼 받는 방안도 고민해볼 대안이에요. 이미 대부분의 나라는 퇴직연금 제도로 운영합니다. 그리고 국민연금 가입자들의 불만 중 하나가 공무원연금 등 특수직역연금 급여가 훨씬 높다는 점이잖아요. 실제로 특수직역연금의 재정 불안정 탓에 지난해에만 10조 원 이상의 혈세가 투입됐습니다. 이대로 둘 수는 없는 노릇이죠. 거기에 노인 인구 70%에 30만 원을 지급하는 기초연금 제도 역시 개선 방안을 모색할 때가 됐습니다.

진중권 주목하고 있는 해외의 성공 사례가 있습니까.

오세훈 그럼요. 스웨덴은 14년에 걸쳐 각 정당이 개혁안을 함께 마련해 국민을 설득했습니다. 양당제 국가인 영국은 정권이 바뀌는 와중에도 절충과 타협으로 연금 개혁에 성공했고요. 캐나다는 1998년 연금 개혁을 통해 향후 75년간 적립금이 연간 급여 지출액의 일정 배수를 유지하도록 최소 보험요율과 목표 수익률을 설정하는 체계를 구축했어요. 이와 동시에 3년마다 재정 계산을 통해 재정 상황을 점검하고 보험요율을 미세하게 조정합니다.

말이 나온 김에 덧붙이면, 우리나라 65세 이상 고령자의 상대적 빈곤율이 2019년을 기준으로 43.2%인데요. OECD 평균(13.1%)보다 3배 이상 높습니다. 이 비율이 40%를 넘는 유일한 국가이기도 하고요. 그러니 연금 개혁이 고차방정식일 수밖에 없죠. 앞으로 보험료를 내야 할 미래세대의 동의를 확보하면서 재정 안정을 꾀해야 하고, 이와 동시에 최소한의 노후 안정성을 도모해야 하니까요. 기금 고갈이 다가오는 만큼 한 발씩 양보하는 타협을 통해 결론을 서둘러 내야 합니다.

진중권 국가 부채의 급증도 젊은 세대의 관심사입니다. 출산율이 낮아지면서 노년 세대의 비율이 높아질 수밖에 없는데요. 젊은 세대는 나중에 자기네가 노인 여러 명을 먹여 살려야 하는 게 아니냐 하며 걱정하거든요. 해법이 있겠습니까?

오세훈 포퓰리즘식 퍼주기로 각종 사회문제를 해결하려는 시도부터 삼가야죠. 코로나19 팬데믹 당시 소득이 완전히 끊긴 자영업자·프리랜서와 꼬박꼬박 월급받는 공무원·대기업 직원에게 똑같이 재난 지원금을 뿌리는 게 과연 적절했습니까?

일단 생긴 부채에 대해서는 지출을 줄이는 수밖에 없어요. 자화자찬 같지만, 제 성과를 수치로 입증할 수 있어요. 제가 시장을 하는 동안에는 빚이 늘지 않고 관리가 됩니다. 그런데 박원순 전 시장 재임 기간에는 빚이 가파르게 늘어요. 2022년에 빚이 11조 8,980억 원이었어요. 이듬해 11조 4,425억 원으로 4,555억 원이나 줄었습니다. 2024년에도 500억 원가량 줄었고요.

지난해에는 예산까지 줄여가며 허리띠를 조였어요. 어느 나라 어느 도시를 막론하고 예산은 계속 조금씩 늘게 돼 있거든요. 그런 상황에서 액수 자체를 낮추는 건 정말 힘든 일인데, 별수 있나요. 빚을 줄이려면 지출도 줄이는 수밖에요.

많은 부분이 인건비입니다. 저는 2006~2011년 기간에 시장을 할 때 일반직 공무원 수를 한 명도 늘리지 않았습니다.

진중권 박 전 시장 때는 공무원이 왜 그렇게 늘어난 겁니까?

오세훈 비정규직의 정규직 전환 정책으로 공무직이 6배 이상 급증했어요. 또 서울시 투자 출연 기관 직원 수가 1만 명 가까이 늘었습니다. 필요하면 무조건 뽑은 거죠. 실상은 행정을 하다 보면 인력 수요가 줄어드는 분야가 분명 생겨요. 저는 그 인원을 뽑아 재교육을 시켜 수요가 늘어나는 분야에 재배치했어요. 그렇게 하니 최근 들어서는 오히려 공무원 수가 줄었어요. 원래 우파 정당은 작은 정부를 지향하고 좌파 정부는 세금으로 일자리 늘리는 데 겁을 내지 않아요. 예컨대 그리스는 좌파 사회당의 안드레아스 파판드레우 총리가 1981~1996년 사이 두 차례에 걸쳐 11년간 집권하면서 완전히 망가졌어요.

이 사람이 남긴 유명한 말이 "국민이 원하면 뭐든지 다 줘라" 입니다. 파판드레우가 처음 집권한 1981년에 그리스 공무원이 30만 명 수준이었습니다. 2010년에는 90만 명으로 크게 불어나요. 공무원들이 할 일이 없으니 오후 2시 30분이면 퇴근합니다. 미래세대에 엄청난 부담으로 전가될 수밖에 없어요. 그러니 공무원 수를 유지하는 게 매우 중요한 개혁입니다.

진중권 주 52시간 근무제를 놓고 다시 논쟁이 거센데요. 이와 관련해, 알려지기로는 삼성전자 반도체 R&D 분야 노동자들은 연장 근로를 굉장히 많이 한 반면, SK하이닉스에서는 연장 근로가 없었다고 해요.[8] 정작 최근 실적을 보면 SK하이닉스가 좋습니다. 그러면 노동 강도를 강화하는 방향이 낡은 생각 아닌가 싶은 느낌도 들거든요. 윤석열 정권의 논리가 '일을 하겠다는데 왜 못 하게 하느냐' 아니었습니까. 현장의 생각은 좀 다를 수도 있다고 보이는데요.

오세훈 일률적으로 이야기할 문제는 아니죠. 예를 들면 연구 인력의 경우 불이 붙었을 때 며칠 밤을 새서라도 집중적으로 일하고 그 뒤에 충분히 휴식하면서 평균 노동 시간을 적정선에 맞출 수 있잖아요. 제조업도 마찬가지죠. 계절상품이라는 게 있잖아요. 주문이 밀려오는 시기가 있겠죠. 그러면 성수기에 충분히 일하고 비수기에 쉬면서 근무 시간을 적정하게 유지할 수 있게 융통성을 발휘할 수 있습니다. 그렇게 할 때 직원 후생이 높아질 수도 있고요.

업종별로 무엇이 수익을 극대화하는 동시에 직원의 건강과 후생까지 챙기는 방법이냐에 대해 노사 간에 합리적 대화를 나눠 볼 단계에 왔다고 생각합니다. 기업 사정에 맞춰 보다 유연하게 제도를 운영할 수 있는 방안을 모색할 수 있죠. 과도한 노동은 지양하되, 자본주의의 성장에 밑바탕이 되는 자발적이고 추가적인 노동에 대해서는 필요 최소한으로 인정하는 구조를 만들 필요가 있습니다.

이렇게 이뤄진 추가 노동에 대해서는 정당한 보상이 따르도록 해야죠. 특히 주 52시간으로는 경쟁력을 확보할 수 없는 영역의 경우, 특히 국가의 미래와 관련된 산업이라면 융통성을 발휘할 필요가 있고요.

진중권 하지만 규칙이라는 게 보편적으로 적용돼야지, 예외가 생기면 이를 핑계로 노동력 착취라고 부를 현상이 발생할 수도 있지 않습니까?

오세훈 지금은 잊혔지만, 주 52시간 근무제의 도입 취지 중 하나가 고용 증대였어요. 기업에서 더 많은 생산이 필요할 경우 고용을 늘리라는 것이죠. 하지만 우리나라에서는 일단 정규직을 채용하면 해고가 어려우니 어떻게든 고용을 안 하고 버티다가 기존 노동자에 대한 초과 근로 논란으로 번진 겁니다. 거기다 초과 근무에 대해 보상하지 않는 나쁜 관행까지 겹쳤고요. 법적 테두리를 넘는 행태에 대해서는 그에 따른 책임을 물어야죠. 더 근본적으로 들어가면 결국 노동 시장에서 고용 유연성 확대와 함께 풀어야 할 문제입니다. 고용 유연성을 확대하려면 실업급여와 재취업 지원 등 사회 안전망을 촘촘히 구축하는 것도 필요하고요.

소멸의 나라,

일할 사람이 없다

진중권 한동안 뜨거운 현안이었죠. 필리핀 가사관리사 이야기를 해보죠. 일단 국제노동기구ILO 협약이 적용되면서 시장님께서 의도한 것과는 다른 식으로 설계된 게 사실인데요. 금액이 워낙 높게 책정되니 아무래도 효과가 떨어지지 않았습니까.

오세훈 글쎄요. 저는 일정 부분 수요를 충족하는 기능은 했다고 봐요. 물론 최저 임금이라는 제도적 한계 탓에 가격 경쟁력이 떨어졌는데, 이용 가정에서는 만족도가 매우 높습니다. 홍콩에서는 외국인 가사관리사 비용이 월 최소 83만 원, 싱가포르는 48~71만 원입니다. 서울에서 실시한 시범 사업에서는 최저 임금을 적용하니 월 238만 원을 부담해요. 합리적 비용으로 양육자의 선택지를 넓히는 것이 시범 사업의 취지였는데, 이런 상태라면 지속할 수 없어요.

방법이 없는 것도 아니에요. 외국인 취업 비자인 E7 비자 대상 직종에 '가사사용인'을 추가하자고 제안했는데, 법무부가 소극적 입장으로 일관합니다. 가사관리사의 나이나 담당 업무 등에서도 유연성을 발휘할 수 있는데, 지금은 딱 하나의 형태로만 시범 사업을 진행했어요. 그런 점이 아쉽죠. 그런 의미에서 지금의 시범 사업만 놓고 성적표를 매기는 데 대해서는 동의할 수가 없습니다.

이 제도를 도입하자고 한 건 보다 근본적인 이유 때문이에요. 고령화 현상이 심화하면서 돌봄 인력이 부족한 시대로 진입합니다. 지금 상태로는 5년 뒤, 10년 뒤를 감당하지 못해요. 한국은행은 20년 후에 돌봄 인력이 100만 명 정도 부족할 것으로 예상합니다. 말 그대로 대란이죠. 돌봄과 간병에 외국인 인력의 도움은 거의 필수적인 일이 됐어요. 사람이 줄면서 생기는 여러 현상 중에서도 가장 심각한 문제죠. 그 점을 고려하면 이번 가사관리사 시범 사업이 향후 관련 정책을 마련하는 데 매우 좋은 레퍼런스가 될 것이라고 봅니다.

진중권 이주 노동자 문제로 대화를 확장할 수 있겠는데요. 일단 고급 노동력이 있을 겁니다. 미국 IT업계에 인도계 엔지니어들이 많듯이, 우리나라에도 고급 인력들을 유수 기업으로 데려오는 방법이 있죠. 다만 아직까진 요원한 일로 보이긴 합니다. 현재로서는 국내에 들어온 이주 노동자들이 국내 청년들이 주로 하지 않는 단순 반복 업무에 종사하는 경우가 많잖아요.

오세훈 대한민국 사회처럼 급속하게 출산율이 줄어드는 곳에서는 외국인 노동력을 쓸 수밖에 없죠. 장려할 일은 아니지만 감수할 상황이 됐다는 겁니다. 실제로 국내 주민등록인구(내국인)는 2019년 12월부터 꾸준히 감소하지만, '내외국인 상주인구'는 2020~2022년 동안 감소했다가 2023년에 다시 증가한다고 해요. 외국인 이주민이 상당수 유입한 결과죠.

물론 모든 사회 현상이 그렇듯 이주민 증가에도 빛과 그림자가 있죠. 현재 국내 불법 체류자 수가 40만 명에 달하는 점이 대표적이고요. 혹자는 국내 외국인 근로자를 두고 로테이션 방식의 '한시형 이주민'이라고 표현해요. 저숙련 인력이 국내에 정착할 경우 사회 복지 비용이 증가할 것을 우려해 당국이 그와 같은 정책을 견지하는 것으로 알고 있어요.

로봇 시대라는 점도 고려해야죠. 단순 반복 업무가 빠르게 기계화하고 있잖아요. 그런 저간의 상황을 종합하면, 저숙련 인력은 지금과 같이 한시 체류를 전제한 로테이션 원칙을 견지하면서 불법 체류자 발생을 억제하는 쪽으로 접근해야 한다고 봐요. 다만 기능공 또는 준전문 외국 인력은 직접 도입하거나 대학이나 연수원, 산업 현장에서 이뤄지는 직업 훈련과 현장 훈련을 통해 양성할 수 있습니다.

다른 한편으로는 고급 노동력이 있겠죠. 앞서 쓴 표현을 다시 가져오면 '초고도 기술 인재'잖아요. 하이엔드high end, 그러니까 최첨단 과학 기술이 미래의 무기가 된 시대여서 해당 인력을 최대한 많이 확보하는 것은 국가적으로 긴요한 일이죠. 이들은 정주형 이민 정책으로 접근해야 합니다. 국내 대학에서 교육을 받은 유학생들이 본국에 돌아가지 않고 국내에 남게 만드는 유인책도 구사해야 하고요. 이미 강조한 바이지만, 결국 보상밖에 답이 없습니다.

진중권 출산율 저하에 따른 노동 인구 감소를 논하다 보면 자연스레 정년 연장도 화두가 됩니다. 앞서 오 시장께서 국민연금 수급 연령과 정년이 일치하지 않는 소득 크레바스 현상을 언급하셨습니다만, 그렇지 않아도 고령자 빈곤 문제도 심각하거든요.

오세훈 맞습니다. 소득 크레바스 문제 탓에 정년 연장을 비롯해 대응 수단을 필히 찾아야죠. 또 건강 상태도 좋아졌고 무엇보다 쉽게 사장死藏하기에는 아까운 업무 노하우라는 게 분명히 있고요. 정년 연장 문제를 적극적으로 공론화에 부칠 시기가 도래한 건 분명해요.

진중권 특히 일본의 대응이 인상적인데요. 예컨대 토요타는 60세 정년을 맞이한 직원이 계속 근무를 희망하면 재고용 형태로 70세까지 일할 수 있게 합니다. 현재로서는 국내에서 정년 연장에 대해 젊은 세대의 반감이 큰데, 다른 한편으로는 60세 은퇴 후 30년을 살아야 하는 세대도 고민이 많을 수밖에 없잖아요. 어떻게 풀어야 합니까?

오세훈 일본의 시스템에서[9] 배울 게 많다고 보지만 한국과의 차이도 고려할 필요가 있어요. 일본은 30여 년에 걸쳐 고용 연장 정책을 점진적으로 추진해 연착륙에 성공한 경우예요. 퇴직 후 재고용과 정년 연장 등을 선택할 수 있고, 개별 사업장의 임금이 중·고령 시기에 우하향하는 관행을 갖고 있습니다.
그러나 대한민국은 신입 직원과 장기 근속 직원 간 임금 격차가 세계에서 가장 큰 나라입니다. 임금 연공성이 높은 대기업·공기업에서 정년 연장을 시행하면 청년 일자리 창출에 치명적 악영향을 미칠 수밖에 없어요. 자칫 소수 '양질의 일자리'에 대한 정년 연장으로 받아들여지면서 갈등의 불씨가 될 수 있어요. 중소기업에는 유연하게 적용할 수 있다고 보지만, 대기업·공기업 일자리를 선호하는 국내 분위기를 고려하면 곧이곧대로 정년을 연장하는 쪽으로 결론 낼 일은 아니죠.

결국 연공급 체계부터 손질해야 합니다. 역량을 중심으로 보상하는 직무급 및 성과급제 임금 체계를 도입해 노동 시장의 새 판을 짜는 겁니다. 이를테면 '공정한 일터' 만들기가 선행돼야 정년 연장에 대한 세대 간 갈등을 최소화할 수 있어요. 그렇게 되면 청년도 호응할 것이라고 봅니다.

진중권 우리나라의 고령화 속도가 유독 빠른 느낌입니다. 일본이 30년 걸렸다면 한국은 20년 만에 그 속도를 따라잡은 모양새예요. 출산율 문제는 어떻게 풀어야 합니까?

오세훈 서울시에서 정책을 87개나 펴고 있어요. 왜 그러냐면, 저출산이라는 게 워낙 다종다양한 원인이 엮여 있기 때문인데요. 정책의 패러다임부터 바꿨어요. 그전에는 양육자 부담 완화에 초점을 맞췄습니다. 그래서 정책의 명칭도 '엄마아빠 행복 프로젝트'였어요.

그런데 비단 이것이 아이를 가진 부모만의 문제는 아니라는 생각이 들었어요. 포괄적인 가족 문제로 접근해 해법을 내자고 판단했습니다. 청년에게 아이를 낳으라고 강권할 것이 아니라, 아이를 낳겠다고 결심할 수 있게끔 환경을 만들어줘야죠. 성인이 돼 경제적으로 자립할 수 있는 역량을 키워주듯이, 아이를 키울 수 있는 역량을 키워주는 것에 초점을 맞추는 겁니다.

그래서 청년, 신혼부부, 난임부부 등 예비 양육자까지 포괄해 지원하는 쪽으로 방향을 바꿨어요. 레이더를 넓힌 셈이죠. 정책의 명칭도 '탄생응원 서울 프로젝트'라고 붙였습니다. 출산이나 육아, 돌봄뿐만 아니라 주거나 일·생활 균형 문제까지 포괄해요. 벌써 시즌 2에 접어들었습니다. 올해에만 3조 원의 돈을 씁니다.

최근에는 한강변에서 미혼 남녀가 만나는 행사까지 했어요.(웃음) 이름이 '설렘, in 한강'입니다. 지자체가 이런 것까지 해야 하느냐 생각할 수 있는데, 커플 성사 확률이 높아요. 서울시 예산을 쓰는 데 대한 비판이 있어서 금융권의 사회 공헌 사업과 연계해 비용을 충당했습니다. 취직 상태를 비롯해 시청에서 한 차례 선별하니 공신력이 있다고 생각하더라고요.

진중권 재밌는 이벤트네요.(웃음) 한편으로는 이런 생각도 들어요. 국가적 차원에서 출산을 아무리 장려한다고 해도 모든 문제가 해결될까 싶습니다. 결혼하고 출산하려면 집이 있어야 하고, 기업도 육아 친화적인 문화를 만들어야 합니다. 거기에 아이가 크면 교육비가 많이 들어요. 그리고 과거처럼 아이가 인생 보험 역할을 하던 시대도 끝났잖아요.

이런 현실을 종합하면 인구 감소는 필연적이라는 생각도 드는

"하후상박형으로 설계된 디딤돌소득이 아니면 위기를 넘을 수 없습니다."

데, 실제로 일부 전문가는 이것이 비단 나쁜 일만은 아니라고
도 해요. 인구가 줄어든 것에 맞춰 사회를 바꿔가면 된다는 겁
니다.

오세훈 인구가 빠른 속도로 줄면 경제 운용에는 확실히 부담으
로 작용하죠. 그러나 다른 각도에서 생각해보면, 이미 디지털
경제로 패러다임이 바뀌었고 AI제이션까지 겹치면서 일자리가
줄어들고 있잖아요. 이를 고려하면 출산율이 낮아지는 현상이
꼭 단점은 아니라는 분석도 가능하죠.

문제는 속도예요. 출산율이 워낙 급격하게 하락하다 보니 걱정
거리가 되는 겁니다. 부작용이 동시다발적으로 생겨날 수 있으
니까요. 거기에 정책이 개입할 여지가 생깁니다.

아마 로봇화 생산 공정이 우리나라처럼 빠른 속도로 구축되는
나라도 없을 겁니다. 과학 기술의 힘이기도 하지만, 노동력을
구하기 힘든 현실이 그런 현상을 가속화한 면도 있죠. 10년만
지나도 우리나라의 웬만한 단순 반복 업무는 대부분 로봇화돼
있을 가능성이 커요.

그래서 더욱 절실해지는 대안이 '디딤돌소득'입니다. 하후상박
형으로 설계된 디딤돌소득이 아니면 로봇화 시대의 위기를 넘
을 수가 없어요. 빌 게이츠나 일론 머스크가 복지 전문가여서
로봇세와 소득 보장 제도를 이야기하는 건 아닐 겁니다. 속내

는 자기네 회사가 생산한 제품을 사줄 사람이 사라진다는 걱정이겠지요.

그들이 염두에 둔 대안도 디딤돌소득처럼 하후상박형 소득 보장 제도일 것이라고 생각해요. 디딤돌소득을 통해 저소득층의 고통은 줄여주고, 이와 동시에 일할 수 있는 인센티브도 제공하는 체계를 갖추어야 대한민국에 닥친 미래의 위기를 넘을 수 있습니다.

2부

추격할 것인가

선도할 것인가,

미래로 가는 5대 동행

1

도전·성취와의 동행

자유 없는

번영은 없다

누구에게나 인생에 전환점이 찾아온다. 나에게는 페루와 르완다에서의 체류 경험이 그런 순간에 해당한다. 2011년에 서울시장에서 물러난 뒤 한국국제협력단KOICA 중장기자문단의 일원으로 페루와 르완다에 머물렀다. 리마(페루 수도)와 키갈리(르완다의 수도)에서 환경, 도시 행정, 발전 전략 등에 대해 자문했다. 내가 서울시에서 시행한 생활 행정을 전수하고 일부가 반영되는 모습에 보람이 컸다. 리마에서는 대통령비서실장과 전 부처 장관을 상대로 세미나를 주재하기도 했다. 꾸준히 봉사 활동에도 나섰는데, 현지 사람들의 행복한 얼굴을 보면서 감사와 겸손의 의미를 되새기는 귀한 경험을 했다.

특히 르완다에서 얻은 교훈이 많다. 르완다는 30년 전 100만

명이 희생된 제노사이드(인종 대학살)의 비극을 겪었다. 다수 종족인 후투족 극단주의자들이 소수 투치족과 투치 우호 세력을 무차별 학살했다. 국외로 망명했던 소수 민족 출신 폴 카가메가 군사력으로 정권 탈환에 성공했지만 나라는 피폐해질 대로 피폐해진 상황이었다. 카가메 대통령은 처벌과 응징을 최대한 자제하며 제노사이드의 후유증을 치유했다. 잊지는 않겠지만 복수는 없다고 공언했다. 초토화된 혼란을 수습하자 르완다에 곧 안정이 찾아왔다.

르완다는 여느 아프리카 국가와 달리 자원이 없다. 천연가스도 광물 자원도 바다도 없다. 그래서 중요한 게 인재다. 그런 의미에서 카가메 대통령이 취한 포용의 리더십은 현실적인 선택이기도 했다. 실제로 그는 종족과 성별을 막론하고 공공 분야에 인재를 고루 등용하는 탕평책을 폈다. 이것은 '누구든지 노력하면 좋은 자리로 갈 수 있다'는 긍정적 신호로 작용했다.

르완다가 부패가 없고 사업하기 좋은 모범 국가로 거듭난 건 당연한 결과다. 덕분에 최근 르완다의 연간 경제 성장률은 8% 안팎을 웃돈다. 아프리카 최고 수준의 성적표다.

어떤 국가가 번영하는가

내가 지난 15년 동안 천착한 주제가 '번영의 원리'다. 200개가 넘는 전 세계의 국가 가운데 어떤 나라는 부유하게 살고 어떤 나라는 어렵게 산다. 어떤 나라는 잘살다가 갑자기 어려워지기도 하고 한국처럼 늦게 출발했는데 선진국 문턱에 빠르게 진입하기도 한다.

이런 차이가 왜 생길까? 그간 해외에서의 체류 경험과 수많은 석학의 책을 탐독한 뒤 내린 결론은 이렇다. '수많은 평범한 사람의 도전과 모험, 시행착오가 쌓여 번영을 이룬다'는 것이다. 그 수많은 평범한 사람의 도전과 모험이 번영을 이루는 요체는 무엇인가. 바로 보상 체계다.

번영의 원리를 한 단어로 줄이면 인센티브 하나만 남는다. '노력한 자는 과실果實을 얻는다, 노력하지 않은 자에게는 과실이 없다'로 요약된다. 2006년 노벨경제학상을 수상한 미국 컬럼비아대학교의 에드먼드 펠프스 교수는 "평범한 시민들의 작은 도전과 모험이 만드는 크고 작은 성취들이 모여 번영을 이룬다"고 강조했다. 예를 들어보자. 영국의 산업혁명도 중요했지만, 국민 한 사람 한 사람이 '나도 잘살고 싶어' '나도 저기까지 가고 싶어'와 같은 욕구를 갖고 도전에 뛰어든 것이 더 결정적이었다는 이야기다.

커피숍을 차려도 도전이고, 조그마한 스타트업을 시작해도 도전이고, 대기업 입사 시험 공부를 하는 것도 도전이고, 공무원 시험 준비를 하는 것도 도전이다. 도전해야 성취가 있고 그게 쌓이면 자연스럽게 국가가 번영한다. 돌아보면 한국을 경제 강국으로 탈바꿈한 동력도 여기에 있다. 신분이 어떻건 계층이 어떻건 도전하면 된다는 믿음이 산업화의 연료 구실을 했다.

르완다와 마찬가지로, 자원은 없고 사람만 있던 한국에는 유일한 길이기도 했다. 카가메 대통령이 롤모델로 박정희 전 대통령을 꼽은 건 우연이 아니다. 국민 개개인의 발전과 욕구를 마음껏 발현할 수 있는 환경을 만들어준 데서 카가메와 박정희는 닮은 구석이 있다.

물론 열심히만 하는 게 능사는 아니다. 성공적으로 해낸 사람에겐 상賞, 즉 인센티브가 주어지고 그렇지 못한 사람에겐 그에 상응하는 대가가 주어질 때 그 사회가 비로소 활발하게 돌아간다. 거기다 실패해도 다음 도전을 택할 의지를 북돋는 사회라면 더욱 좋다. 인센티브가 작동하는 사회가 번영의 길에 들어선다.

펠프스 교수는 "다수의 개인들이 도전하고 모험하며 일에서 만족을 얻고 정당한 보상을 받는 것이 자본주의 궁극적인 목표"라고 했다. 경제학의 고전이 된 《국가는 왜 실패하는가》를 쓴 대런 아세모글루와 제임스 A. 로빈슨 교수는 "인센티브

"과도한 노동은 지양하되, 추가 노동에 대해서는 정당한 보상이 따르도록 해야죠."

구조가 작동하는 사회와 남이 생산한 것을 재분배받는 데 몰두하는 사회의 성과는 분명 큰 차이를 보인다"고 했다.

두 사람의 표현을 빌리자면 포용적 경제 제도다. 누구나 공정한 경쟁의 장에서 기회를 누릴 수 있게 해야 번영의 토대가 마련된다는 뜻이다. 개인이 노력한 과실이 오롯이 조선노동당 엘리트에게 귀속되는 북한 같은 착취적 경제 제도에서는 번영이 꽃피울 수 없다. 실제로 아세모글루 교수는 기회가 있을 때마다 남쪽은 불야성이고 북쪽은 암흑천지인 한반도 야경 위성사진을 보여주며 제도의 중요성을 강조해왔다.

자본주의를 택한 나라는 번영하고 그렇지 않은 나라는 번영하지 못하는 이유가 여기에 바로 있다. 국가의 성패는 지리적·역사적·인종적 조건이 아니라 바로 '제도institution'에서 갈린다. 재산권 보호, 정당한 보상, 인센티브 작동을 위한 제도적 장치가 바로 자유민주주의와 시장경제다.

자유민주주의 없이는 시장경제 질서가 불가능하고, 시장경제 질서 없인 자유민주주의도 의미가 없다. 번영의 핵심은 경쟁력이다. 경쟁력은 경쟁을 해야 생긴다. 자유롭지 않으면 경쟁이 일어날 수 없다. 그래서 자유가 중요한 것이다. 자유가 보장되지 않는 나라들은 발전이 없다. 북한이 왜 낙후됐나. 자유가 없으니 경쟁이 없고, 경쟁이 없으니 경쟁력이 생길 일이 없고, 경쟁력이 없으니 번영이 될 리가 없기 때문이다. 자유 없는 번영은 불가능하다.

국가 번영을 위해 정치가 해야 할 가장 중요한 일은 자유를 최대한 보장하는 것이다. 원래 부는 기업과 기술에서 잉태된다. 정치는 있는 듯 없는 듯 최소한의 역할만 해야 모두에게 좋다. 정치의 과잉은 자칫 기업과 기술을 옥죌 수 있다.

2022년 시진핑의 3연임을 즈음해 중국 공산당이 빅테크 때리기와 고소득층 중과세를 비롯한 '공동부유共同富裕(다 같이 잘살자)' 정책을 밀어붙여 경제를 어렵게 만든 것을 보라. 글로벌 기업들은 앞다퉈 중국을 탈출했고 외국인 투자는 급감했다. 중국 경제는 지금도 자해극의 후유증에서 벗어나지 못하고 있다.

한국도 집권만 하면 법인세를 올리고, 부자 증세를 하겠다고 벼르는 정치 세력이 있다. 기업이 잘돼야 어려운 계층에 경제적 이익이 돌아간다. 속 시원한 것과 실속은 다른 법이다.

인센티브가 사람을 춤추게 한다

국가의 번영은 정치가 해야 할 일과 하지 않아야 할 일을 구분하는 것에서 시작한다고 해도 과언이 아니다. 부의 창출은 기업과 기술에 맡기되, 전 사회적으로 인센티브가 작동하는 분위기를 만드는 데 최선을 다하겠다는 각오가 중요하다. '칭찬은 고래도 춤추게 한다'는 말이 있지만, 나는 '인센티브가 사람을 춤추게 한다'고 믿는다. 원칙과 질서를 세우는 일은 정부가 주도하고 나머지는 개인과 조직의 자유와 자율에 맡기는 게 바람직하다.

인센티브 경영 철학을 장착한 지도자만이 대한민국 4.0을 이룰 수 있다. 바로 그런 지도자가 좁은 의미의 행정 혁신을 넘어 국가 전반에 창의와 혁신이 용솟음치게 만들 수 있다. 미국, 독일, 일본의 60~70% 수준인 국가 전반의 생산성을 높이는 돌파구이자 촉매제로 작용할 수 있다. 민간 부문에서 상식이 된 파격적인 성과급과 직급 인상 같은 인센티브를 공무원들에게도 적용하지 못할 이유가 없다.

나는 10여 년 전 5년 동안에도 마찬가지였지만, 2022년부터 2024년까지 3년 동안 서울시 공무원들을 대상으로 한 '창의 행정'을 통해 그 성공 가능성을 확인했다. 전체 서울시 공무원을 상대로 10차례 창의 행정 공모전을 벌여 4,100여 건의 제안을 받았고, 이 가운데 100여 건을 우수 제안으로 선정하고 성과를 낸 직원에게 1,000만 원 이하 포상금, 단기 해외 연수, 특별 휴가 같은 인센티브를 제공했다.

한강대교에 조성한 호텔인 '스카이 스위트 한강 브릿지 서울', 쪽방촌 맞춤형 지원 정책(온기창고), 지하철 하차 후 15분 내 재승차 시 요금 면제 제도 등이 그렇게 탄생한 정책들이다.

132

한국인의 창의성은 세계적이다. 1999년 카이스트 졸업생들은 미국 페이스북(메타의 전신)보다 먼저 싸이월드라는 소셜미디어SNS를 만들었다. 페이스북처럼 글로벌 SNS 매체로 대중화·상업화하는 기회를 놓친 게 아쉬울 따름이다. 세계에서 유일한 우리나라 전세傳貰 제도는 산업화를 촉진한 비밀 병기였다. 인센티브 주도 국가 경영은 '창조형 자본주의 사회'를 앞당기고 행복 국가를 이루는 뼈대가 될 것이다.

그런 면에서 나는 주요 대학 입학 시험과 대기업 입사 시험, 행정고시 문제를 모방형과 창의형으로 절반씩 섞는 것을 제안한다. '남들이 생각하지 못한 창의적인 생각을 한 것이 있으면 말해보시오'를 모든 면접 시험의 필수 문제로 내는 방식이다. 정부 차원에서 창의적 아이디어 같은 지식 재산권의 가치를 제도적으로 보호하고 확실한 인센티브로 보상했으면 한다. 반대로 타인의 지식 재산권을 침해하는 사람은 엄벌해야 할 것이다.

한 예로 코로나19 팬데믹 당시에 주목받은 '드라이브 스루 선별 진료소' 같은 아이디어에 원작자의 이름을 붙여 정부 시스템에 등록하는 방식으로 창작자의 명예를 보장하고 정부 예산으로 경제적 보상을 해주는 것을 검토해볼 만하다. 기업 현장에서는 사원들이 창의적 아이디어로 회사 이익을 창출할 경우, 그에 비례해 파격적으로 보상하는 시스템이 이미 뿌리내리고 있다.

대한민국 국민의 잠재력은 엄청나다. 정부가 큰 틀의 방향만 잘 설정하면 나머지는 금방 바뀔 수 있다. 국가 전체에 활력과 생동감이 넘쳐날 것이라고 확신한다. 이것이 한국의 생존 공식임을 인식하고 그것의 실현에 매진하는 것 자체가 대한민국 4.0으로 업그레이드되는 과정이다. 그리고 이 과정의 목적지는 G3 코리아여야 한다.

G3 코리아

리더의 덕목

한국은 세계 자본주의 국가 중 가장 크게 성공한 추격자다. 남보다 늦게 시작했지만 유능한 추격자 전략으로 선진국 반열에 올랐다. AI 시대에는 상황이 다르다. 앞서가지 못하면 도태되고 만다. 냉혹한 현실이다. 대한민국도 세계 10위권 안팎의 경제력에 만족하는 관성을 버려야 한다. GDP는 미국(약 25조 달러), 중국(약 18조 달러)에 이어 3위로 끌어올리겠다는 청사진이 필요하다. 그러려면 경제 규모가 지금보다 10배 가까이 커져야 한다. 내가 애용하는 표현대로라면 G3 코리아의 꿈이다.

G3 코리아 만들기는 고차방정식을 푸는 일과 같다. 먼저 모든 분야에 자유경쟁과 도전을 허하고 신상필벌이 확실히 이뤄지도록 보장해야 번영이 뒤따른다. 이와 동시에, 경쟁의 과정에

서 소외돼 절망에 빠지는 사람이 없도록 따뜻한 시선으로 구석구석을 살펴야 한다. 앞서도 여러 차례 강조한 '약자와의 동행'이다. 이를 위해서는 보수의 가치를 훼손하지 않되 어머니의 마음으로 약자를 살필 줄 아는 동행의 리더십이 필요하다. 제도만 포용적이고 리더는 배척의 자세를 취하면 발전이 이뤄질 리 없다. 제도와 리더십은 포용을 열쇠로 선순환해야 한다. 말이 쉽지 대한민국의 국운이 걸린 지난하고도 중차대한 과업이다.

아무한테나 이런 과업을 맡길 순 없다. 우선 위기의 상황에서 국민에게 양보와 고통 분담을 요구할 수 있는 용기가 있어야 한다. '퍼주기식 복지'로 국가를 살리겠다는 정치인이 있다면 그는 번영의 적敵이라고 규정해도 무방하다. 또 이번 비상계엄과 탄핵 사태를 통해 한계가 분명해진 1987년 헌법 체제를 개혁하겠다는 의지도 중요하다. 이와 더불어 AI 시대의 함의를 꿰뚫어 보고 국가 차원의 방책을 마련하려면 신기술에 대한 식견이 필수적이다. 마지막으로 정치와 행정을 넘나들며 축적한 국가 경영의 노하우 역시 빼놓을 수 없는 덕목이다. 이런 지도자만이 대한민국 4.0을 넘어 해방 100주년 G3 코리아를 현실로 만들 수 있다.

국민을 설득·견인하는 용기

우리 국민에겐 집단적인 질주의 성향이 있다. 흡사 경주마와도 같은 이런 열정은 한강의 기적을 일군 원동력이었다. '잘살아보자'는 목표에 공감해 전 국민이 일치단결한 결과였다. 1987년 민주화도 '독재 타도'라는 명분 아래 학생과 시민이 하나로 뭉쳐 이뤄냈다. 2002년 월드컵 4강 신화도 마찬가지다. 이처럼 한국인 특유의 역동성이 긍정적 결과로 이어지려면 올바른 목표를 세우고 국민을 한 방향으로 설득하는 용기와 능력이 필요하다.

지금처럼 나라가 침체 국면에 빠졌을 때, 좋은 리더와 나쁜 리더가 금방 구분된다. 정파의 승리만 고려하다 경제가 잘못돼도 나 몰라라 하는 정치인은 예나 지금이나 늘 있다. 위기 상황에선 각 이익 집단이 눈앞의 이익을 조금씩 양보하며 고통을 분담해야 한다. 방만하게 운영되는 분야가 있다면 체질을 바꿔 경쟁력을 높여야 한다. 당장은 힘들어도 궁극적으로는 옳은 길이다. 고통 분담이, 길게 보면, 국민 모두에게 이익으로 돌아온다는 것은 인류사를 통해 입증된 진리다.

네덜란드의 사례가 이를 웅변한다. 노조가 임금 인상을 자제하는 대신 사측은 고용을 보장하고 정부는 세금을 낮춰 기업 부담을 덜어주는 '바세나르 협약Wassenaar Agreement·Wassenaar

Accord'은 1980년대 만성 실업과 장기 침체를 극복하고 네덜란드 경제 도약의 발판을 마련했다. 협약 체결 이후 고용률이 늘고 수출 경쟁력이 회복됐으며 재정 안정이 이뤄졌다. 경제 성장이 뒤따라온 건 자연스러운 귀결이었다. 노·사·정 대타협의 모범 사례다.

이후 많은 국가가 '더치 병Dutch disease'을 '더치 미라클Dutch miracle'로 승화한 이 모델을 차용해 위기 극복에 활용했다. 말이 쉽지 각 이익 집단의 양보를 도출해 갈등을 치유하고 고통을 분담시킨다는 것은 정치적 난도가 매우 높은 일이다. 빔 콕 네덜란드 노동조합총연맹위원장은 친정에서 배신자 소리까지 들어야 했다. 그럼에도 빔 콕은 청년 실업률이 30%를 웃도는 현실에서 과감한 결단에 나섰다. 훗날 그가 총리직에 올라 8년간 재임한 건 우연이 아니다.

나쁜 리더는 양보와 고통 분담에는 침묵하면서 특정 집단을 적대시하고 악마화해 희생을 강요한다. 사안마다 정치적 표 득실을 따져 한 표라도 많은 집단을 일방적으로 편드는 게 나쁜 리더와 정치 세력의 속성이다. 그러니 항상 갈라칠 궁리만 한다. 부자 대 서민, 대기업 대 중소기업, 회사 대 노조, 정규직 대 비정규직, 서울 대 지방, 강남 대 비강남, 임대인 대 임차인, 특목고 대 일반고 등 끝이 없다. 이들이 정권을 잡으면 하루가 멀다 하고 나라가 두 쪽이 난다. 그로 인한 피해는 고스란히 국민의 몫이다.

　문재인 전 대통령은 코로나19 팬데믹이 한창일 때 간호사들의 노고를 언급하며 "장기간 파업하는 의사들의 짐까지 떠맡아야 하니 얼마나 어렵겠느냐. 의료진이라고 표현되지만 대부분이 간호사들이었다는 사실을 국민은 잘 안다"고 했다. 간호사를 위하는 척하며 의사를 에둘러 저격한 것이다. 의사와 간호사가 직역을 떠나 한마음이 돼야 하는 비상시국인데도 편을 나눈 것이다. 대통령이 편을 가르고 한쪽을 배제하면 타협의 공간은 극도로 좁아진다.

　이런 갈라치기는 좌파의 태생적 습성이다. 세상을 가진 자와 못 가진 자로 나누고, 무산 계급이 유산 계급의 경제적 부를 빼앗아야 한다는 게 공산주의 계급 투쟁 이론의 핵심이다. 이들은 내 것이 줄어들면 착취당한 것이니 빼앗아야 한다고 선동한다. 고통을 분담하는 게 아니라 떠넘긴다. 갈등을 치유하는 게 아니라 오히려 조장하고 증폭한다.

　이런 경향은 지금 같은 국가적 위기 상황에서 더 선명해진다. 여권 전체를 '내란 공범' '내란 세력'으로 선동·매도하고 '내란의 힘'이라고 조롱하는 의도가 무엇이겠나. 야당의 교육연수원장이라는 사람은 2030세대를 가리켜 스스로 말라비틀어지게 만들고 고립시켜야 한다는 극언을 퍼부었다. 청년을 박멸해야 할 적으로 보지 않는 이상 꺼낼 수 없는 말이다.

"우리에겐 집단 질주 성향이 있다. 이런 열정은 한강의 기적을 일군 원동력이었다."

대한민국은 건국 이래 위기가 아니었던 적이 거의 없다. 위기 상황에선 고통 분담과 양보가 필요하다. 하지만 국민 앞에 이런 말을 당당히 꺼내는 지도자는 희귀했다. 인기를 얻는 데 별 도움이 되지 않기 때문이다. 대한민국의 불행이다.

좋은 리더는 근시안적인 표 계산에 매몰되지 않을 용기를 지닌 사람이다. 각 이익 집단이 조금씩 양보하고 고통을 분담하면 위기를 극복하고 결국엔 더 큰 이익을 누릴 수 있다는 확신을 줘야 한다. 도전과 성취가 공기처럼 퍼진 사회로 가기 위해서는 가진 것을 조금씩 내어놓는 용기가 필요하다고 설득해야 한다.

말의 향연이 아니라 구체적이고 실천 가능한 청사진을 그리는 게 좋은 리더의 자질이고 실력이다. 무능한 지도자는 여론에 끌려다니고, 영악한 지도자는 여론을 등에 업고, 뛰어난 지도자는 여론을 이끌어간다고 한다. 못된 지도자는 여론을 조작하면서 국민을 선동한다. 나쁜 리더는 경쟁 없는 편한 사회, 사회적 약자가 주인이 되는 사회를 내세운다. 당신이 가난한 것은 부자들 때문이며, 세금 내지 말고 무임승차 인생을 즐기라고 속삭인다. 입만 열면 평등을 외치면서 부자들이 부당하게 당신네 몫을 빼앗아갔다고 목소리를 높인다. 도전하고 성취하라는 말 대신 분노하고 증오하라고 유혹한다.

약자에게는 부모를 잘못 만난 불운, 살아가며 맞닥뜨린 이런저런 불운이 드리운다. 그러나 이것이 누군가가 반칙과 특권을 이용해 내가 응당 가져야 할 몫을 앗아갔기 때문은 아니다. 내가 힘들고 뒤처진 것은 불운 탓일 순 있어도 오롯이 남의 탓은 아니다. 이것은 내가 무지한 원인이 타인의 교양에 있지 않고, 내가 병든 원인이 다른 사람의 건강 때문이 아닌 것과 마찬가지다. 이런 '불편한 진실'을 이야기하면 벌떼처럼 일어나 "가진 자, 기득권을 대변한다"고 목소리를 높인다.

그 결과물 가운데 하나가 전 세계에서 가장 높은 면세자 비율이다. 우리나라에서 돈을 버는 근로자의 3분의 1은 세금을 한 푼도 내지 않는다. 일본, 호주 등 한국과 소득 수준이 엇비슷한 나라보다 2배 이상 높은 수준이다. 소득 상위 10% 근로자가 전체 근로소득세의 72.2%를 부담한다. 개인 사업자에게 부과하는 종합소득세의 양극화는 특히 심각하다. 상위 10%의 종합소득세 부담률이 84.8%다. 24.7%는 종합소득세 최종 세액이 '0원'이다.[10] 조세 제도를 이렇게 왜곡해놓으니 천문학적 세수 부족과 재정 적자는 당연지사다. 기형적 과세라는 말이 과장이 아니다. 나쁜 리더가 나라를 망치는 수많은 사례 중 하나다.

한국에서 좋은 정치 지도자가 된다는 건 매우 어려운 일 같아 보인다. 하지만 우리 국민은 위기 때마다 저력을 발휘해왔다. 1998년 IMF 외환 위기 당시 장롱 속 돌반지까지 긁어모아

선뜻 내놓은 나라가 한국이다. 코로나19 팬데믹 당시 정부의 방역 지침을 한국처럼 국민이 한마음이 돼 잘 따라준 나라도 드물다.

집단 질주의 성향이 위기에서 빛을 발한 좋은 사례들이다. 올바른 방향으로 이끌어줄 리더만 있다면 얼마든지 위기를 도약의 기회로 바꿔 번영을 꽃피울 국민인 것이다. 아직은 단념할 수 없는 이유다. 국민을 설득하고 좋은 방향으로 견인하는 용기 있는 리더를 대한민국은 찾고 있다.

승자 독식 정치,

과연 괜찮은가

고故 이건희 삼성그룹 회장이 "우리나라 정치는 4류, 행정은 3류, 기업은 2류"라고 말한 게 1995년 4월이다. 정확하게 30년이 지났지만 우리 정치가 여전히 그 수준, 아니 그것보다 퇴보했다고 생각하는 국민이 적지 않다.

막장으로 치닫던 한국 정치가 곪아 터진 것이 2024년 12월 3일 밤에 벌어진 비상계엄 선언으로 촉발된 여야의 막장 대립 정치가 아닐까 싶다. 승자 독식의 의회 폭거와 제왕적 대통령제를 허용하는 이른바 '1987년 헌법 체제'의 수명이 다한 것이다.

작금의 국가적인 불행은 이런 시스템의 부재로 인해 벌어진 일이다. 흔히 엎어진 김에 쉬어간다고 한다. 위기가 기회가 될 수 있다. 정치권 전체가 개헌 논의를 시작할 때다. 만약 국회에 내각 불신임권이 있었다면 민주당이 요건에도 맞지 않는 탄핵 소추를 29회나 남발했을까. 대통령에게 의회 해산권이 있었다면 비상계엄 선포라는 극단적 선택을 했을까. 의회 해산과 내각 불신임 제도는 정부·여당과 야당이 상호 견제와 균형을 통해 협치協治를 불가피하게 만드는 제도다. 다만 정치적 악용을 막기 위해 선거 이후 일정 기간은 각각의 권한에 대한 발동을 금지하는 단서 조항을 둘 수 있다.

대선의 화두 역시 개헌일 수밖에 없다. 누가 대통령이 되느냐가 아니라 국가 시스템을 어떻게 개혁할 것이냐가 더 중요하다. 정치권과 학계에서 광범위한 지지를 받는 대통령 4년 중임제와 결선 투표를 도입할 기회다. 5년 단임제에서 대통령의 영令이 서는 건 초반 1~2년에 불과하다. 3년 차부터 레임덕 이야기가 나온다. 공약을 이행하고 성과다운 성과를 내기에 5년은 너무 짧다. 현직 대통령이 중간에 자신의 국정 수행에 대한 평가를 받는다는 특징도 있다.

덧붙여 대통령의 권한은 줄이라는 게 시대적 요구다. 대통령은 주로 외교·국방 등 굵직한 일을 맡고, 내치는 국회가 추천하는 총리가 맡는 책임총리제를 도입할 때다. 총리의 권한은 지방 분권 개헌이 이루어진다면 대폭 축소될 것이고, 내각 불신임권을 가진 의회와 의회 해산권을 가진 대통령이 상호 견제를 의식해 권한 행사를 자제할 수 있을 것이다.

대통령과 국회의원 임기가 서로 다른 것도 문제다. 선거가 없는 해가 드물다. 국가적 낭비와 혼란을 최소화하기 위해서도 4년 중임제가 바람직하다. 차기 총선(2028년)에 맞춰 대선을 치르려면 대통령 임기는, 조기 대선이 치러질 경우, 이번에 한해 3년으로 단축하는 게 마땅하다. 이것을 공약하는 후보와 그렇지 않은 후보를 유권자들은 구분할 것이다.

국회와 정당의 정상화

개헌 못지않게 발등에 떨어진 불은 국회와 정당의 정상화다. 나는 초선 의원 시절이던 2004년에 총선 불출마를 선언하며 '오세훈법(정치자금법·정당법·공직선거법 개정안)'으로 불리는 정치 개혁 3법을 관철했다. 정치권이 차떼기와 대북 송금 같은 검은돈 스캔들로 얼룩지며 국민의 정치 혐오가 극에 달한 상황이었다. 지구당 위원장에게 정치 헌금을 많이 한 사람이 지방의원을 하는 사례가 비일비재했고, 그들은 지역 이권에 개입했다.

고비용의 정치 자금 시스템을 뜯어고치려면 미국식 원내 정당화가 답이라고 봤다. 중앙당과 시도당을 슬림화하고, 꼭 필요한 것은 국고 보조금으로 해결하며, 후원금은 최소화해 알

뜰한 정치를 하도록 만들자는 게 입법 취지였다.

국민의 전폭적 지지 속에 정당법, 선거법, 정치자금법이 개정됐다. 선거와 공천권을 매개로 '지역 토호-지구당 위원장-당대표' 사이에 형성되는 정치권의 검은 먹이 사슬을 끊어내고자 하는 것이 오세훈법 개혁의 요체였다. 오세훈법의 통과로 '돈 먹는 하마'라던 지구당이 사라지고 기업의 정치 후원금이 금지됐다. 지금은 상식이지만 당시엔 파격적인 개혁이었다. 오세훈법으로 우리나라가 적어도 정치 자금에 관한 한 선진국 문턱에 올라섰다고 자부한다.

이렇게 된 지도 벌써 20년이 흘렀다. 여기서 한 단계 더 도약해 진짜 선진국형 정치를 체질화해야 할 시점이다. 오세훈법 추진 당시 최종 목표로 설정한 원내 정당화를 아직 이루지 못했다. 명목상 총재는 사라졌다.

하지만 여야를 막론하고 공천권을 쥔 제왕적 대통령, 제왕적 당대표의 뜻에 따라 당론이 정해지고, 헌법 기관인 국회의원들은 거기에 일사불란하게 복종하는 게 아직도 당연시된다. 일극화된 정당의 폐해는 과거의 일이 아니라 지금 우리가 매일 눈으로 목도하는 바다. 당대표나 당 조직은 자기 당을 위한 선거 조직이며 특히 한국에서는 그로 인해 정쟁이 유발되며 격화한다.

한국 정치가 안고 있는 문제의 대부분이 이런 후진적 정치

문화에서 비롯된다. 원내 정당화는 국회의원이 민심과 유권자의 목소리에 귀를 기울여 소신껏 일할 수 있는 구조를 만들자는 것이다. 미국처럼 당대표가 없고 원내대표가 당을 이끌어가며 입법 이슈를 중심으로 정치가 흘러가게 하는 것이 이상적이다. 미국 정치인은 국민을 바라보고 소신 정치를 할 수 있다. 한국에서도 이렇게 바뀌어야 '일하는 국회'가 현실이 되고 대의^{代議}민주주의도 회복될 것이다.

좋은 정치인을 뽑는 시스템 없이 좋은 정치가 꽃피울 수 없다. 승자 독식 방식인 현행 소선거구제는 사표^{死票}를 양산해 유권자의 표심을 의석 수에 제대로 반영하지 못할 뿐만 아니라 진영 갈등과 정치 양극화를 부추기는 원인이기도 하다. 중선거구제로 바꿔 거대 양당으로의 쏠림 현상을 줄여야 한다. 상원과 하원의 양원제 실시도 적극 검토할 필요가 있다. 중선거구제로 뽑히는 하원이 일반적인 국정 업무를 다루고, 지역 대표 성격의 상원이 지방자치단체와 관련된 사안에 집중하면 단원제에서 오는 여야 간 극한 대립과 갈등을 완화할 수 있다. 선거 때마다 '떴다방'식 위성정당의 난립을 부채질하는 준연동형 비례대표제도는 우리 정치를 희화화하는 주범이다. 조속히 폐기하고 권역별 비례대표제로 전환하자.

무엇보다도 한국 정치를 4류로 만든 주역은 국회의원들 자신일 것이다. 이들이 하는 일은 정쟁과 방탄·파행, 입법 폭주와 꼼수, 가짜 뉴스 살포와 포퓰리즘, 혈세 낭비가 전부라고 해도 과언이 아니다. 여기에다 과도한 특권까지 누린다. 비리 범죄를 저질러도 불체포 특권을 누리고 거짓말을 해도 면책 특권을 받는다. 대다수 선진국이 보좌진을 2~5명 두는 데 비해 한국의 국회의원은 보좌진을 9명씩 거느린다. 1억 5,000만 원이 넘는 국회의원 연간 세비는 매년 어김없이 오른다. 교도소에 가도, 본회의 중에 딴짓을 해도 깎이지 않는다.

선거에 한 번 이겼다고 의원이 이렇게 방대한 혜택을 누리는 나라는 없다. 잊을 만하면 터지는 각종 갑질 사고도 이런 지위와 특권을 당연시하는 풍조와 무관치 않다. 그러니 이 자리를 차지하려고 편을 갈라 죽기 살기로 싸운다. 이들의 최대 관심사는 무수한 혜택을 누리기 위해 다시 공천받아 당선되는 것이다. 권력 줄 세우기와 극단적 대결 정치도 여기에서 나온다. 이 과정에서 생계형 정치인이 양산된다. 이것이 정치 양극화와 극렬 팬덤 현상을 부채질한다. 진정한 정치인은 씨가 마르고 정치 자영업자, 정치 샐러리맨만 넘쳐나고 있다.

국회의원은 나라와 국민을 위해 헌신·봉사하며 희생하는 자리다. 그런 직분에 충실하면 고생스러울 수밖에 없다. 결코 녹록하지 않은 자리다. 과거 우리 정치권은 선거 때마다 특권을 줄이자고 했다. 불체포 특권과 면책 특권을 내려놓자는 이야기만 십수 번은 나왔을 것이다. 한 번도 지키지 않았다. 이들은 직분에 충실하기보다 특권을 탐했다. 이들에게 자정 노력과 제 살을 깎는 쇄신과 개혁을 기대하긴 어렵다. 국민이 죽비를 들어야 한다. 한국 정치 개혁은 국회의원의 매력과 특권을 확 줄이는 것부터 시작해야 한다.

정치를 4류로 만드는 데 결정적 역할을 한 것이 망국적 포퓰리즘이다. 그 기반은 극단적 팬덤이고 이는 가짜 뉴스를 통해 확대 재생산된다. 혐오 정치가 판을 치며, 이는 공동체 해체를 가속화하는 주범이다. 가짜 뉴스에 대한 강력한 제재는 아무리 강조해도 지나치지 않다. 정치 보복의 일상화로 관료 사회가 활력을 잃고 정치권 눈치만 보게 된 현실도 안타깝다. 지위 고하를 막론하고 정권이 바뀔 때마다 감사원 감사, 검경의 수사 대상이 되니 아무도 일을 하려고 하지 않는다.

그 피해는 고스란히 국민에게 돌아간다. 정치 보복 또한 소수의 지지층을 결집·열광시키려는 편협한 포퓰리즘의 산물이다. 5년 내내 적폐 청산에 매달린 문재인 정부가 대한민국 사회 전반에 남긴 폐해는 막대하다. 누군가는 이 악순환의 고리를 끊어야 한다. 다음 대통령이 되고자 하는 사람은 '직업 공무원들을 절대로 정치적 희생양으로 삼지 않겠다'고 공개 선언했으면 한다.

정치의 목적은 집권 그 자체보다 국민의 행복 증진에 있다. 무엇이 옳고 그른가를 다투기보다 어떻게 하면 국민이 행복해질 것인가를 놓고 논쟁해야 한다. 정치꾼은 다음 선거를 생각하고, 정치인은 다음 세대를 생각한다고 했다. 우리 국민에게 그 둘을 구분할 안목이 있다고 믿는다.

과학과 기술이

피울 꽃

대한민국을 이끄는 건 정치인도, 관료도, 법조 엘리트도 아니다. 거듭 강조하지만 한 국가의 번영은 기업과 기술이 만들고 이것이 나라를 이끌어가는 원동력이다. 대한민국이 1인당 GNI를 3만 5,000달러까지 달성한 데는 우리 기업들의 역할이 절대적이었다. 자본을 축적해 신기술을 끊임없이 개발해 제품과 서비스를 내놓았다. 과거엔 건설이나 제조업으로 승부했다면 지금은 디지털 트랜스포메이션을 바탕으로 하는 문화 상품이나, 반도체 같은 최첨단 과학으로 승부하는 업종으로 옮겨가고 있을 뿐이다. 배터리, 반도체, 바이오, 양자 컴퓨터 등 아직 1등은 아니지만 크게 뒤처지지 않고 경쟁할 산업은 충분히 많다.

한글이 세계에서 다섯 번째로 많이 공부하는 언어라고 한다. 삼성전자, 현대자동차, SK하이닉스, LG전자가 없다면 가능한 일이겠는가. 이들 기업이 쓰러지면 우리 문화도 같이 무너진다. 글로벌 시장을 호령하는 우리 기업들이 받쳐주지 않으면 세계가 우리를 그렇게 알아주지 않는다. K-팝, K-드라마, K-푸드에 이어 한글까지 주목받는 이유는 '대한민국 경제력의 바탕에 저런 문화가 있구나' 하는 인식이 작용한 결과다. 무시하지 못할 경제력이 있으니 한국의 모든 게 달리 보이는 것이다.

과거 한국은 선진 기술을 빨리 습득해 추격하는 '패스트 팔로 전략'으로 세계 시장에서 상당한 경쟁력을 유지했다. 하지만 이 전략도 한계에 봉착했다. 전통적 제조업의 급속한 쇠락으로 미래 먹거리 준비가 시급해졌다.

IT 혁명과 디지털 혁명을 거쳐 지금은 AI 혁명이 한창이다. 중요한 것은 디지털 트랜스포메이션과 마찬가지로 AI제이션도 승자 독식이라는 사실이다. AI가 여러 서비스로 연동되고 있는데, 대부분 미국의 빅테크가 장악하고 있다. 2등은 없다. 낙오하면 구글, 아마존, 마이크로소프트 같은 미국 빅테크 회사들의 디지털 식민지가 된다. AI 분야에서 앞서가려면 제대로 된 반도체를 공급받아야 한다. 미래의 성장 동력이 단연 AI와 반도체일 수밖에 없는 이유다.

아직까지 한국이 미세하게나마 앞서고 있는 분야는 반도체와 배터리 정도다. 다행스럽게도 AI에 필수인 고대역폭메모리

HBM 반도체 분야에서 한국이 강점을 보이고 있다. 그렇다면 방법은 메모리에 치중된 한국 반도체 산업을 AI를 중심으로 재편하는 것이다. 거기다 바이오와 로봇, 핵융합과 신재생 에너지를 아우르는 에너지 부문에서도 세계 1등을 하면 1인당 GNI가 5만 달러, 10만 달러까지 가는 데 아무 지장이 없다.

반면 2등에 그치는 분야가 많아지면 대한민국의 미래는 밝지 않다. 이른바 '중진국 함정'에 빠지고 만다. 디지털 혁명에서 낙오해 쇠락한 유럽을 반면교사로 삼을 필요가 있다. 국운이 걸린 기술들이 꽃피울 수 있도록 인재 공급을 비롯한 모든 가용 자원을 투입하는 게 정치와 행정의 최우선순위가 돼야 한다. 국가 지도자가 과학 기술에 대한 식견이 부족하면 국가의 내리막길은 예약한 것이나 다름없다.

대학 규제 완화에 팔을 걷어붙인 이유

나는 2015년부터 5년간 고려대학교 기술경영전문대학원에서 석좌교수로 일하며 '미래 산업, 미래 한국'을 화두로 연구하고 강연했다. 그때 '미래 신기술과 우리 미래'라는 주제로 12주짜리 세미나를 열었다. 디지털 트랜스포메이션, 전기차, 자율주행, 사물인터넷, 핀테크, 빅데이터, 바이오를 비롯한 신기술을 본격적으로 공부하며 이들 기술이 우리의 일자리와 산업 생태계를 어떻게 바꿀지를 놓고 학생, 연구자들과 토론했다. 이들 기술에서 뒤처지면 글로벌 경쟁에서 영영 낙오하고, 적극적으로 받아들이면 일자리 시장에 파괴적 변화가 일어난다는 걸 절감했다. 생각이 있는 정부라면 신기술이 가져올 딜레마 같은 상황에 대비해 방책을 마련해야 한다.

어떤 상황에서든 가장 중요한 게 교육에 대한 투자다. 실리콘밸리를 만든 건 스탠퍼드대학교라고 해도 과언이 아니다. 대학 근처에 '스탠퍼드 리서치 파크'라는 산업 단지를 조성하고, 정부에서 연구비를 지원받아 졸업생들에게 창업을 권유하거나 투자를 했던 프레더릭 터먼 전 스탠퍼드 공과대학 학장은 실리콘밸리의 아버지로 불린다. 스탠퍼드 산업 단지가 반도체 산업이 집적된 거점으로 발전한 건 우연이 아니다.

기술 강국 이스라엘에선 히브리대학교, 텔아비브대학교, 테크니온공과대학교에서 배출된 스타트업과 탈피오트 부대에서 호흡을 맞춘 인재들이 방산, 제약, IT 등에서 세계적인 성과를 내며 국가 성장을 견인하고 있다. 대학의 연구 성과가 기업을 통해 사업화로 이어지는 산·학·연 생태계가 있었기에 가능했던 일이다.

양자컴퓨터나 합성생물학 등에서 세계적 과학자가 한 사람만 나와도 10만 명, 100만 명을 먹여 살린다. 대학의 학구열을

꺾는 모든 규제를 없애야 한다. 정작 국내 대학은 재정난으로 연구 투자 여력이 고갈됐을 뿐 아니라 용적률까지 부족해 실험·연구·창업 공간 확충에 어려움을 겪어왔다. 미국에서는 반도체학과나 인공지능학과 등 첨단학과가 전광석화처럼 만들어지는데, 우리나라에서는 언감생심이다.

내가 시장직에 복귀하자마자 대학 규제 완화에 팔을 걷어붙인 것도 대학이 AI 시대 한국의 성장 엔진이자 인재의 요람이 돼야 한다는 철학에서 기인한다. 먼저 미래 인재 양성과 산학 협력 공간 조성을 위한 용적률을 대폭 완화했다. 도시계획 조례를 개정해 대학의 용적률을 1.2배까지 완화하고, 용적률 제한이 없는 '혁신성장구역(시설)'이라는 개념도 도입해 용적률 1,000%를 가능하게 했다. 혁신성장구역(시설)으로 지정되면 운동장이나 녹지 같이 대학 내에 용적률이 필요 없거나 남는 구역의 잉여 용적률을 끌어와 사실상 용적률 제한 없이 건물을 올릴 수 있다. 첨단학과를 만들어 인재를 배출하겠다면 그에 맞춰 관이 인센티브를 제공하는 모양새다.

이것이 오세훈표 경제 정책의 본질이다. 흔히 경제학을 전공한 전문가는 대증요법對症治療·symptomatic treatment에 강하다. 열이 오르면 해열제를 처방하고, 기침이 나면 기침약을 투약한다. 국면에 따라 유연하게 적용하는 환율과 통화 정책 등이 단적인 사례다. 물론 필요한 일이다. 하지만 보다 근본적인 경제

156

정책은 30년 뒤를 내다보는 것이다. 예컨대 다음 단계가 AI라면, 그에 맞춰 국가 운용 체계를 바꾸는 한편 미래에 필요한 인적 자원을 공급할 준비에 나서야 한다.

서울시 25개 모든 구區에 청년취업사관학교를 만들고 있는 것도 같은 맥락이다. 이 학교는 2030 구직자들에게 디지털 신기술 분야 실무 교육부터 멘토링, 취·창업 연계까지 전 과정을 지원하는 디지털 인재 양성소다. 대학을 마치고 이 과정에 들어가면 문과생, 예체능계 학생도 소프트웨어 개발자가 될 수 있다. 학원에서 같은 수업을 들으려면 수천만 원이 들지만 여긴 무료다. 3~4 대 1의 경쟁률을 뚫고 입학해 6~12개월을 고생하면 개발자로 취직할 수 있다. 수료생의 평균 취업률이 75%에 달한다. 세금은 이런 데 쓰는 것이다.

대학 규제 완화와 청년취업사관학교 운영은 AI 시대를 맞아 관에서 할 수 있는 많은 일 가운데 극히 일부에 불과하다. 중요한 건 국가 지도자가 미래에 무엇으로 부를 창출할 것인지, 무엇으로 나라의 번영을 유지할 것인지에 대해 평소 얼마나 치열하게 고민을 하느냐다. 하루아침에 될 일이 아니다. 특히 과학 기술로 성패가 나뉘는 대한민국에서는 대통령부터 기술 혁신에 대한 이해도가 높아야 한다. 과학 기술 R&D가 궁극적으로는 나라 곳간을 채울 수 있다는 소신이 확고해야 한다.

문재인 전 대통령은 그런 게 없었다. 대통령이 될 뻔했던 이재명 대표도 크게 다르지 않다. 아마 기업과 기술이 국가의 미래를 만든다는 생각을 깊게 해보지 않았을 것이다. 민주당 자체가 성장보다 분배와 하향 평준화를 지향하고 가진 자와 기업을 적대시하는 성향이 있는 사람들의 모임이다. 가진 자와 기업이 투자도 하고 기술도 개발한다. 그것이 번영의 열쇠다.

공무원을

날게 하다

일상에서 도전과 성취가 이뤄지게 할 마지막 열쇠는 지도자의 국가 경영 능력이다. 2002년 대선부터 '대통령의 성공 조건' 시리즈를 출간해온 동아시아연구원이 지난 대선에 앞서 내놓은 성공 조건 중 하나도 대통령의 전문성과 실행 능력이다. 복잡성과 불확실성이 증대하고 있는 만큼 대통령의 리더십이 과거보다 훨씬 더 중요해졌다는 뜻이다.

대통령은 국가 경영 능력의 전문화와 고도화에 승부를 걸어야 한다. 여기서 말하는 전문성은 개별 분야에 대한 기술적인 이해도를 뜻하지 않는다. 국가와 사회에 대한 입체적인 이해와 더불어 일의 우선순위를 설정할 수 있는 운영 능력을 뜻한다. 그러려면 경험이 최고의 자산이다.

박근혜, 문재인, 윤석열 대통령은 국가 운영 경험이 거의 없던 지도자들이다. 미국, 중국과 일본, 유럽 등의 선진 강대국에서 도널드 트럼프 대통령 같은 극소수 예외를 제외하고는 정부 각료나 지방정부 장長으로 국정과 행정 경험을 충분히 쌓은 사람들이 국가 최고지도자에 오른 것과 대비된다.

시진핑 중국 공산당총서기 겸 국가주석만 해도 1982년에 인민해방군에서 제대한 뒤 허베이성 정딩현 부서기를 시작으로 푸젠성 샤먼시 부시장을 거쳐 닝더 서기, 푸저우 서기, 푸젠성 부서기, 푸젠성 성장, 저장성 성장, 상하이시 당서기 등으로 일했다. 2012년 11월에 열린 제18차 중국공산당 당대회에서 총서기로 선임될 때까지 30년에 걸친 절차탁마와 단련 과정을 거쳤다.

보리스 존슨 전 영국 총리와 아베 신조 전 일본 총리도 마찬가지다. 존슨 총리는 2001년부터 8년 동안 하원의원을 지낸 뒤 2008년부터 8년 동안 런던시장으로 일했고 2016년부터 18년까지 영국 외무장관으로 봉직했다. 일본 역사상 최장수 총리 재임 기록을 가진 아베 신조 총리는 9선 국회의원(중의원)에 내각 관방장관, 자민당 총재를 맡아 정치적 내공을 키웠다.

미국과 중국 간의 신냉전의 승패도 사실은 정치 지도자의 역량에 달려 있다. 미·중 전략 경쟁은 달리 말하자면 미국의 다원적 민주주의 체제와 중국의 공산당 일당 체제 간의 국정 운영 능력을 둘러싼 대격돌이다.

　세계 최대 헤지펀드인 브리지워터 어소시에이츠 창업자로 국제 정치에도 식견이 상당한 레이 달리오는 미·중 경쟁과 관련해 "양국이 상대방에 비해 재정적·경제적·기술적·사회적 강점을 얼마나 잘 관리하느냐가 군사적 강점을 구축해 사용하는 것보다 더 중요하다"고 말했다. 효율적이고 통합적이며 스마트한 자국 내부의 국가 운영 능력에서 승패가 갈린다는 통찰이다.

　사실 모든 국가의 미래는 경쟁국의 희망 또는 저주에 의해서가 아니라 자국 집정執政 엘리트들의 선택과 대응에 좌우된다. 선거보다 어려운 일이 통치다. 이렇게 볼 때 정치인들의 실력이 결정적인 승부처다. 준비된 국가 지도자, 경험과 식견을 갖춘 정치 리더의 중요성은 아무리 강조해도 지나치지 않다. 이런 국가 지도자만이 대한민국의 퇴행退行과 역진逆進을 막을 수 있다고 믿는다.

공무원의 열정에 불을 붙여라

　나는 환경 변호사로 시작해 국회의원 한 차례와 서울시장 네 차례를 역임했다. 10년 동안의 정치적 야인野人 생활 기간엔 아프리카와 남미에서 시정 자문단으로 봉사하고 기술경영전문

대학원의 석좌교수도 지냈다. 정치와 행정, 아웃사이더 세계를 두루 체험했다. 하나하나가 소중하고 다채로운 경험이었다. 지금의 오세훈을 만든 좋은 자양분이었다.

국가를 경영하는 것과 지방정부를 이끄는 것 사이엔 큰 차이가 있을 것이다. 서울시를 이끌면서 나는 내 자신이 서울시민이라는 주주株主 앞에 시정 성과로 평가받는 CEO라는 생각으로 일해왔다. 서울시의 1급 이상 간부들은 각 분야를 책임지는 최고운영책임자COO, 최고기술책임자CTO, 최고마케팅책임자CMO, 최고정무책임자CPO, 최고홍보책임자CPO 같은 C레벨급 고위 임원이라고 여겼다. 4년마다 실시되는 선거는 그동안의 CEO와 고위 임원들이 이룬 성과와 업무 태도에 대한 주주들의 준엄한 평가라고 생각한다.

대한민국 대통령직도 '주식회사 대한민국'을 책임지고 경영할 자격과 실력을 갖춘 정치인에게 맡겨야 한다. 트럼프 대통령을 비롯한 선진국 정상들도 이런 마음가짐으로 나라를 이끌 것이다.

주식회사 방식의 국가 경영에서 가장 중요한 관건은 인사人事다. 학력과 학벌처럼 겉으로 드러난 스펙보다는 의욕과 능력, 창의력과 실천력이 뛰어난 인재를 등용해야 한다. 정치적으로 반대편에 있더라도 실력이 있다면 대담하게 포용해 기용하는 리더십이 필요하다.

48세이던 2004년 정치에 입문해 대만 역사상 첫 여성이자 미혼 총통으로 2016년부터 8년 동안 재임한 차이잉원이 좋은 모델이다. 2020년 1월에 있었던 대만 총통 선거에서 역대 최다 득표로 재선에 성공한 그는 본인과 측근의 부패 스캔들이 일절 없었다. 정치적 통찰력과 결단력을 갖춰 '라타이메이辣台妹(대만의 매운 언니)'로 불렸다. 〈타임〉은 2020년 10월 '세계 100대 인물' 중 한 명으로 그를 선정해 표지 인물로 다뤘다. 프랑스 시사 주간지 〈르푸앵〉은 2020년 12월 '누가 세계를 지배할 것인가'라는 제목의 커버스토리에 5명의 국가 수반 중 하나로 그를 선택했다.

차이 총통이 세계적 호평을 받으며 성공한 비결은 정실情實을 떠나 실력과 전문성 위주 인사로 달성한 국정 쇄신에 있다. 그는 정치 경력과 공직 경험이 전무한 '화이트 해커' 출신의 오드리 탕을 디지털 장관으로 임명해 2016년부터 5년 넘게 중용했다. 오드리 탕은 대만 역사상 사상 최연소(당시 35세), 최저 학력(중학교 중퇴), 최초 트렌스젠더 장관이라는 초유의 기록을 남겼다. 2017년 2월에 발탁된 천스중 위생복리부 장관도 마찬가지다. 치과의사 출신 첫 장관인 그는 역대 위생부 장관 중 최장 기간 재임했다.

우리나라도 주식회사 대한민국의 효율과 생산성을 높이기 위해 국정 운영을 지금보다 고도화하고 전문화해야 한다. 과감한 인센티브를 제공하고 일하고 싶은 분위기를 조성해 중앙정부와 지방정부 공무원들이 신명 나고 창의적으로 혁신 행정을 할 수 있도록 그들의 열정에 불을 붙여야 한다.

그것은 말로만으로 되지 않는다. 먼저 지도자 자신이 살아온 이력에 흠이 없고 자기 삶에 자부심이 있어야 한다. 무엇보다도 국회의원, 광역시장, 변호사, 코이카KOICA 봉사단원, 그리고 대학원 석좌교수로서 젊은 엘리트들과 격의 없는 토론에 수년간 일했던 경력 등 다양한 경험을 통해 축적한 노하우, 행정에 대한 일머리를 터득한 사람만이 능숙하게 해낼 수 있다.

AI 혁명과

불붙는 선점 경쟁

AI는 단순한 기술이 아니다. 미래 산업과 경제는 물론이고 국제 질서까지 재편할 수 있는 21세기의 게임 체인저다. 인간의 인지 능력을 모방해 설계된 AI는 최근 눈부신 기술의 발전으로 업그레이드를 거듭하면서 가공할 만한 수준까지 발전했다.

미국의 미래학자 레이 커즈와일은 2024년 6월에 발간한 저서에서 "AI의 지능이 인간 지능을 뛰어넘는 특이점singularity이 2029년에 도래할 것"이라고 밝혔다.[11] 2005년 저서에서 그가 예상했던 시점(2045년)보다 16년이나 앞당긴 것이다.

AI라는 용어는 1955년 8월에 미국 다트머스대학교에서 열린 인공지능 및 정보처리 이론 관련 학회에서 존 매카시가 처음 사용했다. 이후 2016년에 구글 딥마인드가 바둑을 딥러닝 방

식으로 인공지능화한 알파고가 사상 최초로 출현함으로써 AI
는 대중의 눈길을 사로잡기 시작했다.

같은 해 한국의 세계적 바둑 선수 이세돌과 알파고의 바둑
대결이 AI 시대의 문을 열었다면, 2022년 오픈AI의 챗GPT의
등장은 AI 열풍에 불을 붙였다. 뒤이어 구글, 오픈AI 등은 인간
처럼 스스로 사고하는 똑똑한 AI 에이전트(비서) 선점 경쟁을 벌
이고 있고, 일론 머스크는 인간의 뇌에 칩을 심는 데 성공했다.

본격적인 AI 시대는 2023년 3월 미국 마이크로소프트가
챗GPT 4를 출시하면서 열렸다고 할 수 있다. 이를 통해 세계인
이 일상생활에서 AI를 접하고 활용하는 세상이 도래했다. 월등
하게 기능이 향상된 챗GPT 4o가 나오는 등 AI는 무서운 속도
로 진화하고 있다.

21세기 게임 체인저

AI는 사람과 달리 뇌의 용량이 엄청나다. 한번 입력해둔 지
식은 사람과 달리 기억에서 지워지지 않는다. AI에 입력한 데이
터의 양이 많고 정확할수록 그만큼 AI는 더 똑똑해진다. 앞으
로 모든 인간 생활에 그리고 대다수의 사물에 AI가 적용될 것
이며, 이들 AI는 인간보다 더 많이 알고 더 많이 인식하게 될

것이다.

세계 패권을 놓고 격돌하는 미국과 중국이 첨단 반도체 생산·공급에 사활적 노력을 쏟는 것도 AI가 주도하는 문명사적 대변환에서 확고한 우위를 점하기 위해서다. 미국은 중국의 AI 발전을 늦추고 가로막기 위해 고성능 AI 반도체의 대중 수출에 통제의 족쇄를 채우고 있다. 중국은 이에 맞서 공산당의 계획 경제 주도로 엄청난 자금과 물량을 쏟아부으며 독자적인 반도체·AI 생태계 굴기崛起에 박차를 가하고 있다.

트럼프 대통령이 2025년 1월 20일 취임 직후에 미국 오픈AI, 오라클과 일본 소프트뱅크 공동으로 5,000억 달러(약 720조 원) 규모의 AI 인프라 합작법인 '스타게이트' 설립을 시작한 것도 AI 패권 전쟁에서 승리하기 위해서다.

한국을 비롯해 EU와 인도, 일본 등도 이에 낙오되지 않으려 자국 AI 산업의 육성·지원에 나서고 있다. 이에 따른 결과로 전 세계 AI 산업과 생성형 AI 시장은 모두 두 자릿수 성장을 하며 급팽창하는 추세다.[12]

생성형 AI 시장	2021년	2030년	연평균 성장률 34.3%
	10조 2,566억 원	143조 7,851억 원	
세계 AI 시장	2023년	2027년	연평균 성장률 19.0%
	699조 5,300억 원	1,391조 1,300억 원	

현재 세계 AI 산업은 마이크로소프트, 구글, 오픈AI 같은 미국의 빅테크 기업들과 주요 스타트업들이 주도하고 있다. 연구 논문 수와 특허 수, 인재 배출 같은 양적 지표에선 중국이 1위이지만, 미국은 첨단 AI 개발 능력 및 기술력에서 장기간 주도권을 유지하고 있다. 이로 인해 미국과 다른 경쟁국과의 AI 경쟁력 지표 격차는 최근 더 벌어지는 흐름이다.

2023년 글로벌 민간 AI 투자를 보면 미국은 672억 달러로 2위와 3위인 중국(78억 달러), 영국(38억 달러) 등을 압도한다. 한국은 같은 해 9위(13억 9,000달러)에 머물렀다. AI 역량을 평가하는 대표적 척도인 영국 토터스 미디어의 2024년 '글로벌AI 지수Global AI Index' 조사 결과를 보면 한국은 세계 83개국 중 미국, 중국, 싱가포르, 영국, 프랑스에 이어 세계 6위로 평가됐다.

글로벌 컨설팅 기업인 보스턴컨설팅그룹이 2024년 11월에 발표한 'AI 성숙도'에서 미국, 중국, 싱가포르, 영국, 캐나다 등 5개국은 'AI 선도국'으로 분류된 반면, 우리나라는 선도국 다음의 2군群 격인 '안정적 경쟁자steady contenders'에 포함됐다. 눈길을 끄는 것은 우리나라의 항목별 세부 경쟁력이다.

한국은 2024년 글로벌AI지수에서 개발 능력(3위)과 정부 전략(4위), 인프라(6위) 등에서는 높은 평가를 받았다. 그러나 상용화(12위), 인재(13위), 연구(13위), 사업 환경(35위)에서는 10위권 안에도 들지 못하는 낮은 점수를 받았다. 미국 빅테크들의

168

초거대 AI 기술의 발전으로 미국과의 기술 격차는 최근 몇 년 사이에 더 벌어지고 있다.

딥시크 충격

그러던 중 2025년 들어 세상을 놀라게 만든 뉴스가 나왔다. 트럼프 2기 정부 출범 직후에 약 5,000억 달러를 투자하겠다는 스타게이트 계획이 발표된 뒤 미국의 물량 공세가 기선을 잡아가는 줄 알았는데, 중국 저장성 항저우에 본사를 둔 AI 스타트업 딥시크가 반격을 가한 것이다.

이로써 미국과 중국의 AI 기술 격차가 생각만큼 크지 않고, 미국 빅테크 기업들의 AI 가성비가 훨씬 떨어질 수 있음이 드러났다. 소수 정예 부대로 유격전을 벌이듯이, 딥시크가 미국 대기업들의 허를 찌른 것이다.

딥시크 등의 도발을 두고 일각에서는 "AI 분야에서 '스푸트니크 순간Sputnik moment'이 벌어졌다"고 평가한다. '스푸트니크 순간'은 1957년에 소련이 세계 최초로 인공위성 스푸트니크호를 발사하면서 미국의 우주 기술이 소련보다 뒤처졌음을 확인한 사건을 가리킨다.

트럼프 대통령은 "딥시크의 AI가 (미국 제품보다) 더 빠르고 훨씬 저렴해 보인다. 미국 산업이 (중국과의) 경쟁에 극도로 집중해야 한다는 경종을 울렸다"고 말했다. 페이스북의 모기업인 메타는 중국 AI 성능을 분석하기 위한 워룸war room(전담 팀) 4개를 꾸렸다. 이런 흐름을 볼 때 미·중 간의 AI 패권 전쟁은 앞으로 더 격화할 수밖에 없다. 급속도로 발전하는 AI는 경제와 기업의 문제를 넘어 국가 안보와 글로벌 패권이 걸린 핵심 기술이 되고 있다.

AI에 한국의 미래 달려 있어

현재 우리나라에서는 여러 산업 영역에서 한국이 정점을 지나 그래프가 꺾이는 단계에 진입한 것이 아니냐는 진단이 고개를 들고 있다. 한국 경제와 산업의 경쟁력이 계속 최고조를 유지할 것인가에 대해 불안해하는 국민이 많아지고 있다.

이런 국면에서 대한민국의 미래는 AI에 달렸다고 해도 지나치거나 틀린 말이 아니다. AI는 기초과학, 국방, 교육, 의료, 법, 문화·체육, 금융, 경제 등 국가의 미래를 좌우하는 기술 이상의 권력이 됐다. 우리가 반도체나 조선, 자동차처럼 AI 분야에서도 세계 1~3위의 실력을 갖춘다면, 미래 첨단 경쟁에서 한국은 세계를 주도하는 나라 중 하나가 될 수 있다.

AI 도입과 보급은 급속한 고령화와 인구 감소가 진행 중인 대한민국의 쇠퇴를 멈추어 세우고 부활을 앞당길 수 있다. AI는 노동력을 보완하고 생산성을 증대하며, 의료 서비스 개선과 노인 돌봄에 혁신적인 솔루션을 제공할 잠재력도 지니고 있다.

더욱이 2024년 상반기를 기준으로 전 세계 반도체 수출의 약 23%를 차지하는 주요 반도체 생산국인 한국은 AI 기술 발전에서 글로벌 선도 국가다. 한국은 세계적인 기술 기업과 반도체 제조업체들을 보유하고 있다. AI는 대량 데이터 처리와 고성능 칩의 수요 증가를 유발하는데, AI 붐은 한국 반도체 산업에 큰 기회를 제공한다.

글로벌 경쟁 심화와 지정학적 위험 같은 도전 과제가 존재하지만 우리의 강점을 꾸준히 축적한다면 길이 열릴 수 있다. 예를 들어 컴퓨팅 파워에서 인적 자원 양성과 투자 기회를 놓치지 않으면 기회의 몫이 생길 것이다.

'지금' '모든 것'을 하루빨리 AI 중심으로 재편해야 한다. 시간을 지체하고 머뭇거릴수록 기회의 문은 닫혀갈 뿐이다. 우리나라가 미국, 중국과 어깨를 나란히 하는 '세계 AI 3대 강국'으로 도약하도록 이끄는 게 지도자와 정치인의 역할이다. 미국 오픈AI나 중국 딥시크 급의 AI 기술 개발이 한국에서도 이뤄질 수 있도록 '추격조'라도 구성해야 한다.

첨단 기술로 다시

'한강의 기적'

AI 혁명이라는 21세기 글로벌 대변동기에 우리는 1990년대 세계에서 가장 앞선 정보화 시대를 연 선배들의 패기와 열정, 기민함을 되살려야 한다. 지금부터 30년 전 1990년대에 정보화라는 거대한 파도가 형성되기 시작할 때, 우리 선배들은 정보 산업의 우위를 선점해 혁신적인 글로벌 기업이 탄생·성장하는 터전을 마련했다. 이것은 일차적으로 김영삼 정부가 세계화를 외치면서 산업화에 쏟은 에너지를 새롭게 투사할 대상을 찾아 세계를 향해 쉼 없이 레이더를 작동한 덕분이 컸다.

이 레이더망에 미국 클린턴 행정부의 '인포메이션 슈퍼 하이웨이Information Super Highway(정보고속도로)' 정책이 포착됐다. 정보고속도로는 미래에 인터넷 인프라가 도로망網 같은 핵심 인프라가 될 것이라는 예상 아래 인터넷과 정보 기술의 발전을 위해 디지털 인프라 구축에 집중 투자하는 정책이었다.

우리나라는 이 방향을 발 빠르게 수용해 정보고속도로를 세계에서 가장 먼저 구축했다. 체신부를 없애고 당시 세계 최초로 정보통신부를 신설하면서 '산업화는 뒤졌지만, 정보화는 앞서자'는 슬로건을 내걸었다. 야심 찬 구호 아래 정부와 언론, 국민이 하나로 뭉쳤고 모두 '정보화'라는 바다에 겁 없이 풍덩 뛰어들었다.

일례로 유력 일간지이던 〈조선일보〉와 〈동아일보〉는 정보화 캠페인을 공동으로 진행했다. 늦게 시작한 산업화를 성공시킨 저력을 바탕으로 정보화 물결에서 세계를 앞서가겠다는 국민의 도전 정신이 정부의 투자 지출과 정책을 뒷받침했다.

정부는 한국통신 민영화, 통신 서비스 자유화, 각종 규제 철폐로 AI 산업에 민간 기업들이 뛰어들어 혁신할 수 있는 환경을 만들었다. 인터넷 연결률 OECD 1위, 초고속 무선 인터넷 보급률 OECD 1위 등 세계 최고의 인프라를 기반으로 스마트폰, 반도체, 각종 SNS, 전자 상거래, 엔터테인먼트 같은 산업이 세계를 향해 뻗어갔다.

이것은 어떤 중진국도 성공하지 못한 도약이었다. 거대한 AI 파도가 형성되고 있는 지금, 우리 국민 안에 잠들어 있는, 30여 년 전의 저력과 야성을 회복한다면 이번에 한 번 더 도약할 수 있다. 국민의 각성과 지도층의 리더십이 절실한 때다.

AI 세계 3강으로 가는 길

나는 2015년부터 2020년까지 고려대학교 기술경영전문대학원 석좌교수로 일하면서 AI를 포함한 디지털 트랜스포메이션 기술과 그 혁명적 파장을 연구하고 강의했다. 서울시 행정을 맡아 AI 산업 육성에 본격적으로 시동을 걸었다. AI 경쟁에서 성공 또는 실패는 10년 뒤, 30년 뒤에 대한민국의 경쟁력과 직결되는 사안이라는 판단에서다. 나는 AI 스타트업 등 기업에 대한 지원과 협업, 또 중앙정부와의 협조를 통한 시너지 창출로 대한민국이 AI 3대 강국으로 진입하는 것을 목표로 정해야 한다고 믿는다.

연구 인력이 139명뿐인 딥시크가 미국 경쟁사 대비 50분의 1에 해당하는 적은 비용으로 엄청난 혁신을 이뤄낸 데서 나는 한국이 AI 3강에 진입할 수 있으리라는 희망을 엿본다. 중앙과 지방이 기업에 날개를 달아주고 인재 양성에 힘을 쏟아붓는다면 불가능한 일도 아니다.

나는 2025년 2월 11일에 'AI SEOUL 2025 비전'을 선포해 'AI 서울'을 향한 첫 발걸음을 내디뎠다. 올해부터 서울에서만 연간 1만 명의 AI 인재를 양성·배출하고 서울 양재동에 연면적 27만 제곱미터 규모의 '서울 AI 테크시티'를 조성한다. '서울 2030 비전 펀드' 5조 원 중에서 매년 5,000억 원 정도를 AI 기업을 위한 마중물 용도로 바로 투자할 수 있도록 했다.

하지만 아직 갈 길이 멀다. 천문학적인 투자와 인재 육성에 속도를 내는 미국, 중국에 비해 한국은 절대적으로 AI에 대한 민간 투자가 빈약하고 AI에 대한 열기도 부족하다. AI에 대한 과도한 규제가 남아 있고 국가 차원에서 AI 컨트롤타워가 없는 것도 문제다.

2020년 7월에 발의된 'AI 기본법'은 4년 5개월 만인 2024년 12월에 국회를 통과했지만 과학기술정보통신부, 산업통상자원부, 방송통신위원회 등이 각기 다른 AI 법안과 가이드라인을 추진하는 바람에 '누더기 규제법'이 될 우려가 커지고 있다.

에마뉘엘 마크롱 대통령이 AI 분야에 민간 투자 1,090억 유로(약 163조 원) 유치를 약속하고 AI 규제 대폭 완화를 선언한 후 빅테크 기업의 투자가 잇따르는 프랑스 사례는 시사하는 바가 크다. 마이크로소프트와 아마존 두 회사의 프랑스 AI 투자 금액만 52억 유로(약 8조 원)에 육박한다.

토터스 미디어의 '글로벌AI지수'에서 프랑스는 2023년에 13위에서 2024년에는 5위로 8계단 상승했다. 이는 슈퍼컴퓨팅 인프라 같은 프랑스 정부의 공공 지출이 뒷받침된 결과다.

AI 분야에서 프랑스의 눈부신 도약은 정치 지도자의 판단력, 행동력의 중요성을 보여준다.

기술 패권이 곧 세계의 패권

《인공지능의 미래》의 저자인 제리 카플란 미국 스탠퍼드대학교 교수의 지적대로 생성형 AI는 점차 어디에서나 저렴한 비용으로 이용할 수 있는 상품이 될 것이다. 그래서 나는 한국인의 강점인 AI와 관련된 기회를 발굴해 비즈니스화하느냐가 이 분야에서 성공을 판가름할 것으로 본다.

전문가들은 대략 5년 후면 AI가 모든 제품과 서비스에 스며들 것이라고 예상한다. 우리가 스마트폰을 일상적으로 쓰듯이 AI도 우리의 삶 전반에 녹아들 것이라고 전망한다. 이렇게 되면 관련된 소프트웨어와 비즈니스 프로세스, 워크 플로work flow(업무 흐름)도 달라진다.

그래서 우리만의 사업 기회를 만들어내야 한다. 쉽게 말해 새로운 AI 주도주로 부상하는 AI 서비스 기업 팔란티어 같은 기업들을 대한민국에 많이 길러내어 이들이 수익을 내고 고급 일자리를 만들도록 해야 한다.

AI를 활용할 수 있는 분야는 무궁무진하다. 예를 들면 행정의 모든 영역, 즉 주거와 교통, 환경, 문화, 예술, 범죄 예방 등은 물론 AI를 활용한 안부 확인 서비스, AI 돌봄 로봇, AI 기반 지능형 모니터링 시스템 등이 등장할 것이다. 변화가 나타나는 시점은 향후 2~3년 내로 예상되지만 더 빨라질 수도 있다. 이렇게 되면 말 그대로 'AI 도시'가 현실이 되는 셈이다.

AI는 궁극적으로 시민의 삶의 질을 향상하려는 기술이다. 그런 의미에서 나는 AI 기반 음성 서비스, 약자 동행 서비스를 확대해 AI가 포용적이고 안전한 사회를 만드는 데 쓰일 수 있다고 본다. 독거 노인의 외로움을 해결하는 데 AI 돌봄 로봇이나 챗봇 로봇 같은 방식을 접목할 수 있고 AI가 장착된 CCTV를 쓰면 획기적인 범죄 예방과 대응이 가능하다.

중요한 것은 속도와 의지다. AI 산업 지형에 새로운 기회의 문이 열렸지만 오늘 시작하지 않으면 내일 우리에겐 기회가 없다. 대한민국도 '지금 바로' 시작해야 한다. 의지를 내보이는 첫 번째 단계를 나는 규제 철폐라고 생각한다. 불필요한 AI 관련 규제를 없애거나 완화해 혁신을 꿈꾸는 기업인이 마음껏 뛰어놀 수 있게 만들어야 한다.

지도자의 장기 비전은?

　미국과 중국의 국가 정상은 2025년 1~2월에 판박이 같은 행보를 했다. 트럼프 대통령이 1월 20일 취임식장에 장관들 자리보다 더 앞줄에 일론 머스크(테슬라), 제프 베조스(아마존), 마크 저커버그(메타) 같은 테크 기업인을 불러 세우자, 시진핑 국가주석은 이에 뒤질세라 2월 17일 베이징 인민대회당에 마윈(알리바바), 런정페이(화웨이), 량원펑(딥시크) 등을 일제히 소집했다.

　두 사람은 적어도 21세기 국가의 흥망이 첨단 기술력에 달려 있는 '팍스 테크니카Pax Technica' 시대임을 제대로 읽고 있다. 사실 AI와 함께 양자컴퓨터, 핵융합 에너지, 우주 개발 등은 인류의 미래를 바꿀 폭발적인 성장이 예상되는 첨단 기술 분야다.

　일례로 2040년 양자컴퓨터 시장의 규모는 900억~1,700억 달러로 예상되지만, 양자컴퓨터가 미칠 경제적 파급력은 이보다 50배 큰 4,500억~8,500억 달러가 될 것이라고 보스턴컨설팅그룹은 전망한다. 핵융합 에너지는 탄소 배출과 고준위 방폐물 발생, 폭발 위험 등 3가지가 없어 높은 안전성을 지닌 미래 에너지다. 정신이 제대로 박힌 국가 지도자나 정부라면 이들을 육성하는 데 총력을 다해야 한다. 각국의 '총성 없는 전쟁'에 뛰어든 우리나라는 아직 감질나는 수준에 머물고 있다.

양자 기술의 경우, '점유율 세계 톱 5' 진입을 목표로 더 강력한 드라이브를 걸어야 한다. 학과 신·증설과 양자 대학원 등을 통해 3,000명의 양자 핵심 인력을 확보하고 관련 생태계를 조성하는 데 모든 정책적 노력을 쏟아야 한다.

핵융합 에너지 분야 역시 스타트업 육성, 국제핵융합실험로 ITER와 연계한 교육 훈련, 해외 우수 인재 유치 등으로 전문 인력 확보와 양성이 발등에 떨어진 불이다. 우주 AI와 우주 반도체 기반 신성장 동력 창출과 우주 융합 신시장 진출에도 과감하게 속도를 내야 한다.

AI와 양자·핵융합 등에서 기술 패권을 움켜쥐는 나라가 명실상부한 세계의 리더가 될 것이다. 4대 강국에 둘러싸인 우리가 생존과 번영을 이어가려면, 지도자가 첨단 기술에 대한 장기 비전과 목표를 갖고 앞장서서 투자·지원을 흔들림 없이 해야 한다. 첨단 기술로 다시 '한강의 기적'을 이뤄야 한다. 그래야 대한민국이 한 번 더 도약할 수 있다.

2

약자와의 동행

나는 왜

정치를 하는가

전문가나 언론인에게 가끔 이런 질문을 던진다. "서울시에서 복지실의 위상이 어느 정도 수준이라고 예상하세요?" 반응은 대개 비슷하다. "직원이 선호하지 않는 부서 아니냐" 하고 되묻는 식이다. 보수 정당 소속의 시장이 있으니 복지부서의 존재감도 낮다고 지레짐작하는 것이다. 실상은 다르다. 직원 사이에서는 복지실장이 요직으로 꼽힌다. 서울시 예산 중 약자와의 동행에 쓰이는 비율이 30%를 넘는다. 시장이 힘을 실으니 부서의 위상이 높을 수밖에 없다.

처음 서울시장을 할 때는 보수 정당이 '부자를 위한 정당'이라고 평가받는 점이 불만이었다. 이것이 편견임을 입증하기 위해 '그물망 복지'라는 표현까지 써가며 많은 정책을 펼쳤다. 세계적으로 유명한 복지학의 대가가 나를 두고 "복지에 미쳤다"는 말까지 할 정도였다. 실제로도 '부자를 위한 정당'은 프레임에 불과하다. 좌파건 우파건 가진 자의 편에 서기 위해 정치하는 사람은 없다. 특히 대한민국처럼 빈부 격차가 심한 나라에서는 양극화 해소가 곧 정치의 목표이자 본질이다. 예산이 허용하는 범위 내에서 빈부 격차 해소를 위한 다각도의 노력을 병행해야 할 이유다.

물론 통계상으로 국내 중산층은 꾸준히 늘고 있다. 2023년 1월 한국개발연구원KDI이 낸 보고서 《우리나라 중산층의 현주소와 정책 과제》가 큰 화제를 모았다. 보고서에 따르면 중위소득의 50~150%를 중산층으로 볼 때 그 비율은 전체 인구의 60%를 넘는다. OECD가 쓰는 중산층 기준인 '중위소득 75~200%'로 보더라도 그 비율은 60%대다. 디지털 전환과 일자리 감소 등으로 중산층이 축소될 것이라는 우려와 달리 실제 중산층 비중은 늘어난 셈이다.[13]

그러나 국민의 체감은 다르다. 중산층 절반 가까이가 '나는 가난하다'며 스스로 하류층이라고 규정한다. 강남에 아파트 한 채 갖고 있지 않으면 다 서민이라고 생각한다. 강남을 빼고는 대부분 강남에 대한 박탈감이 있다. 양쪽으로 갈라져서 금방이라도 무너져 내릴 것 같은 비상 상황이다.

원인은 양극화다. 경제 성장의 과실이 아래로는 흐르지 않는다는 인식이 사회 곳곳으로 퍼지고 있다. 이 문제에 대안을 제시하지 않고는 대한민국이 앞으로 나아갈 수 없다. 평생 열심히 살아온 분들이 단지 뒤처졌다는 이유로 배제된다면, 그 사회를 선진적이라고 부르기는 어렵다. 보수일수록, 아니 보수이기 때문에 약자를 품어야 한다. 부자가 더 잘살도록 해주는 것이 정치의 존재 이유일 수는 없다. 뒤처진 분들이 번영의 혜택을 누릴 수 있게 하는 것이 제1의 정책 목표여야 한다.

보수야말로 약자를 위한 정당

민선 8기 취임사에서 나는 이렇게 말했다. "약자와의 동행은 정치적 구호가 아니라, 제가 서울시장으로서 존재하는 이유이자, 제 평생의 과업입니다." 이제 와서 고백하면, 1기 시장 때는 복지보다 도시 경쟁력 이야기를 더 많이 했다. 지금은 다르다. 서울의 슬로건은 '매력·동행'이 아니라 '동행·매력'이다. 2022년 지방선거 첫 번째 공약은 '안심소득으로 복지 사각지대 없는 서울!'이었다. 서울시민 모두가 최저 생계 지원을 넘어 인간다운 생활을 보장받아야 한다고 강조했다.

취임 뒤에는 약자동행지수를[14] 만들었다. 모든 정책이 환경 영향 평가를 하는데 '왜 복지는 잣대, 척도가 없지?'라는 발상에서 시작되었다. 복지도 지표를 개발하면 체계적인 성과 관리가 가능하겠다 싶었다. 50개 지표는 서울시 공무원들이 전문가들과 오랜 시간 논의하면서 만들었다. UN의 국가행복지수, UN개발계획UNDP의 인간개발지수, OECD의 더나은삶의지수 등 유사한 지수는 많지만, 이를 성과나 예산에 연결한 사례는 전례가 없다.

덕분에 진보 언론의 시각도 변한 것 같다. 내심은 약자 동행에 동의하는 게 아닌가 싶기도 하다. 비판 기사가 크게 줄었고, 이따금 나오는 보도에는 애정 어린 비판이 느껴진다. 이제는 누가 나에게 정치를 왜 하느냐 물으면 어려운 분을 돕기 위해서라고 답한다. 매력, 즉 도시 경쟁력을 추구하는 이유는 그걸로 돈을 벌어서 동행에 쓰기 위해서다. 서울의 경제가 활력을 얻은 덕분에 생긴 재원을 약자 동행 정책에 쓰겠다는 뜻이다. 그래야 도시가 발전하지, 부자를 더 큰 부자로 만든다고 도시가 발전하는 것이 아니다.

선거 때만 어려운 분들을 찾아 잔기술을 부려 표 얻을 생각만 하면 곤란하다. 묵묵히 일하고 성과를 내서 좌절에 빠진 분들에게 위안을 드려야 한다. 나에게도 해당하는 이야기다. 피켓을 들고 시끄럽게 요구하는 분보다, 나직하게 자기 고통을 이야기하는 분의 목소리에 귀를 기울이려 애쓴다. TV에 나가 말싸움으로 우리 편의 속을 시원하게 하기보다는, 매일매일을 고

비 넘듯 사는 분들에게 작은 출구라도 마련해 드리는 데 에너지를 쓰려고 노력한다.

이제는 보수 정당에 덧씌워진 부자 정당 프레임을 의식할 필요가 없다. 민주당이 정권을 잡았을 때 양극화 문제를 해결했나? 그렇지 않다. 그들이 행정부와 입법부 권력을 동시에 가졌을 때도 별반 달라진 게 없다. 서민을 위한다는 정당이 집권할 때 서민의 살림살이가 가장 팍팍해졌다. 그들에게는 옳은 일을 위해 헌신한다는 선민의식만 있을 뿐, 실제 민생 현장의 고통을 이해하는 감수성은 놀랍도록 부족하다.

결과를 보라. 사람이 먼저라느니 소득 주도 성장이니 온갖 번드르르한 말은 다 해놓고 불평등만 더 고착화했다. 나의 일방적 주장이 아니다. 진보좌파를 표방하는 정당에 속한 정치인이 분석한 내용이다.[15] 좌절에 빠진 사람들의 박탈감을 해결할 것처럼 선동해서 표를 얻어놓고는 실제로는 문제를 더 키운 것이다. 말 그대로 위선이다.

"지옥으로 가는 길은 선의로 포장돼 있다"

프랑스 68혁명 때 나온 격언 중 "지옥으로 가는 길은 선의 善意로 포장돼 있다"는 표현이 있다. 민주당에 딱 들어맞는 표현이다. 정의를 표방하며 내건 정책이 약자를 더 힘들게 만들었다. 비정규직을 보호한다고 만든 정책이 비정규직을 일자리에서 몰아냈다. 부동산 값 폭등의 피해는 온전히 집 없는 서민이 떠안았다.

국민도 점점 깨닫고 있는 것 같다. 지난 대선을 복기해보자. 어려운 분일수록 오히려 보수 정당을 택했다. 월평균 소득 200만 원 미만 유권자 중 이재명 민주당 대선 후보를 찍은 비율은 35.9%에 불과하다. 윤석열 국민의힘 대선 후보를 택한 유권자는 61.3%다. 바로 윗 단계인 월평균 소득 200만~300만 원 미만 유권자층에서도 윤 후보가 57.2%, 이 후보가 38.3%의 지지를 얻었다. 먹고살기 힘들다고 아우성치는 분들의 불안을 을z을 위한다는 정당이 해소하지 못한 후과後果다.[16]

오히려 나는 보수 정당이 민주당보다 복지 정책에 더 강하다고 생각한다. 보수야말로 약자에 대해 고민하고 배려하는 정당이다. 근거 없이 꺼내는 주장이 아니다. 한국 현대사를 통해 분명히 증명된 바다.

예컨대 세계적으로 높게 평가받는 의료보험제도는 1977년에 박정희 정부가 도입했다. 각료들은 재원이 없다고 반대했지만 박 전 대통령이 뚝심 있게 밀어붙였다. 의료보험 없는 삶을 상상해보면 박 전 대통령의 공로가 얼마나 위대한지 쉽게 체감된다. 생활보호법 제정(1961), 산업재해보상보호법 제정(1963)

도 박정희 정부 때 이뤄진 일이다. 전두환 정부도 정통성에 문제가 있지만 노인복지법을 제정(1981)한 점은 높이 평가해야 한다. 노태우 정부 때는 국민연금제도(1988)와 최저임금제(1989)가 도입됐다. 또 전국민 의료보험 확대 조치(1989)가 단행됐다.

김영삼 정부는 사회보장기본법 제정(1995)을 통해 한국 사회 복지 역사에 한 획을 그었다. 이명박 정부는 노인장기요양보험제도 시행(2008)과 무상 보육 본격화라는 공로가 있다. 박근혜 정부는 기초연금 도입(2014)을 통해 날로 심각해지는 노인 빈곤 문제에 적극 대응했다. 또 임기 초부터 암·뇌혈관·심장·희귀난치성질환 등 4대 중증 질환 보장성 강화에 나섰다.

큰 줄기만 말해도 이 정도다. 보수가 복지 논쟁에서 괜히 움츠러들 이유가 없다. 나는 한국 현대사에서 보수 진영의 복지 개혁이 그 성과에 걸맞은 평가를 받기를 기대한다.

일자리를 위한

복지

　복지는 진보파나 사회민주주의자들의 독점물이 아니다. 19세기 말 독일에서 의료보험과 산업재해보험, 노령연금제도를 도입한 건 철혈鐵血 재상으로 불린 오토 폰 비스마르크였다. 비스마르크의 개혁이 독일 제국의 기초를 다지는 데 기여했고 사회적 갈등을 줄이는 완충제 구실을 했다. 지구상 최초의 복지 국가 모델이다.

　20세기 초로 거슬러 올라가면 당시 영국 재무부 장관이던 윈스턴 처칠이 미망인 및 고아에 대한 연금 지급을 시작해 복지의 기틀을 다졌다. 이후 총리가 된 처칠은 영국 국민에게 희망을 주기 위한 정치 슬로건으로 복지 국가welfare state를 내걸기에 이른다.

독일과 영국의 사례가 공히 웅변하는 바는 분명하다. 사회 안정을 중시하는 엄격한 보수주의자들이 복지 국가의 초석을 놓았다는 것이다. 복지가 사회적 갈등의 심화를 막는 방파제 구실을 하기 때문이다. 이와 같은 유연함 덕분에 자본주의는 오랜 시간 동안 건강함을 유지할 수 있었다.

그간 내가 시행해온 복지 정책을 두고도 비슷한 평가가 많다. 이성규 서울시립대학교 교수가 쓴 《서울, 복지에 미치다》 끄트머리에는 이런 표현이 나온다.[17]

오 시장이 추구하는 씨줄 날줄로 촘촘한 그물망 복지는 단순히 좌와 우의 척도로만은 설명이 안 되는 그 이상의 것이 있다. 자원봉사와 민간 자원의 참여를 적극 유도하는가 하면 가난의 대물림 방지에도 과감히 투자한다. 전통적 시각으로 볼 때 시장자유주의를 포기하지 않으면서도 정부의 개입을 강화하는 융통성을 발휘하고 있다.

오 시장은 사회 개발적 성격이 강한 인물이다. 사회 개발이란 사회 정책을 경제 개발과 연계함으로써 인간 복지를 증진하는 것을 말한다. 사회 개발이 가진 가장 큰 함의는 경제 중심 정책과 경제 정책의 균형 발전을 도모할 수 있다는 가능성이다.

한 줄로 요약하면 경제 정책으로서의 복지를 지향한다는

평가다. 보수주의자가 복지의 기틀을 다지는 데 얼마나 필요한 존재인지 상징하는 문구이기도 하다. 이런 평가를 접할 때면 없던 에너지가 생긴다. 내가 가는 길이 잘못되지는 않았다는 위안을 얻는다.

이 교수는 사회 개발이라는 단어를 썼지만, 나는 그보다 사회 투자라는 표현을 선호한다. 사회 투자는 토니 블레어 전 영국 총리의 이념적 스승으로 꼽히는 앤서니 기든스 런던정경대학교 교수가 복지의 생산적 성격을 부각하기 위해 만든 단어다. 블레어가 기든스의 조언을 바탕으로 내놓은 슬로건이 그 유명한 '제3의 길the Third Way'이다.

말이 나온 김에, 1990년대에 영국 복지가 사회 투자로 전환하는 과정은 심도 있게 살펴볼 필요가 있다. 사회 투자는 관성에 빠진 영국 노동당식 복지에 대한 성찰에서부터 비롯했다. 핵심 골자는 간단하다. 교육과 직업 훈련에 주력해 일자리를 창출하는 복지를 지향해야 한다는 것이다. 이를테면 일자리를 향한 복지welfare to work론이다. 한마디로 기회를 만들어주는 복지 정책이다. 노동 시장에서 경쟁할 수 있는 최소한의 여건을 마련해주자는 취지다.

특히 한국처럼 저출산 고령화 현상이 날로 심각해지는 나라에서는 노동 시장 친화적인 복지 제도가 필요하다. 시장의 활력을 목표로 두니 철저하게 자본주의적인 접근이라고 말할 수 있다. 보수주의자로서도 곱씹어볼 요소가 많은 개념이다.

민간 협치가 답이다

비판이 없지는 않다. 설사 사회 투자 패러다임을 받아들인다고 해도 증세 등 조세 개혁 없이 복지 확대가 가능하냐는 질문이 때마다 뒤따라온다.

그러나 증세가 가능하다고 해도, 지금처럼 무작정 현금성복지만 늘리면 증세로 마련한 돈이 결국 또 금방 없어지고 만다. 따라서 우선순위는 누더기가 된 복지 정책을 손보는 일이 돼야 한다. 일종의 효율화 작업이 필요한 것이다. 손을 봐서 꼭필요한 곳에 돈을 써가되, 국민소득의 증가에 따라 점진적으로복지 지출을 늘려야 한다.

정책이 본디 그렇다. 늘 빠듯한 돈을 가지고 가장 필요한 곳어디에 돈을 쓰느냐, 즉 우선순위의 문제가 있다. 우선순위에대한 진지한 사회적 토론과 합의를 거친 후에 꼭 필요하다면증세를 논의해야지, 무작정 증세부터 하고 보자? 그것이야말로도그마라고 생각한다.

또 다른 한편으로 보자면, 모든 복지를 다 세금 늘려서 시행할 수는 없다. 정부는 수익을 내는 기업체가 아니다. 복지 재원은 원칙적으로 정부가 책임져야 하지만, 한정된 재원을 모두 감당할 수는 없는 노릇이다. 증세에 대한 거부감이 있는 상황도 현실적으로 고려해야 한다.

그래서 나는 민간과 협력해 시너지 효과를 내는 대안에 대해 강조하는 편이다. 정부와 민간이 파트너십을 형성하는 것이다. 이것은 '시장에 의존하는' 신자유주의와 질적으로 다르다. 오히려 '시장을 활용하는' 복지이니 융합형 혁신에 가깝다.

새로운 현상은 아니다. 미국에서는 기업가와 독지가들이 막대한 금액을 기부하는 문화가 정착돼 있다. 그런 의미에서 시민사회를 통한 기부 활성화가 필요하다. 게다가 부수적인 효과도 누릴 수 있다. 흔히 기업이 정부보다 혁신 역량이 뛰어나다. 기업의 혁신 역량을 복지 사업의 성과로 끌어올 수 있다는 의미다.

서울시에서는 이미 이렇게 하고 있다. 2024년 10월에 외로움·고립은둔 종합 대책인 '외로움 없는 서울'을 발표했다. 기존 대책이 고독사 예방이 중심이라면, 이번 대책을 통해서는 외로움 예방부터 재고립·재은둔까지 막는 체계적이고 입체적인 지원을 통해 서울시민 누구도 외롭지 않은 도시를 만들겠다는 계획을 세웠다. 참으로 웅대한 계획이다.

이 과정에 9개 민간 기업이 참여하고 있다. 각 기업의 역량을 활용하는 체계를 갖추는 데 주안점을 뒀다. 예컨대 우아한형제들은 배달의민족 앱에 고립 위험도 자가 진단을 위한 별도

페이지를 만들었다. 1인 가구가 음식을 배달시키는 경향이 많은데, 앱을 통해 이분들에게 '외로움안녕120'을 알리는 것이다. 120다산콜로 전화를 건 뒤 특정 번호를 누르면 외로움 전담 상담원에게 바로 연결되는 방식이다. 방문 판매의 제왕으로 불리는 ㈜hy는 고립 가구를 대상으로 건강 음료 배달 서비스를 확대하기로 했다. 골목 곳곳에 있는 고립 은둔 가구를 발굴하는 데는 탁월한 역량을 발휘할 것이라고 기대한다.

흔히 정치에서 협치라는 말을 많이 쓴다. 나는 복지에서야말로 정부와 민간의 협치가 가능하다고 생각한다.

인문학이

희망이 될 때

복지 정책에서 가장 중요하게 고려할 요소는 무엇일까. 그
간 행정을 해온 경험을 토대로 내린 정의는 이렇다. 복지 정책
을 편다는 것은 약자의 삶을 하나의 흐름으로 이해하겠다는 것
을 의미한다. 단편적이어서는 안 된다. 배려하고 베푸는 데 그
쳐서도 곤란하다. 복지의 본질은 '마음을 북돋우는 것'에 있다.
형편이 어렵고 그늘에 있는 분들은 마음도 함께 무너져 있는
경우가 많기 때문이다.

마음이 무너진 분들에게는 현금이 전부는 아니다. 행정가
는 다음 단계까지 바라보는 사람이다. 어려운 처지에 놓인 분
이 이 돈을 기반 삼아 가난에서 탈피하고, 일자리를 얻고, 작게
나마 보금자리를 마련하고, 궁극적으로는 자립하는 단계까지

갈 수 있는지 내다봐야 한다. 궁극적으로 '나'를 바로 세우는 일이다. 그렇게 자립한 분들이 사회에 더 많이 기여할 수 있다. 자존감을 갖고 미래에 대한 희망도 품는다. 사회적 책임의식도 얻게 된다. 받은 만큼 사회에 돌려주겠다는 태도를 갖추게 되니까 말이다.

즉 복지는 기본적으로 위기에 처한 약자를 구제하는 일이지만, 궁극적으로는 존엄한 삶의 바탕이자 국민 통합의 땔감이 되는 일이어서 중요하다. 존엄을 중심에 놓아야 복지의 본질을 이해할 수 있다. 존엄이야말로 삶의 위기 속에서 사람을 버티게 하는 힘이다. 현금이 아니라 존엄을 얻게 하는 정책이 판단 기준이어야 하는 이유다.

존엄함이 살아 있으면 설사 찢어지게 가난한 삶을 살아도 얼굴에 그늘이 드리우지 않는다. 판자촌에서 유년을 보낸 나의 얼굴에서 가난의 흔적을 찾아보기 어려운 이유이기도 하다.

그런 의미에서 내가 가장 아끼는 정책 중 하나가 '희망의 인문학' 강좌다. 2008년에 있었던 일이다. 약자와의 동행이라는 용어도 없던 시절 '가난을 벗어나려면 마음이 안정되고 넉넉해져야 한다'는 생각으로 '희망의 인문학' 강좌를 열었다. 철학·글쓰기·문학·역사 등 스스로 질문하는 데 도움을 주는 과목 위주로 꾸렸다. 입학생은 노숙인과 쪽방촌 주민, 자활 근로자다. 서울시가 지원하고 대학에 운영을 맡기는 시스템이다. 내가 시장에서 물러난 이후인 2012년에 중단됐다가 10년 만에 재개됐다. 한마디로 '서울시장 오세훈'과 함께 울고 웃은 정책이다.

'희망의 인문학'이라는 단어는 미국 작가 얼 쇼리스가 쓴 《희망의 인문학》에서 가져왔다. 원제는 '가난한 이들을 위한 보물Riches for the Poor'이다. 빈곤에 관한 책을 쓰던 얼 쇼리스가 1995년 어느 날 뉴욕 북부의 한 교도소를 찾았다. 거기서 20대 초반에 살인을 저질러 8년째 복역 중인 재소자 빈스 워커를 만난다. 얼 쇼리스가 "사람들이 왜 가난하다고 생각하느냐?" 하고 물으니 워커는 "정신적 삶을 누리지 못해서"라고 답한다. 쉽게 풀어 이야기하면 연극, 박물관, 공연 그리고 강연이다. 흔히 말하는 인문학이다. 인문학을 통해 존엄을 회복해야 빈곤에서 벗어날 수 있다는 이야기다. 그래서 시작된 강좌가 '클레멘트 코스'다. 노숙인, 마약 중독자, 재소자, 전과자 등에게 인문학 교육 과정을 제공한 것이다.

《희망의 인문학》을 접한 시점에 나의 가장 큰 걱정거리가 노숙인 문제였다. 서울시가 운영하는 노숙인 쉼터 시설은 예나 지금이나 크게 열악하지 않다. 식사도 괜찮다. 종교 단체에서 식사를 제공하는데, 서울시가 보조금을 댄다. 그런데도 쉼터에 있다가 뛰쳐나가는 노숙인이 많았다. 나로서는 이해할 수 없는 일이었다.

이유가 뭘까 골똘히 생각하다가 날것 그대로의 현장을 봐야겠다 싶어 참모와 함께 몰래 가봤다. 허름한 점퍼를 입고 모자를 써서 변장까지 했다. 가보니 줄이 수십 미터였다. 줄 서서 대기하다가 겨우 들어가 배식을 받아서 밥을 먹는데, 아주머니 한 분이 다가왔다. 나를 알아보셨나 싶어 긴장한 찰나에, 노기 어린 목소리로 이렇게 말씀하셨다. "젊은이, 오늘은 밥 주지만 다음부터는 여기 오지 마."

이렇게 여러 차례 현장을 다니면서 왜 그분들이 고생을 자처하고 시설 밖으로 나가는지 알게 됐다. 대부분은 알코올 중독이 원인이었다. 따뜻한 방이 있지만 술을 못 마시게 하니 엄동설한에도 소주 한 병에 의지해 지하도에서 잠을 자는 것이다. 정해진 시간에 맞춰 취침하고 기상하는 환경도 이분들에게는 고역이다.

어느 날은 동대문구 용답동에 있는 노숙인 쉼터를 새벽에 불시에 찾았다. 그날 아침 메뉴는 설렁탕이었다. 뜨끈하게 한 숟갈 뜨면서 옆에 앉은 분께 물었다. "무엇이 제일 힘드신가요?" 그분이 답했다. "스스로를 이길 수 없는 것이죠." 선뜻 이해가 안 가서 다시 물었다. 그랬더니 이런 답이 되돌아왔다. "쉼터에 들어와 몇 달 잘 참고 지내던 사람들이 술 한잔 마시고 싶다는 생각을 이기지 못해서 다시 거리로 돌아가는 일이 허다하거든요. 그런 때는 남의 일 같지 않아요."

한마디로 무력함이다. 거기서 한발 더 나아가면 자포자기 상태가 된다. 대개 그런 분들은 사업하다가 망한 경우가 많다. 그 과정에서 가족이 해체되고 알코올 중독까지 겹쳐 회복 불능 상태가 되는 것이다. 무력함을 걷어내려면 현금 이상의 것이 필요하다. 이 상태에 이르면 돈은 대안이 아니다. 존엄을 회복해야 한다. 주린 배는 밥으로 채울 수 있지만 뚫린 가슴은 밥으로 메울 수 없다. 마음의 빈 공간을 채우고 성찰적인 사고를 할 수 있는 인문학적 끼니를 제공해야 한다.

이것을 프랑스 사회학자 피에르 부르디외는 '문화 자본'이라고 불렀다. 흔히 취향은 선천적으로 타고난다고 생각한다. 클래식을 듣건 트로트를 듣건 개인의 자발적 선택의 결과일 뿐이라고 여긴다. 실상은 다르다. 부르디외의 말마따나 취향도 성장과정에서 후천적으로 만들어진다. 먹고살 만한 가정에서 태어난 자녀는 어린 시절부터 자연스레 부모의 고상한 취향에 노출된다. 어휘력이나 언어 습관 역시 영향을 받는다. 기득권은 경제적으로만이 아니라 문화적으로도 세습된다는 의미다.

그러니 문화적인 영역에서도 격차 해소 정책이 필요하다. 빈곤을 극복하고 계층을 한 단계씩 올라가려면 현금뿐만 아니라 문화적인 소양도 중요하다. 그래서 용답동 쉼터에 다녀온 다음 날 복지국장에게 《희망의 인문학》을 건네며 인문학 강좌를 시작하도록 지시했다. 그렇게 5년 동안(2008~2012년) 4,000여 명이 강좌를 수료했다.[18] 나 역시 직접 강의에 참여했다. 2022년

"복지는 존엄한 삶의 바탕이자 국민 통합의 땔감이다."

에 강좌를 재개한 이후에도 성과가 좋다. 지난해에는 수료생을 827명이나 배출했다. 올해는 자격증 취득과 취·창업 과정을 신설했다.

그 덕분인지 서울시 노숙인 수는 지난 3년간 20% 감소했다. 서울시에 다종다양한 노숙인 대책이 많지만, 나는 '희망의 인문학'이 핵심이라고 생각한다. 희망과 자립, 자활 의지를 샘솟게 한 마중물이 된 셈이다. 전 세계 어느 도시도 인문학으로 노숙인을 줄이는 성과를 낸 곳은 없다.

동네 사랑방이 된 동행식당

여기에 '동행식당' '동행목욕탕' '온기창고'가 어우러져 효과가 극대화됐다.[19] 3개 정책은 내가 낸 아이디어가 아니다. 내가 약자 동행을 강조하니 서울시 공무원들이 고안한 정책이다. 성과를 내야 하는 리더 처지에서는 밤낮없이 정책을 고민해가며 '킬러 콘텐츠'를 만들어내는 유능한 공무원들과 일하는 것은 엄청난 행운이다. 아이디어가 너무 좋아 민선 8기 취임식 날 첫 번째 정책으로 발표하기까지 했다.

세간에는 2024년 여름에 내가 한동훈 당시 국민의힘 당대표 후보를 만난 곳으로 각인돼 있다고 한다. 당시 서울 용산구

동자동 쪽방촌 인근 동행식당에서 한 전 대표와 조찬을 했다. 관사에서 보는 것도 생각했는데, 한 전 대표도 '격차 해소' 이야기를 많이 할 때라 동행식당에서 보는 게 좋겠다 싶었다. 그날 나는 한 전 대표에게 이렇게 말했다.

"서울역 앞 같은 곳에서 노숙인, 쪽방촌 주민들 식사를 줄세워서 배식하듯 했는데, 그분들 자존감에 좋지 않습니다. 그런데 동행식당으로 하면 자기 관리가 되면서 생활에 리듬이 생기고 커뮤니케이션이 되니까 심리적으로 굉장히 도움이 됩니다."

그냥 꺼낸 말이 아니다. 현장에서 얻은 답이다. 동행식당을 여러 차례 찾으면서 내린 결론이기도 하다.

이와 관련해서는 동자동에서 김밥천국을 운영하는 구공례 사장님이 전해준 사연을 소개하고 싶다. 동행식당으로 지정된 그분의 식당은 어엿한 동네 사랑방이 됐다. 라면, 빵, 막걸리로 끼니를 때우던 주민들이 식당에서 음식을 드시며 건강도 좋아졌고, 식사 후에는 차도 한잔 마시면서 "살다 보니 이렇게 좋은 날이 온다"는 말씀도 나누신다고 한다. 이곳을 찾는 쪽방촌 주민이 하루에만 200명이라고 해서 놀랐던 기억도 난다. 다정하고도 따스한 공동체가 형성된 셈이다.

특히 인상적인 에피소드는 지금부터다. 구 사장님이 거동이 불편한 분에게 동행식당 음식을 배달하는 과정에서 위급 상황을 발견해 병원에 응급 이송을 해드렸다는 것이다. 식당을 넘어 최후의 '안전판' 구실도 하니 이 어찌 감동적이지 않으랴.

덕분에 동행식당 하나하나를 볼 때마다, 저곳이 그냥 식당이 아니라는 생각이 든다. 얼마나 많은 사연이 숨어 있을까 상상하곤 한다. 말하자면 동행식당은 내게 식당 이상의 존재이고, 앞으로도 내내 그럴 것이다.

소득의

디딤돌

서울디딤돌소득(옛 안심소득)이 화제다. 나의 '오리지널 아이디어'는 아니다. 기본소득의 대안을 연구하는 와중에 박기성 성신여자대학교 경제학과 교수가 쓴 논문과 책을 읽었다.[20] 강렬한 인상을 받아 박 교수와 연락해 조언을 얻었다. 이후 전문가들과 연구하면서 실제 정책으로 쓸 수 있는 정도의 골격으로 완성한 결과물이 디딤돌소득이다. 수차례에 걸쳐 전문가 검증을 거친 뒤에 제시한 정책이라는 뜻이다.

그간 시도된 바 없는 정책이니 자칫 발생할 부작용에 대해 우려하는 목소리도 있다. 일리 있는 지적이다. 예컨대 문재인 정부의 소득 주도 성장을 두고 언론과 전문가 사이에서는 "검증된 적 없는 이론으로 국민을 실험 대상으로 삼았다"는 조소가 나왔다. 실제로 각종 소득 주도 성장 정책으로 인해 실업률이 늘고 서민의 소득은 줄어드는 역설적 상황이 발생했다.

디딤돌소득은 다짜고짜 시행된 소득 주도 성장과는 다르다. 디딤돌소득에 대한 검증은 현재 진행형이다. 정책 수혜 가구와 그렇지 않은 가구를 비교해 과학적으로 검증하고 있다. 실험을 통해 정책의 타당성을 판단하는 것이다. 전문 용어로 무작위 통제 실험RCT:randomized controlled trial이라고 한다. 국내 유수의 경제학자가 연구진에 합류한 상태다.

국내용 실험만은 아니다. 전미사회과학연합회ASSA에는 전 세계에서 진행 중인 정책 실험을 정리한 데이터베이스가 있다. 디딤돌소득 실험이 등록돼 있는 건 물론이다.[21] ASSA에 소속된 학자면 누구나 데이터베이스를 통해 실험 과정을 파악할 수 있다. 또 서울시 주도로 디딤돌소득국제네트워크도 만들었다. 여기에 전 세계 소득 보장 관련 연구 기관이 다수 들어와 있다. 즉 다양한 형태로 교차 검증이 가능하도록 체계를 구축했다는 의미다.

우리나라가 검증되지 않은 이상주의의 실험장으로 전락하는 일은 더는 용납할 수 없다. 대한민국이 계속 발전하려면 아마추어적 기획이 민생의 발목을 잡는 일이 반복돼선 안 된다.

혹자는 디딤돌소득 역시 현금성 지원에 불과하다고 말한다. 기본소득과 수혜 대상만[22] 다를 뿐 결국 돈 주는 건 매한가지 아니냐는 지적이다. 나의 답은 '분명히 다르다'다. 디딤돌소득은 기본소득과는 아예 이질적으로 설계된 제도다. 기본소득과 비교해보면 누구나 알게 된다.

'이재명식 기본소득'은 전 국민에게 월 8만 원씩 지급하겠다는 내용을 골자로 삼는다. 그 돈을 갖고 약자가 과연 다음 단계를 기약할 수 있을까? 더 열심히 살겠다는 생각이 들까? 노동시장으로의 복귀를 유인할 수 있을까? 월 8만 원은 사실상 용돈일 뿐이다. 복지의 사각지대야 없겠지만, 빈곤을 해소하기엔 턱없이 모자란 금액이다. 실효성이 없다. 이것이 기본소득의 맨얼굴이다.

월 8만 원에 불과하니 소득 재분배 효과도 없다. 가성비도 떨어진다. 이 정도 용돈을 주려고 해도 전국 기준으로 50조 원이 필요하다. 구태여 그 많은 돈을 쓰려는 이유가 무엇인지 알수 없다. 유럽 복지 국가에서도 이런 방식은 성공한 적이 없다.

디딤돌소득은 다르다. 2024년을 기준으로 1인 가구 기준 월간 최대 디딤돌소득 지원 금액은 94만 7,000원이다.[23] 부족하나마 어려운 분들에게 실질적인 도움이 되는 액수다. 무엇보다 지급 대상을 좁히되, 빈곤할수록 더 큰 금액을 지원한다. 전국 기준으로 예산은 지금보다 25~30조 원 정도 추가로 든다. 기본소득의 절반에 불과하다.

물론 25~30조 원 역시 엄청나게 큰돈이다. 2022년을 기준으로 우리나라의 GDP 대비 사회 보장 지출은 14.8%다. OECD 평균(21.1%)에 비하면 아직도 낮은 수치다. 이웃 일본만 해도 24.9%에 달한다. 미국도 22.7%다. 현행 제도가 유지되는 것을 가정하면 사회 보장 지출이 20%에 달하는 시점은 2039년이다.[24] 속도의 문제일 뿐, 결국 20%로 자연 증가한다는 것이 대부분 복지 전문가의 예측이다.

따라서 현재 중위소득 대비 85% 이하인 디딤돌소득 수급 기준을 중위소득 65% 이하로 기준을 높여 시작하고, 순차적으로 확대하면 복지 지출 자연 증가율에 맞춰 감당이 가능하다고 본다. 현행 복지 제도 중 현금성 급여에 해당하는 생계·주거급여와 기초연금, 청년수당 등과 중복해 받을 수 없게 설계하면 될 일이다. 한마디로, 증세 없이도 재원 조달이 가능하다. 예산상 제약이 없다면 전국화를 망설일 이유가 없다.

정의로운 제도의 조건

가장 중요한 건 효과다. 앞서 RCT에 대해 소개한 바 있다. 실험 결과를 보니, 2022년 5월부터 2024년 7월까지 디딤돌소득을 지원받은 가구 중 8.6%가 중위소득 85% 이상을 넘겼다. 실험 착수 후 첫 중간 결과 발표였던 2022년 5월~2023년

11월(4.8%)에 비해 2배가량 높아졌다. 더는 디딤돌소득을 지원받지 않아도 되는 '탈수급자'로 거듭난 것이다. 더 많은 사람이 복지의 틀에서 벗어나 자립했다는 것을 뜻한다. 기존 제도의 탈수급률이 0.22%에 불과하다는 점을 고려할 때, 디딤돌소득의 장점이 돋보인다. 근로 소득이 늘어난 가구도 1차 연도에 21.8%에서 31.1%로 늘었다.

국민기초생활보장제도와 비교해서도 우월하다. 안타깝지만, 현행 국민기초생활보장제도에서는 기초생활수급자가 일정액 이상을 노동 시장에서 벌면 전체 소득은 도리어 감소한다. 일하면 오히려 가난해진다. 기초생활수급자로 남는 편이 탈수급하는 것보다 더 낫다는 현실적인 판단 때문이다.

이렇게 되면 일을 하지 않거나 혹은 숨어서 일한다. 취업할 능력이 있어도 굳이 노력하지 않는다. 자립하려는 의지가 약해질 수밖에 없다. 자연히 다시 일어서게 하지 못하는 일종의 '늪'으로 작용할 우려가 커진다. 희망을 품기보다 현 상태에 안주하게 될 가능성이 높아진다. 자칫 수급으로 연명하는 처지로 내몰리고 만다. 말 그대로 '돈 주고 끝'이 되는 것이다.

디딤돌소득은 일할수록 소득이 늘어난다. 정해진 소득 기준이 넘으면 지원은 중단되지만 수급 자격 자체는 유지된다. 그러니 일할 기회가 있을 때 적극적으로 나선다. 국가적인 생산성도 증대하는 동시에 본인의 인생도 달라질 수 있다.

디딤돌소득 참여자로 선정될 당시에는 실업 상태였는데, 지금은 여의도에서 경비원으로 일하는 분이 있다. 디딤돌소득을 받으면서 적금을 처음 들어보고, 희망을 품고 살아간다고 한다. 그러면서 기초생활수급자일 때는 일이 생기면 수급자 자격에서 탈락할까 싶어 일하는 것을 망설였다는 이야기를 전한다. 이와 달리 디딤돌소득은 그런 걱정이 없어 직업을 갖기로 결심했다는 것이다. 제도의 순기능이다.

하나 덧붙이면, 디딤돌소득 수급 가구는 자녀 학원비 등 교육·훈련비를 비교 가구 대비 72.7% 더 사용했다.[25] 지원금을 생산적으로 활용한 셈이다. 앤서니 기든스가 말한 사회 투자형 복지에 부합한다. 저축액도 비교 가구보다 11.1% 더 높다.

이것이 의미하는 바는 작지 않다. 저소득층 자녀가 학교에서 어려움을 겪는 이유는 영유아 시절 양질의 교육을 받지 못한 탓이기도 하다. 경제 성장을 위해서는 인적 자본에 대한 투자가 필수인데, 이 문제가 해결되면 계층 이동 사다리 복원에는 큰 도움이 된다. 교육 투자를 통해 빈곤의 대물림 내지는 양극화의 대물림에서 벗어날 수 있는 계기가 될 수 있다. 그런 의미에서는 디딤돌소득이 가난한 가정의 아이들이 자신의 잠재력을 마음껏 꽃피우는 제도가 될 수 있다고 본다.

또 돌봄에도 도움을 준다. 고령자나 미취학 아동이 있는 가구에서는 늘어난 소득 덕분에 일하는 시간을 조금 줄이고 그 시간을 돌봄에 할애했다. 말하자면 근로와 돌봄을 북돋는 복지 정책으로 거듭난 셈이다. 이와 더불어, 디딤돌소득이 정신적 자립에도 도움이 된다는 결과도 있다. 수급 가구의 정신 건강을 측정해보니 자존감이 높아지고 우울감과 스트레스는 낮아졌다.[26] 월 8만 원짜리 기본소득으로는 꿈도 못 꿀 일이다.

그럼에도 여전히 기본소득이 더 정의롭다고 주장하는 사람들이 있다. 모든 국민에게 지급하는 보편성 때문이다. 그런 주장을 하는 이들은 모두에게 지급해야 도움이 필요한 사람을 찾아내는 번거로움을 피할 수 있다는 점도 장점으로 앞세운다.

그러나 전 국민 일괄 지급은, 바꿔 말하면 수혜 대상의 형편을 고려하지 않는다는 뜻이다. 사회적 위험에 빠진 정도에 비례해 적절하게 지급해야 할 돈을 n분의 1로 나누자는 논리에 불과하다. 암 환자와 감기 환자, 실직자와 대기업 임원을 차별 없이 대하는 게 정의는 아니다. 한창 일할 나이의 청년과 추위도 버티기 힘든 독거 노인이 같은 돈을 받는 것이 공평일 수는 없다. 현실에 존재하는 격차를 지워버리기 때문이다.

모든 사람에게 똑같이 나눠주면 가장 약한 사람에게 돌아가는 복지의 혜택이 줄어든다. 보편이라는 선의로 포장된 불의다. 사회 구성원 모두가 조금씩 힘을 보태 공공의 재원을 마련하되, 이 재원으로 가장 어려운 이웃을 지키는 것이 내가 생각하는 정의로운 복지 국가다.

차등의 평등

2023년 12월에 노벨경제학상 수상자인 에스테르 뒤플로 MIT 교수와 동대문디자인플라자DDP에서 대담을 했다. 뒤플로 교수는 MIT 빈곤퇴치연구소를 공동으로 설립한 세계적인 빈곤 전문가다. 이날 뒤플로 교수는 "소득 파악이 어려운 빈곤국에서는 보편적인 소득 지원을 해야 할 경우가 있지만, 한국과 같이 소득 및 자산 파악을 위한 데이터를 구축한 나라에서는 정부가 효과적으로 선별 지원을 할 수 있다"고 말했다. 자신이 했어도 이렇게 설계했을 것이라면서 말이다.[27]

뒤플로 교수가 노벨경제학상을 탄 2019년에는 수상자가 한 명 더 있었다. MIT의 아브히지트 바네르지 교수다. 뒤플로 교수의 남편이다. 두 사람 다 우리나라 기준에서는 매우 선명한 진보좌파 학자다. 뒤플로 교수가 방한할 때 남편도 함께 왔길래 저녁 식사를 대접했다. 모르긴 몰라도 그들의 눈에는 보수 정당 소속으로 소득 보장 제도 실험을 하는 내가 의아해 보이지 않았을까 싶다. 그래서인지 2시간 식사 내내 질문 공세를 받았다. 식사가 끝난 뒤 디딤돌소득이 어떤 철학에서 비롯한 정책인지 이해했다는 반응이 돌아왔다.

이렇듯 좌파 학자들도 이제는 디딤돌소득의 진정성을 이해한다. 모두를 위하지 않아도 그들이 원하는 '진보성'은 달성할 수 있기 때문이다. 나는 예나 지금이나 필요한 사람에게 핀셋으로 지원해야 좋은 복지 정책이라고 생각한다. 삶에서 제약과 한계를 가진 분들에게 도움이 돼야 한다. 더 두텁게 지원받아야 할 분들에게 하후상박下厚上薄 원칙에 맞춰 소득을 보전해주는 일이 복지의 원칙에 부합한다. 이럴 때는 차등이 정의다. 그것이 좌파들이 늘 입으로만 외치는 연대의 정신을 따르는 길이기도 하다.

이 대목에서 내가 인상적으로 읽은 책의 한 구절을 소개하고 싶다. 김현철 연세대학교 의대 교수(인구와인재연구원 원장)가 쓴《경제학이 필요한 순간》에 담긴 내용이다. 마침 김 교수는 디딤돌소득 시범 사업의 성과 평가를 위한 공동 연구 팀에도 속해 있다. 그가 한 말이다.[28]

승자 독식 사회는 건강하지 못합니다. 부모를 잘못 만난 불운, 살아가며 맞닥뜨린 이런저런 불운을 극복할 수 있는 환경을 제공하는 것은 국가의 몫이죠. 골고루 나누어지지 못한 운을 좀 더 골고루 나누는 것은 국가의 중요한 역할입니다. (…) 이 책에서 저는 엄마의 배 속에 잉태된 순간부터 삶을 다할 때까지 국가가 어떻게 운 나쁜 사람을 도울 수 있을지 고민해보고자 합니다. 좋은 부모를 만나지 못한 아이들도, 최선을 다했으나 직장을 잃게 된 사람들도 행복하게 살 수 있도록 돕는 것은 국가의 책임이라고 하겠습니다.

기본소득이 정의롭다고 생각하는 분들이 김 교수의 설명을 곱씹어보면 좋겠다. 대개 그런 분들은 입버릇처럼 기회의 평등을 주장한다. 그랬으니 문재인 전 대통령이 "기회는 평등하고 과정은 공정하고 결과는 정의로울 것"이라고 주창하지 않았겠나.

그러나 한번 곰곰이 따져보자. 운 좋은 사람이나 불운한 사람 모두에게 똑같은 돈을 나눠주는 것이 기회의 평등을 보장할까. 현실에서는 그럴 리가 없다. 보편적인 것과 무차별적인 것은 엄연히 다르다. 기본소득은 보편 복지가 아니라 무차별 복지다. 불운한 이를 집중적으로 지원해야 그나마 평평한 기회의 운동장이 만들어진다.

기회의 평등을 외치면서 디딤돌소득을 반대하면 모순이다. 복지의 효능과 효과가 중요하지, 선별적이냐 보편적이냐를 다시 논하는 것은 과거의 패러다임에 갇히는 것에 불과하다.

불운이 실패가 되지 않게

우리가 사는 현실은 복잡다단하다. 노력했으나 운이 따라주지 않아 실패한 사람이 분명히 있다. 혹은 주변의 환경이 받쳐주지 않아서 부를 축적하지 못한 사람도 존재한다. 그러면 운이 나빠 경쟁 대열에서 뒤처진 사람을 포용해야 한다. 그래야

시장경제의 역동성을 유지할 수 있다.

따라서 크게 성공한 분들이 좀 더 겸손한 태도를 가질 필요가 있다. 성공한 사람일수록 사회에서 받은 게 많다. 나에게도 해당하는 이야기다. 내 삶에도 단계마다 운이 작용했다. 원하는 대학을 졸업하고, 사법 시험에 합격하고, 이른 나이에 국회의원과 서울시장으로 일하는 과정이 순전히 나의 노력만으로 이루어진 것은 아니다. 마침 그 순간마다 나에게 운이 따랐던 것이다.

그러니 크게 성공한 분들은 자신의 성취가 '실력과 노력 덕분'이라고 착각하면 안 된다. '능력주의 세계관'으로 보면 약자는 다 게으른 사람에 불과하다. 실상은 다르다. 성공이 밤샘을 해가며 일한 덕분이라고 생각할 수 있지만, 솔직히 밤샘을 해가며 일하는 사람은 많다.

다 똑같이 운을 누릴 수는 없지만 비슷하게 누리는 사회는 만들어야 한다. 예나 지금이나 경쟁 사회인 건 똑같다. 지금은 무한 경쟁이라는 말까지 쓰는 실정이다. 다만 우리 사회의 무한 경쟁이 합리화되려면 포용성이 전제돼야 한다. 번영의 혜택을 함께 누릴 수 있도록 해줘야 사회가 무너지지 않는다. 그것이 나라가 존재하는 이유다. 그래야 모두가 누리는 성숙한 선진국이 될 수 있다.

계층 이동 사다리,

교육

초등학교 때 강북구 삼양동에 살았다. 지금은 아파트촌이 됐는데, 그때만 해도 서울의 대표적인 달동네 판자촌이었다. 판자촌은 지루할 틈이 없는 곳이다. 매일 새로운 집을 발견하는 재미가 있다. 워낙 집을 짓기 쉬우니 학교를 다녀오는 길에 그간 못 보았던 집이 갑자기 보인다. 수십 년이 지난 지금까지도 마치 스냅 사진처럼 기억에 새겨진 장면이다.

우리 가족도 집을 짓고 살았는데, 수돗물이 없어 우물을 팠던 기억이 생생하다. 화장실은 상상하는 대로다. 끼니를 때우는 게 쉽지 않아 하루 종일 싸라기밥을 먹을 때도 있었다. 그 경험은 평생 잊히지 않는다. 돌아보면 우리 가족이 가장 밑바닥까지 내려갔던 시기였다.

아버지는 중앙건설이라는 회사에 다녔다. 참 부지런한 분이었다. 그런데 가난이란 게 부지런함과는 별반 관련이 없을 때가 많다. 아버지가 다니던 회사가 허구한 날 부도가 났다. 삶이 아버지 뜻대로 흘러가지 않는다는 점은 초라한 살림살이가 오롯이 보여줬다. 그땐 '부도'가 무엇을 뜻하는지 정확히 몰랐지만, 참 무서운 단어라는 것은 피부로 알았다.

그 시절 어머니를 생각하면 여기저기 돈 빌리러 다니시던 장면이 떠오른다. 주로 이모님께 도움을 청했는데, 이모님 댁에 돈 빌리러 갈 때면 나도 꼭 따라갔다. 그러면 대강 가정 경제 상황을 짐작할 수 있었다. 그 돈 갖고 먹고살고, 돈 떨어지면 굶고. 그런 생활이 수없이 이어졌다. 고단한 시간이었다.

전기가 없으니까 밤이 되면 컴컴했다. 짙은 그늘이 매일매일 나의 인생을 덮치는 느낌이었다. 다음 날까지 가져가야 할 숙제가 있는데, 어두우니 책을 읽을 수가 없었다. 그러면 호롱불을 켜서 숙제를 했다. 그렇게 아등바등 살았던 장면이 지금도 눈에 선하다.

그런 생활을 한동안 하다가, 다행히 어머니 덕분에 가정 형편이 나아졌다. 어머니는 안 해본 일이 없는 분이다. 나를 배속에 가지셨을 때는 미용 일을 하셨다. 어릴 적 집에서 파마약 냄새가 진동했던 기억이 생생하다. 그러다 내가 중학교에 갈 무렵 집에 재봉틀을 2대 들여놓으셨다. 그때 '다후다'라는 나일론 계통 원단이 있었는데, 베갯잇이나 방석을 만들어 광장시장에 내다 팔기 시작했다. 2~3년 해보니 아예 장사하는 게 낫겠다 싶으셨는지 남대문시장에 중앙수예라는 가게를 차리셨다. 2~3평 정도 되는 작은 가게였다. 그 가게가 아직도 남대문시장에 그대로 있다.

어머니의 교육열은 대단했다. 가게를 차리고 1년 즈음 지나니 어머니가 "너 이제 학원 다녀도 되겠다"고 말씀하셨다. 가게 내는 데 든 빚을 갚고 생활비로 쓰고 남은 여윳돈이 교육에 투자된 것이다. 그즈음 기회가 있을 때마다 하시던 말씀이 있다. "공부만 잘하면 우리도 잘살 수 있다."

덕분에 중학교 3학년 때부터 학원을 다녔다. 그때부터 성적이 좋아졌다. 이를테면 나는 어머니의 그 한마디로 여기까지 온 것이다. 여동생도 공부를 잘해서 나중에 서울대학교에 입학했다. 이 때문에 나는 지금도 교육의 힘을 믿는다.

입시 공화국의 멘토, 서울런

어렵게 자라면 특권을 가진 세력이나 세습을 받은 집단에 반감을 갖기 마련이다. 강고한 반재벌 정서가 잉태되는 토양이기도 하다. 한국처럼 급속도로 발전한 국가에서는 그 정도가

216

심하다. 나 또한 유복하게 자라지 못해 성장기에 결핍과 좌절을 겪었다. 다만 극복할 수 있는 정도의 결핍은 사람을 발전시키는 동력이 될 수 있다. 이제 와서 생각하면 그래도 희망이 있던 시절이었다. 사회가 아직은 양극으로 찢어지지 않았고, 어렵긴 해도 기회의 사다리가 남아 있던 때였다. 사회 곳곳에 가난의 냄새가 자욱했지만, 노력하면 하루하루 달라지는 게 눈에 보였다.

지금은 다르다. 사람들이 '이놈의 세상 차라리 확 뒤집었으면 좋겠다'고 하는데, 가장 큰 이유는 교육에서 사다리가 사라졌기 때문이다. 한국 사회가 비약적으로 발전할 수 있던 동력은 누구나 열심히 노력하면 계층 상승이 가능하다는 믿음이었다. 그러한 믿음이 있었기에 자녀에 대한 교육에 투자를 아끼지 않았다. 이것이 번영의 밑거름이 됐다.

그런데 점점 그 믿음이 깨지고 있다. 코리안 드림의 핵심은 자식 세대가 부모 세대보다 잘살 것이라는 믿음인데, 이 신화가 깨지는 것이다. 가난한 부모 처지에서는 '내가 지금 어려운 건 까짓것 참을 수 있는데 내 자식까지 위로 못 올라간다? 다른 집 자녀들은 사교육비를 한 달에 100만 원도 쓰고 1,000만 원도 쓰는데, 나는 형편이 안 좋아 30만 원 쓰기도 힘들다?' 이런 생각이 들면 세상에 분노할 수밖에 없다. 그뿐이랴. 자식이 없는 청년의 처지에선 마이너리그에서 메이저리그로 올라갈 가능성이 희박한데, 그런 삶을 물려주려 자식을 낳고 싶을 리가 없지 않겠나.

그런 분노와 체념이 누적되면 사회가 분열한다. 어쩌면 사회 안정을 꾀해야 할 보수주의자가 가장 심각하게 받아들여야 할 현상일지도 모른다. 나는 사회 갈등을 막기 위해서라도 소외계층 자제들이 꿈을 잃지 않도록 공부할 기회를 마련해줘야 한다고 생각한다.

그래서 낸 해법이 '서울런Seoul Learn'이다. 서울시에 거주하는 6~24세 시민 중 기초생활수급자, 차상위 수혜자(중위소득 50% 이하) 학생, 학교 밖 청소년, 다문화가정 청소년이 이용할 수 있다.[29] 내가 가장 자랑스럽게 생각하는 약자 동행 정책이다. 2024년 11월 기준으로 회원 수가 3만 명을 넘어섰다.

다른 지역에서도 이를 도입했다. 충청북도 도내 인구 감소 지역 6개 시·군에서 서울런을 시행했다. 그렇지 않아도 지방 학생일수록 서울 강남권 강의를 듣고자 하는 갈증이 심하다. 그러니 무리해서 서울, 정확히는 강남으로 몰려든다. 지방자치단체에도 서울런이 주는 인센티브가 있다. 서울런을 통해 교육자원 부족으로 인한 인구 유출을 일정하게 막을 수 있기 때문이다. 지역별로 교육의 질에 격차가 있는데, 서울런에 이를 상쇄하는 미덕이 있는 것이다.[30]

그렇다고 이 제도 하나로 흔히 말하는 '금수저 사회'의 문제를 일거에 해결할 수는 없다. 하지만 소외계층 자제들이 비용 부담 없이 입시에 도움이 되는 유명 온라인 강의를 듣게 해주면 교육 격차에 따른 부의 대물림을 상당 부분 완화할 수 있다고 생각한다.

2024년 8월에 한국은행이 발표한 보고서 〈입시 경쟁 과열로 인한 사회문제와 대응 방안〉을 보면, 소득의 양극화가 기회의 양극화로 번진 현실이 그대로 드러난다. 월평균 소득 800만원 이상의 고소득층은 월평균 소득 200만 원 미만의 저소득층보다 월평균 사교육비를 2.6배 많이 썼다. 강남 3구의 상위권대 진학률은 다른 지역보다 9.6배나 높았다. 부모가 돈이 많고 유명 학원과 가까이 살수록 좋은 대학에 간 셈이다.

현실에서는 모두가 강남에 살 수도 없고, 또 모두가 유명 학원에 다닐 수도 없다. 그렇다면 강남 학생에게 접근성이 좋은 교육 콘텐츠를 비강남권 저소득층에 원격으로 제공하는 방식이 대안이다. 실제로 서울런은 메가스터디나 이투스 등 강남 학생도 듣고 싶어 하는 일타 강사의 강의로 가득하다. 업체가 회원에게 제공하는 것과 동일하니 품질 면에서도 우수하다. 교재도 무료로 대주고 대학생·대학원생 멘토도 붙인다. 그렇게 해서 대학에 간 친구들이 다시 멘토로 활동하면 그야말로 놀라운 선순환이 완성된다.

교육을 통해 숙련된 노동자로 성장하면 그것이 곧 국가 경

제에는 활력을 제공한다. 그런 의미에서라면 서울런은 장기적
으로 경제 정책이 될 수도 있다.

단 한 사람의 인생이라도 바뀐다면

초기에 민주당 시의원들의 많은 비판과 저항이 있었다. 그
들은 서울런이 '공교육 중시' 원칙을 어겼다고 주장했다. 사교
육을 활용하는 형태로 설계돼 공교육 정상화 기조에 역행한다
는 비판이었다.

실제로 서울런 사업이 공교육 중시 원칙에 맞진 않다. 하지
만 공교육 강화는 학교 내 오프라인 수업을 강화해서 해결해야
할 문제다. 교육 격차는 공교육의 틀 안에서 해소해야 한다는
명분론만 앞세워 현실의 문제를 방치하면 무책임한 행정이다.
정도의 차이가 있을 뿐 사교육이 없는 나라는 없다. 어쩌면 '사
교육은 무조건 때려잡아야 할 대상'이라는 것도 일종의 이념이
자 교리에 불과하다. 이 대목에서 러셀 커크가 《보수의 정신》
에서 꺼낸 표현을 소개하고 싶다.[31]

보수주의자들은 무장한 교리와 이념의 통제에 저항한다. 그들은
진정한 정치 사상의 올바른 추론을 회복하려고 노력한다. 비록 이

220

땅에 천국을 창조할 수는 없지만 이념에 사로잡히면 지구상에 지옥을 만들어낸다는 생각을 견지한다.

오래전 커크가 한 이 말을 나는 현시점에 이렇게 해석한다. "사교육 반대라는 구호에만 매몰되면 자칫 사교육이 정말 필요한 약자에게는 지옥 같은 결과가 나타날 수도 있다"는 것이다. 나는 명분만 앞세워 사태를 방치하기보다 가능한 일을 실천하는 것이 책임 행정이라고 생각한다. 철학의 차이다. 학교 내 교육은 학교에서 하는 게 맞지만, 학교 밖에서 이뤄지는 교육은 서울시에서 지원할 수 있다. 부자건 빈자건 똑같이 교육받을 수 있게 공정한 기회를 제공하는 의미에서 이해해줬으면 한다. 단 한 사람의 인생이라도 바뀐다면, 그것은 아낄 투자가 아니다.

3

미래세대와의 동행

청년 세대가

갚아야 할 빛

'세대 간 갈등'이라는 표현은 많이 쓰지만, '세대 간 정의正義'라는 표현은 낯설다. 문자 그대로의 의미다. 기성세대만 중시하는 국가 운용 방식을 미래세대를 우선시하고 세대 간 균형을 중시하는 쪽으로 바꾸자는 뜻이다. 인구·경제·기술 구조 변화로 인해 기성세대와 미래세대가 완전히 다른 세상에서 사는 '세대 간 단절' 현상이 심화하고 있다. 각 세대가 마주한 경제·재정·복지 여건이 다를 수밖에 없다. 저성장에 저출산·고령화가 겹쳐 미래세대의 복지 재정 부담은 천문학적으로 폭증할 것이다.

게다가 4차 산업혁명까지 다가왔다. AI로 인해 일자리가 증발할 우려가 커졌다. 냉정하게 보면 미래세대에 디스토피아적인 상황이다. 지금대로라면 우리가 낸 세금이 기성세대의 이익을 위해 쓰이는 결과밖에 안 된다. 우리만 잘살면 된다는 사고 방식이다. 훗날을 살아갈 세대가 2025년의 기성세대를 두고 몰염치하다고 비판해도 할 말이 없다.

정치인도 학자도 일부를 제외하면 이 이야기를 하지 않는다. 정치인에게는 표가 안 된다. 다수의 미래세대는 아예 태어나지 않았고, 현존한 미래세대의 상당수는 투표권이 없기 때문이다. 학자들에게도 주요한 학문적 관심사가 아니다. 하지만 손놓고 있다가는 정말 감당할 수 없는 미래를 마주하게 된다.

핵심은 재정이다. 포퓰리즘적으로 돈을 쓰면 세대 간 재정 부담의 불균형은 극심해진다. 거기다 빚이 가파른 속도로 증가하는 추세다. 박근혜 정부 때만 해도 정부 부채 비율(정부 부채 규모/GDP)은 30% 후반대였다. 비교적 안정적으로 관리됐다. 그러다 문재인 정부 때 정부 부채 비율이 폭등했다. 2030년이 되기 전에 60%에 육박할 것이라는 전망까지 나온다. 미래세대의 삶을 망가뜨려 놓고 지금껏 일말의 부끄러움도 없는 사람들이다. 이것이 미래세대 약탈이 아니고 무엇인가.

먼 훗날의 상황은 더 비관적이다. 국가 재정 전문가인 전수경 박사의 분석 결과는 시사하는 바가 크다. 2060년에 이르면 한 해에 국민연금 부채만 327조 원이고 건강보험 부채도 388조 원에 달한다. 이를 비롯한 8대 사회보험 부채(국민연금, 사학연금, 공무원연금, 군인연금, 고용보험, 산재보험, 건강보험, 노인장기요양보험)

와 지금도 폭증하는 공공 부채를 합하면 약 1,000조 원에 이른
다고 한다.[32] 사실상 국가 파산 상태다.

그 시기의 공직자들은 대체 어떻게 일을 할까 싶을 정도다.
수중에 돈이 없는데, 새로운 정책은 어떻게 펼 것이며 혹여 금
융 위기라도 닥치면 무슨 수로 대응할까. 알뜰하게 나라 살림
을 꾸린다고 해결될 일이 아니지 않는가.

설상가상 이를 감당해야 할 미래세대의 수가 점점 줄고 있
다. 이와 달리 기성세대의 수명은 점점 늘어나니 젊을수록 정
치적으로 불리한 환경에 놓일 수밖에 없다. 미래세대가 냉소에
가득 찬 태도로 복지 포기 선언을 해도 하등 이상하지 않은 일
이다. 파국이 예정된 복지는 세대 간 착취나 다름없다. 어떤 누
구도 미래세대에 빚을 강제로 떠넘길 권리는 없다. 재정 파탄이
현실로 다가오면 많은 청년이 '한국 엑소더스'라는 카드를 만지
작거릴 것이다. 이미 고급 인재와 자본이 한국을 떠나기 시작했
다는 우려스러운 보도가 적잖게 나오는 실정이다.

우리보다 앞서 이를 경험한 나라가 일본이다. 야시로 나오히
로 교수가 '실버 민주주의silver democracy'라는 표현을 썼는데, 골
자는 이렇다. 고령층이 늘고 이들의 투표율이 높아지면서 고령
자 이익에 부합하는 정책이 정치를 지배하게 된다는 뜻이다. 고
령자 이익에 부합하는 것이야 대개 복지 정책이다. 재정 지출이
늘어날 수밖에 없다. 한국에도 이미 다가온 미래다.

그러니 미래세대의 재정 복지 부담을 줄이기 위해 그들의 목소리를 국가 운용에 적용해야 한다. 아직 태어나지 않은 미래세대는 당장 논의에 참여할 수 없으니, 기성세대가 책임 있게 재정을 운용할 필요가 있다. 재정 지출 과정에서 단기적 효과보다 장기적 영향을 더 크게 고려하는 방식을 고민해야 한다. 미래의 후손에게 지혜나 교훈도 남겨야 하지만 돈도 남겨야 책임 있는 자세다. 미래세대에 텅 빈 곳간을 넘겨줘선 안 된다.

이 대목에서 더불어민주당과 이재명 대표의 행태를 꼬집지 않을 수 없다. 이재명 대표의 당대표 출마 선언문을 복기해보자. 기본사회, 기본소득, 기본금융, 기본의료, 기본교육에 기본주거 이야기까지 나온다.[33] 곧 집도 줄 판이다. 결론적으로 무상 복지를 대폭 늘리겠다는 것인데, 국가 재정이나 미래세대의 부담에 대한 최소한의 고민도 엿보이지 않는다. 기본 시리즈에 대한 그의 언급이 최근 우왕좌왕하는 것은 이런 세간의 걱정을 잘 알고 있다는 의미일 것이다.

어쨌든 다 청년 세대가 갚아야 할 빚이다. 세대 간 정의를 심히 위태롭게 하는 정책이다. 청년들이 분노해야 한다. 기본 정책이라고 내놓는 어젠다가 모두 돈 쓰는 이야기다. 미래를 살아가야 할 청년들 처지에서는 최악의 선동질이다. 과연 이러고도 후손에게 떳떳할까 싶을 정도로 노골적인 반미래적인 구호다. 자신이 보수건 진보건, 최소한 오늘만 생각하고 정치를 하는 게 아니라면 '이재명식 선동'을 문제 삼아야 한다.

돈 쓰는 패러다임, 묘수가 악수로

비단 이재명 대표가 아니어도 '돈 쓰는 패러다임'은 우리 사회 곳곳에 뿌리 깊이 자리 잡고 있다. 불황이 이어질 때는 정부가 적극적인 재정 지출로 유효 수요를 진작해야 한다는 주장이 늘 나온다. 케인즈주의에 기반한 개념이다. 케인즈주의 접근이 효과적일 때가 있었다. 그건 부정하지 않는다. 하지만 재정 정책도 시대에 따라 효용이 다르다. 한때는 묘수妙手가 된 방법도 상황이 바뀌면 악수惡手로 전락할 수 있다.

곰곰이 생각해보라. 케인즈주의는 원리상 당면한 불황에 대응할 때 실효성이 있다. 적자 재정을 감수하고서라도 지출을 늘려 경기를 회복시키자는 게 핵심 아이디어가 아닌가. 바꿔 말하면, 단기 처방일 순 있어도 중장기적 정책으로는 무리다. 경제 구조가 급변하면서 미래세대의 재정 복지 부담이 커지는 시기에는 더욱 유효하지 않다. 도리어 기성세대가 직면한 위기를 극복하기 위해 부채를 끌어다 쓰는 셈이니 '세대 간 정의' 철학에는 크게 어긋난다.[34]

지금은 할 일을 하면서도 예산 지출을 최소화하는 방법을 찾아야 할 시기다. 서울시는 말로 하지 않는다. 2024년 서울시는 예산을 전년 대비 3.1% 삭감했다(2023년 47조 1,905억 원→2024년 45조 7,405억 원). 무려 2조 원에 가까운 금액이다. 서울시가 예산을 깎은 건 세계 금융 위기 직후인 2011년 이후 13년 만의 일이다. 높은 인플레이션과 안전·복지 등 대규모 필수 사업을 고려하면 쉽지 않은 결단이었다. 당시 경기도(6.8% 증액)나 인천(8.1% 증액) 등 수도권의 다른 지역과 비교하면 얼마나 어려운 결정인지 쉽게 알 수 있다.

물론 지방세 수입이 줄었기 때문이기도 했지만, 사실 빚을 내는 방법도 있었다. 빚을 종잣돈 삼아 선심 쓰듯 현금 나눠주는 지자체장도 많다. 속칭 지역 숙원 사업이라는 명분까지 있으니 그대로 시행하면 그만이다. 그럴듯한 구호를 앞세워 사업을 만들고 돈을 쏟아부으면 득표에는 도움이 될 것이다. 하지만

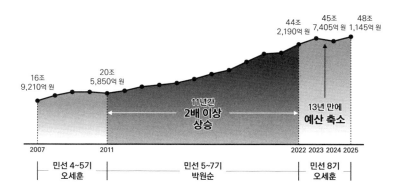

228

나쁜 행정이다.

더 황당한 건, 나쁜 행정조차 나에게는 선택지에 없었다는 점이다. 전임 시장 시절 채무가 급격히 늘어 마냥 지방채를 발행하기가 어려웠다. 결국 허리띠를 졸라매는 수밖에 없었다. 줄일 건 줄이되, 복지 예산은 오히려 2.5% 늘렸다. 2025년 예산은 48조 1,145억 원으로 전년보다 다소 늘었는데, 신혼부부·청년 대상 공공임대주택 공급 등 꼭 필요한 예산을 증액한 결과다.

빚도 줄고 있다. 2022년에 채무 잔액이 11조 8,980억 원이 있는데, 이듬해에 11조 4,425억 원으로 4,555억 원 감소했다. 2024년에도 500억 원가량 줄었다. 올해는 이보다 140억 원 이상 줄일 계획이다. 꼭 필요한 사업에 예산을 투입해 성과를 내면서도 채무를 줄이는 건 정말 난해한 작업이다.

재정도 체력이다. 채무를 줄여야 위기 때 버틸 체력을 비축해놓을 수 있다. 절약하고 저축하는 리더가 인기를 끌긴 어렵지만, 표가 떨어지더라도 원칙은 지켜야 한다. 훗날 도저히 예측하지 못한 위기가 닥쳤을 때 숱한 사람을 살릴 돈이 될 수도 있기 때문이다.

말이 나온 김에 이야기해두면, 전임 시장이 재임한 10년간 각 시민 단체를 표방하는 특정 관변 단체에 약 1조 원이 중복·반복 지원되는 등 혈세가 낭비됐다. '서울시 사유화'라는 비판을 들어도 할 말이 없는 행태다. 또 임기제 공무원으로 들어온 사람들이 특정 단체를 지원하고 '그들만의 생태계'를 조성했다. 우리 편을 챙겨준답시고 임명장을 남발하면서 공조직의 질서를 뒤흔든 것이다. 좀 거칠게 표현하면, 세금을 이렇게 노골적으로 현금 인출기처럼 써놓고 이걸 협치라고 포장했다. 내가 '서울시 바로 세우기'라는 이름으로 시정의 운영 기조를 원점부터 검토한 건 그 때문이다. 결국은 돈을 허투루 쓰지 않겠다는 의지의 표현이다.

끝이 아니다. 나의 첫 임기(2006~2011년) 당시 서울시와 투자 출연 기관 정원은 5년간 1,110명이 줄어 3만 5,846명이었다. 국민이 낸 세금을 물처럼 쓰면 안 된다는 생각에 정원을 유지했는데 성과가 좋았다. 공무원들이 적잖은 노력을 쏟아부은 결과다.

10년 만에 돌아오니 시청이 변해 있었다. 전임 시장이 들어선 뒤 서울시와 투자 출연 기관 정원이 4만 7,863명까지 증가했다. 비율로 따지면 33.5%가 늘었다. 특히 비정규직의 정규직 전환 정책으로 공무직이 354명에서 2,185명으로 6배 이상 급증했다. 정해진 틀 안에서 능력을 발휘해야 하는데, 마치 선심을 쓰듯 인력만 늘린 것이니 방만 행정의 전형이다. 미래세대의 눈으로 보면 무책임하기 그지없는 경영이기도 하다. 걸출한 경제학자인 밀턴 프리드먼은 "경영이 어려워지면 기업은 구조 조정을 통해 규모를 축소하지만 정부는 기구를 더 늘린다"고 했는데, 그의 통찰이 딱 들어맞는 행태다.

정책의 성과는 공무원 수가 아니라 국민이 체감하는 결과로 입증된다. 나는 시장에 복귀하면서 공무원 정원 증원을 최소화하겠다고 다짐했다. 투자 대비 효율성을 높여 조직을 운영하고, 그렇게 아낀 돈은 약자와의 동행 재원으로 쓰겠다고 선언했다. 그 원칙은 지금도 지키고 있다.

스웨덴 재정 개혁의 교훈

위정자의 선의만으로는 부족하다. 재정의 지속 가능성 원칙을 유지하기 위한 장치를 고민할 때다. 중장기 재정 계획을 바탕으로 다년 예산 계획을 세우는 대안을 고려할 수 있다. 일부 유럽 국가는 이미 그렇게 한다. 프랑스는 법적 구속력이 강한 중기 재정 계획을 세워 각 연도의 세출 총액 상한을 설정한다. 내가 유학하며 경험한 영국에서는 다양한 복지 실험을 하면서도 세출 총액은 3년짜리 '지출 계획서spending review'를 통해 일정 수준에서 유지해 재정을 관리하려는 노력이 인상적이었다. 쓸 때 쓰더라도 미래에 생길 재정 수요와 위험에 대비하는 것이다.

복지 천국이라고 해서 돈을 흥청망청 쓰는 것도 아니다. 스웨덴은 1990년대 초에 금융 위기를 겪었다. 이 과정에서 GDP

대비 부채 비율이 2배로 폭증했다. 복지가 발달한 나라에는 치명적인 일이다. 그래서 재정 개혁에 착수해 도입한 것이 중기 재정 계획이다. 향후 3년간의 총지출 규모 상한과 27개 분야의 지출 상한이 명시돼 있고, 매년 예산에서 이를 준수한다. 매년 지출 상한과 재정 수지 흑자 목표치를 설정한다. 예측이 늘 칼같이 정확할 수는 없으니 어느 정도 오차는 허용하지만, 그 수치는 제한적이다.

대한민국에도 국가 재정 운용 계획은 있다. 이를 통해 향후 4년의 재정 목표가 설정된다. 역사도 제법 오래됐다. 16대 대통령직인수위원회가 국가 재정 운용 계획을 비롯한 4대 재정 개혁 과제를 제시한 시점이 2003년 1월 10일이다.

하지만 우리의 국가 재정 운용 계획과 스웨덴의 중기 재정 계획 사이에는 중대한 차이점이 있다. 구속력 여부다. 스웨덴 행정부는 중기 재정 계획을 지키되, 의회 승인이 있을 때만 예외를 인정받는다. 스웨덴이 복지에 강하면서도 재정 건전성을 유지하는 건 제도의 힘이다. 반면 우리의 국가 재정 운용 계획에는 강제성이 없다. 겉으로는 유사한 스웨덴과 한국의 제도가 막상 현실에서는 상이한 결과를 내는 이유다. 한국의 제도는 반쪽짜리다. 스웨덴 정치인들의 혜안을 인정할 수밖에 없다.[35]

나아가서 국회 상임위원회로 미래세대위원회를 설치하는 것을 고려할 만하다. 해외에는 선례가 여럿 있다. 예를 들면 핀란드는 1993년 의회에 미래위원회Committee for the Future를 만들었고, 이스라엘은 2001년부터 2006년까지 한시적으로 의회에 미래세대위원회The Commission for Future Generations를 둔 적이 있다. 특히 이스라엘 미래세대위원회는 미래세대에 잠재적으로 폐해가 될 법안을 집중적으로 심의하는 것이 주된 임무였다.[36]

　국내에서도 관련 제안이 나오고 있다. 이와 관련해선 2024년 8월에 국회 미래연구원에서 나온 보고서를 흥미롭게 읽은 기억이 있다.[37] 보고서가 제시한 국회 미래위원회 설치안※ 때문이다. 국회법 제45조의 예산결산특별위원회 및 제46조의 윤리특별위원회처럼 상설특별위원회로 만들어 미래 대비를 하자는 제안이다.[38] 미래위원회가 설치되면 당연히 세대 간 정의를 위한 논의가 주를 이루게 된다. 아울러 행정부 내에 미래세대부를 설치하자는 제안도 실렸는데, 이 역시 논의에 부쳐볼 제안이라고 생각한다.

아이를 낳고 싶은

나라로

한때 만원滿員이라던 서울이 점점 아이 울음소리를 듣기 어려운 도시로 변해간다. 경제적으로, 문화적으로 앞서가는 세계적인 도시로 만들었지만 동시에 인구 절벽 앞에 직면했다. 가끔은 밤잠을 설친다. 한국은 오롯이 사람의 힘으로 큰 나라다. 변변한 자원도 없이 말 그대로 국민의 땀으로 부흥했다. 그런 나라에서 사람이 사라지면 근간이 뿌리째 흔들릴 수밖에 없다. 전대미문의 위기다.

시장에 복귀하면서 저출산 문제에 관해선 '이런 것까지 하느냐?'는 이야기가 나올 정도로 쓸 수 있는 정책은 다 쓰겠다고 선언했다. 저출산이 세계적 추세이니 막을 방법이 없다고 주장하는 학자도 많지만, 나는 생각이 다르다. 지금부터 준비하면 미래의 언젠가 반등할 수 있다고 본다. 포기할 일이 아니다. 당장은 풀지 못할 문제도 어느 시점에는 해결할 수 있다는 믿음을 주는 것도 정치인의 역할이다.

때로는 정치적인 레토릭이 공직 사회의 이정표 구실을 하기도 한다. 예를 들면 과거 김영삼 전 대통령이 대선 공약으로 '교육 예산, GNP 5% 확보'를 공언했듯이, 저출산 예산부터 구체적 수치를 제시해 먼저 확보하는 방법이 있다. 파격적인 정책을 내놓는 것도 방법이다. 가령 일본처럼 저출산과 어린이 정책을 전담하는 '어린이청'을 신설하는 방안도 고려할 수 있다. 과거라면 주저했을 모든 방안을 열린 마음으로 받아들여야 한다.

말이 나왔으니 덧붙이면, 나는 이것이 보수의 철학에도 부합한다고 본다. 보수주의자는 사회가 위험에 처하기 전에 미리 문제를 고칠 의무가 있다. '대한민국 소멸'이라는 말까지 나오는데 아무 일도 하지 않는 사람은 보수를 자처하면 안 된다. 보수주의자는 선제적인 개혁가가 돼야 한다. 공직 사회도 수동적이어선 안 될 일이다. 서울시 간부들에게도 10년 혹은 30년 후를 내다보고 실·국별로 필요한 정책을 구체적으로 구상하라고 당부했다.

덕분에 서울시 정책의 패러다임부터 달라졌다. 그전에는 양육자 부담 완화에 초점을 맞췄다. 정책의 명칭도 '엄마아빠 행복 프로젝트'였다. 그런데 비단 이것이 현재 아이를 가진 부모만의 문제는 아니라는 생각이 들었다. 포괄적인 가족 문제로 접근해 해법을 내자고 판단했다. 청년들에게 아이를 낳으라고 강권할 것이 아니라, 아이를 낳겠다고 결심할 수 있게끔 환경을 만들어줘야 하지 않을까. 성인이 돼 경제적으로 자립할 수 있는 역량을 키워주듯이, 아이를 키울 수 있는 역량을 키워주는 것에 초점을 맞추는 방식이다.

그래서 청년, 신혼부부, 난임부부 등 예비 양육자까지 포괄해 지원하는 쪽으로 레이더를 넓혔다. '탄생응원 서울 프로젝트'는 출산이나 육아, 돌봄뿐만 아니라 주거나 일·생활 균형 문제까지 포괄한다. 어느덧 시즌 2에 접어들었다.

강조하고 싶은 성과도 있다. '난임 시술비 지원'은 2024년에 서울시가 가장 먼저 소득 기준과 횟수 제한을 폐지했다. '난자 동결 시술 비용 지원'도 전국 최초로 시작했다. 손주를 돌보는 조부모에게 주는 '서울형 아이돌봄비'의 경우 경기도나 부산시, 경상남도 등으로 확대하여 시행 중이다. 여기에 등원·돌봄 동행 서비스를 일부 자치구에서 시작했는데, 반응이 좋다. 이에 2025년부터는 전 자치구로 확대한다.[39]

헝가리 모델에서 배우다

해외 사례에도 주목하고 있다. 그중에서도 나는 헝가리 모델에 관심이 많다. 2011년에 1.23명이던 헝가리 합계 출산율은 2022년에는 1.52명으로 23.6%나 올랐다. 출산율이 '역주행'한 극히 드문 나라다. 2011년 합계 출산율이 1.24명으로 헝가리보다 높던 한국이 2022년에 0.78명으로 40% 가까이 급락한 것과 대조적이다.

2024년 9월, 노바크 커틸린 전 헝가리 대통령이 서울을 찾는다는 소식을 들었다. 평소 헝가리 모델에 관심을 둔 터라 그에게 만남을 청했다. 허투루 지나는 만남은 없다지만, 그날 만남은 유독 인상적이었다. 뭘 그리 꼬치꼬치 캐묻냐는 표정이었는데, 내가 눈을 반짝거리면서 경청하니 자기 경험은 다 내놓고 가겠다는 태도로 나를 대했다. 만난 김에 서울시 국제정책고문 자리를 제안했고, 즉시 수락도 받았다.

노바크 전 대통령 주장의 핵심은 '집값 등에서 먼저 혜택을 줘서 아이를 낳지 않을 수 없게 만드는 시스템'이다. 소위 '가족주택 지원금CSOK'으로 신혼부부에게 대출을 지원하고 자녀 수에 따라 탕감해주는 모델이다.[40] 신혼부부에게 장기전세주택을 제공하고 아이를 낳으면 사용 기간과 구입에서 혜택을 주는 미리내집과 공통점이 있다.

"신혼부부에게 양질의 임대 주택을 공급하는 건 직접적인 저출산 대책이다."

거기다 자녀를 낳으면 세제 혜택까지 준다. 자녀가 늘수록 소득세 환급액도 증가한다. 자녀가 4명 이상인 여성은 평생 소득세(15%)가 면제된다. 말이 쉽지, 아이를 많이 낳았다는 이유로 세금을 면제해주는 건 실로 놀라운 일이다. 우리가 반도체, 전기차에 투자하며 세제 혜택을 주는 것처럼 헝가리는 인구와 가족을 위해 조세 정책을 활용한다. 국민에게는 국가가 소멸 위기에 대응하기 위해 수단과 방법을 가리지 않는다는 신호를 준다.

내 눈에는 매우 유용한 투자로 보였다. 가족 지원으로 출산율이 반등하면 노동 시장이 커지고 경제 성장에도 파란불이 켜진다. 헝가리는 이와 같은 선순환 구조를 일찍부터 알아차리고 움직이기 시작한 것이다. 가볍게 여길 일이 아니다.

일·가정 양립, 이른바 워라밸도 저출산 문제 해결의 중요한 열쇳말이다. 마침 노바크 전 대통령도 자녀 셋을 둔 어머니다. 그러면서도 대통령 취임 전 10년간 가족청소년부 장관을 맡아 인구·가족 정책을 주도하고 대통령직까지 올랐다. 의욕이 대단한 사람이다. 엄마로서 엄청난 성공 모델이기도 하다.

그렇지 않아도 그는 나와의 대화에서 저출산 대책 중 하나로 아이를 낳은 여성이 사회적으로 성공하는 롤 모델을 많이 만들어야 한다고 역설했다. 전적으로 동감하는 대목이다. 세계사를 쭉 살펴보면, 여성의 사회 진출이 본격적으로 이뤄지는 시점에 출산율이 하락했다. 거기서 이른바 일·가정 양립 문제를 해결한 국가와 그렇지 못한 국가의 운명이 갈렸다. 쉽게 표현하면, 엄마가 성공한 나라는 번영의 길에 들어섰다. 한국도 마땅히 가야 할 길이다.

축소 사회

해법

저출산 문제도 심각하지만, 그 결과로 나타나는 축소 사회도 우리가 마주한 위기다. 말하기 조심스럽지만, 가치관의 변화는 막을 수 없다. 저출산의 바탕에는 '아이를 낳지 않고 살겠다' '일을 적게 하고 싶다'는 가치관의 변화가 있다. 저출산에 대비해 인구·가족 정책을 계속해서 담금질하는 동시에, 부족한 노동력에 대한 해법도 마련해야 할 이유다. 노동하지 않는 인구가 늘면 노동 인구의 부담은 가중될 수밖에 없다. 결국은 일을 하지 않으려는 젊은 사람들을 일하게 만들든지, 외국 인력을 쓰든지 2가지 방법만 남는다.

앞서 언급한 이야기를 반복하면, 그래서 디딤돌소득이 필요하다. 디딤돌소득은 일을 많이 할수록 소득이 높아지게 설계됐다. 그런 의미에서 노동 정책이 될 수도 있다. 이민 정책도 중요하다. 그래서 3~4년 전부터 외국인 가사관리사 아이디어를, 주변의 비아냥을 들으면서도, 발전시켰다.

문제는 사회적인 인식이다. 한국 사회가 진심으로 이민자들을 같은 구성원으로 받아들이겠다는 마음가짐이 전제돼야 그들이 편안하게 정착한다. 단일 민족 교육 영향인지 아직도 이민자에 대해서는 심리적 저항이 있는 건 사실이다. 그렇지만 저출산으로 사회의 모든 기준이 바뀌는 지금, 국민이 폭넓은 수용성을 갖게 하는 것이 정치 지도자들이 할 일이다.

서울은 이미 외국인 인력의 비율이 높은 도시다. 도시 경쟁력은 역동성에서 나오고, 역동성은 다양한 문화적 배경을 가진 창의적 인재들이 끌어낸다. 지금 서울 인구의 4.7%가 외국인(약 44만 명)이다. 25곳 자치구 가운데 외국인 주민 비율이 5%가 넘는 자치구만 10곳이다. 그냥 하는 표현이 아니라, 서울은 글로벌 도시다. 비자를 기준으로 하면 전문 인력(E1~E7), 유학생(D2, D4), 거주 동반(F1~F3), 영주자(F5)가 꾸준히 증가하는 추세다.

서울시에서 마련한 2개 어젠다는 '우수 인재 유치'와 '포용적인 다문화 사회 조성'이다. 세계적으로 AI, 양자컴퓨터, 자율주행 자동차, 로봇 등 최첨단 분야에서 인재 이동이 활발하다. 이유는 단순하다. 국가와 기업이 인재 쟁탈전을 벌이니 인재들이 최상의 조건을 찾아 국경을 넘나들기 때문이다.

애플, 아마존, 알파벳, 마이크로소프트 같은 기업에는 중국과 인도를 포함해 전 세계에서 모인 인재로 북적북적하다. 일종의 다국적 연합이다. 이 연합이 21세기 기술 혁신을 주도한다. 예컨대 순다르 피차이 구글 CEO는 인도에서 대학을 마치고 미국으로 건너가 세계적 IT 기업의 조타수를 쥔 입지전적인 인물이다. 중국계인 엔비디아의 젠슨 황은 9세 때 가족과 함께 미국으로 건너가 지금은 전 세계에서 가장 주목받는 CEO 반열에 올랐다.

미국을 비롯해 영국, 일본, 싱가포르 등 주요국은 2000년대 초부터 우수 외국 인력 영입에 사활을 걸었다. 그로 인해 지난 10년간 외국 인력이 평균 2배가 늘었고, 일본의 경우 4배 이상 증가했다. 서울의 경우 외국인 유학생이 2012년에 2만 9,000명에서 2022년에 7만 5,000명으로 늘었지만, 본국으로 돌아가는 비율이 30%에 달해 실제 국내에 취업하는 경우는 8%에 불과하다.

마음 같아서는 서울이 실리콘밸리처럼 전 세계 인재들이 살고 싶은 도시가 되면 좋겠는데, 당장은 실현하기가 쉽지 않다. 하지만 앞서 밝힌 대로 서울에 있는 외국인 유학생이 7만 5,000명에 이르는 만큼 아예 가능성 없는 도전은 아니다. 일단 국내 주요 대학과 손잡고 이공계 석·박사급 인재 1,000명을 유치하려고 한다. 한국이 제1의 선택지는 아니어도, 2순위나 3순위로 고려할 수 있는 매력적인 국가로 거듭나는 게 중요하다.

가장 중요하게는 해외 스타트업 유치를 위해 애쓰고 있다. '스타트업 국가Start-Up Nation'를 꼭 한국 기업으로만 일구겠다는 강박을 버려야 한다. 우선 영어가 통용되는 글로벌 창업 지원 시설 '유니콘 창업 허브'를 성동구 성수동에 조성하기로 했다. 국내 창업 기업과 유사한 수준으로 지원하려고 한다. 서울에서 공부하는 유학생들이 국내 기업에 취업할 때 이를 지원하기 위한 전담 창구도 마련한 상태다.

포용의 환경이 필요하다

내가 20여 년 전부터 강조해온 구호가 '창의력과 상상력이 경쟁력'이라는 말이다. 이 구호가 점점 중요해지는 세상이 됐다. 신기욱 스탠퍼드대학교 사회학과 교수(아시아태평양연구소장)는 해외 인재가 인적 자원 보충뿐만 아니라 문화적 다양성까지 제고해 창조적 사고를 향상시킬 수 있다고 주장한다. 해외 인재가 '창조적 파괴creative destruction'를 유도해 활력을 키워 기술 혁신에 기여할 수 있다는 뜻이다.[41] 전적으로 공감한다. 그렇지 않아도 동질성보다는 하이브리드가 각광을 받는 시대다. 해외 우수 인재 유치가 양수겸장兩手兼將이 될 수 있는 이유다.

그러려면 외국인에게 포용적인 제반 환경을 만들 필요가 있다. 외국인이라는 이유로 직면한 장애물을 없애주는 게 열쇠다. 예컨대 우리나라에는 출산 전후 통합 돌봄 서비스나 영유아 발달 검사 같은 임신·출산·돌봄 서비스가 잘 발달해 있다. 이 부분에서 외국인의 접근 문턱을 낮춰주는 것만으로도 효과가 크다. 이렇게 태어난 아이들이 나중에 학교에 가면 초·중·고교 다문화 자녀 교육 활동비(40~60만 원)를 지원받게 된다. 타국에서 아이 키우는 데 드는 어려움을 덜어주는 것이다. 국내에서 적법하게 생업을 갖고 소득을 얻어 세금을 내면 그에 맞춰 불합리함은 없애주자는 취지다.

저숙련 직종에서 불어닥친 인력난에 대비하는 것도 현실적인 과제다. 오늘날의 청년들은 대한민국이 선진국 반열에 오른 상태에서 태어났다. 자긍심이 높은 반면 제조업이나 건설업 분야의 3D 직업에 종사하지 않으려고 한다. 처우는 낮고 안전 사고는 빈번한 동시에 더 큰 회사로 갈 기회는 닫혀 있으니 이해할 만한 일이다. 그렇다고 지금의 대한민국을 일군 제조업과 건설업을 이대로 방치할 수는 없다. 첨단 기술로 노동력 부족 문제를 일정 부분 해소할 수 있겠지만, 기본적으로 사람이 필요한 산업이기 때문이다. 축소 사회로 가면 이것은 점점 심각한 문제로 비화할 것이다. 지금부터 대비해야 한다.

'공정한 일터'를 만드는

노동 개혁

성장률 반등이 얼마나 힘든 일인지는 정책 당국자들이 가장 잘 안다. 단순히 돈을 쏟아붓는다고 되는 일이 아니다. 성장률 하락은 노동 시장과 기술 혁신, 제도 등 각 부문의 경쟁력이 훼손된 탓이다. 각종 기득권의 울타리에서 지대추구地代追求·rent-seeking에 매몰된 이익 단체가 강고한 카르텔을 형성한 결과다. 이러한 구조가 잠재 성장률을 갉아먹는다. 성장률이 다시 우상향 곡선을 그리려면 부문별로 과감한 구조 개혁이 단행돼야 한다.

그중에서도 핵심은 노동 개혁이다. 한국의 노동 시장은 대기업 및 공공 기관 중심의 1차 노동 시장과 중소기업 및 비정규직 중심의 2차 노동 시장이 분절된 이중 구조로 고착화돼 있다. 정규직이 쌓아 올린 높은 담장을 기준으로 안과 밖의 운명이 확연히 갈린다. 2차 노동 시장에서 경력을 시작하면 극히 예외적인 사례를 빼고는 1차 노동 시장으로 이동할 수 없다. 사다리 단절 현상이다. 담장의 경직성을 허물지 않고는 새로운 발전 동력을 찾기 어렵다. 좌우파를 막론하고 동의하는 바다. 많은 전문가가 너나없이 노동 개혁을 강조하는 배경이다.

하지만 문재인 정부는 정반대의 길로 질주했다. 문재인 정부가 추진한 소득 주도 성장의 주요 정책은 '최저 임금 급격 인상' '주 52시간 근무제' '비정규직의 정규직화'다. 모두 기업 비용의 증대를 수반한다. 비용 상승에 따른 기업의 대처는 자동화나 해외 공장 이전 혹은 사내 하청이 될 수밖에 없다. 게다가 수익이 감소하니 투자와 고용이 줄어든다. 이는 정규직 담장 바깥에 있는 청년이 기회를 상실하는 결과로 이어진다. 몽상적이고 안이한 담론이 현실에서는 도리어 약자를 고통스럽게 한 경우다. 우매하다는 말이 어울리는 사례다.

특히 1차 노동 시장에 속한 기업의 상당수가 연공급 임금 체계(호봉제)를 유지하고 있다. 그것이 맹점이다. 경력은 길되 성과는 없고 호봉제 덕에 급여는 높은 직장인이 양산되기 때문이다. 연차가 쌓이면 임금이 늘어나니 굳이 숙련도를 높일 유인이 없다. 노조가 있는 대기업일수록 호봉제가 깊숙이 뿌리내린 점도 특징이다. 고용노동부에 따르면 국내 300인 이상 사업장 중

62.3%가 호봉제를 도입했고, 10~29인 사업장은 42.4%만 채택했다. 노조가 있는 기업의 경우 호봉제 비율이 69.4%였고 무노조 기업은 30.7%에 그쳤다.[42]

이로 인해 한국은 신입 직원과 장기 근속 직원 간 임금 격차가 세계에서 가장 큰 나라가 돼버렸다. 최근에 입사한 청년층보다 회사를 오래 다닌 중장년층에 임금 구조가 절대적으로 유리하다. 생산성과는 별 관련이 없다. 청년의 눈에는 불공정으로 비친다. 가히 신분화된 기득권의 성벽과 같다. 나이와 연차만 따지는 호봉제는 이렇듯 현실에서 불의로 작동한다.

청년이 역량을 발휘할 기회

따라서 노동 개혁이야말로 미래세대를 위한 핵심 과제다. 윤석열 정부도 이를 모르지 않았다. 임기 초부터 연금·의료·교육을 포함한 4대 개혁의 하나로 노동 개혁을 기치로 내건 배경이기도 하다.

윤 정부가 주안점을 둔 건 노동 시장 유연화와 노사 법치주의 확립이다. 이 중 노사 법치주의 확립에선 뚜렷한 성과를 냈다는 평이 많다. 노동조합 회계 공시 시스템의 도입이 대표적이다. 덕분에 노조의 회계 공시율이 90.9%에 달해 투명성이 증대됐다. 폭력이나 채용 강요 등 건설 노조의 불법·부당 행위를 뿌리 뽑기 위해 대책을 마련하고 실행에 나선 점도 평가할 만하다. 다만 법치에 초점을 맞추면서 노동 시장 유연화에는 진도를 좀체 나가지 못한 점이 아쉽다.

당장 시급한 과제는 공정한 일터를 만드는 일이다. 그렇지 않아도 2030은 공정한 경쟁과 합당한 보상을 요구하는 세대다. 이들은 연공급을 시대착오로 여긴다. 더구나 만성적 저성장과 누적되는 국가 채무 탓에 미래가 불안한 세대이기도 하다. MZ세대를 중심으로 한 노조가 반일·반미 등의 정치 구호보다 조합원의 권익을 우선시하는 건 자연스러운 현상이다. 소모적인 이념 논쟁보다 일한 만큼 보상을 받는 공정성의 제고에 훨씬 큰 가치를 두는 것이다.

이에 직무와 역량에 바탕을 둔 직무급 및 성과급제 임금 체계를 도입해 노동 시장의 새 판을 짜야 한다. 직무급제로 바꾸면 대기업과 중소기업 사이에 같은 직무를 하는 직원 간 임금 격차가 줄어든다. 나이와 연차로 고임금을 받는 문화도 사라진다. 이렇게 되면 신규 채용을 위한 공간이 마련되는 효과도 있다. 덧붙여 연공급에 기반한 고정급 비율을 줄이고 성과와 연동한 임금을 늘리면 직장에 활력이 돈다. 즉 직무급과 성과급제를 통해 기업은 일자리를 늘리고, 젊은 직원은 역량을 발휘할 수 있다. 이것이야말로 진정한 의미의 청년 정책이다.

고령화 현상으로 정년 연장에 대한 논의가 불가피해진 점도 고려해야 한다. 자칫 '공정한 일터'가 선행되지 않은 정년 연장은 민주당 모 인사의 망언처럼 그렇지 않아도 어려운 청년들을 더욱 말라비틀어지게 할 우려가 있다. 직무와 성과 중심으로 임금 체계를 바꾸면 고령자의 임금은 합리적으로 조정될 여지가 커진다. 노년 일자리를 보장하되 성과에 따라 보상하는 체계를 구축한다면 청년들도 호응할 것이라고 본다.

노동 시장 유연화도 고통스럽지만 가야 할 길이다. 청년과 취업 준비생, 2차 노동 시장의 참여자들이 더 쉽게 사다리를 오를 수 있어야 한다.

주요 선진국들도 경제가 침체하고 실업률이 급증하는 상황에서 유연화를 주요 뼈대로 삼는 노동 개혁을 추진했다. 가령 2003년에 마이너스 성장률을 기록한 독일은 임금 삭감과 노동 시장 유연화가 골자인 개혁을 단행해 위기를 돌파했다. 당시 총리는 노조를 지지 기반으로 삼는 사민당 소속의 게르하르트 슈뢰더였다. 폭스바겐 인사 담당 이사 출신인 페터 하르츠가 주도한 점에 착안해 흔히 '하르츠 개혁'이라고 불린다.

하르츠 개혁의 핵심은 빗장을 풀고 채용의 기회를 늘리는 데 있다. 기업의 채용 부담을 줄이기 위해 해고 보호 적용 대상을 완화하고 수습 기간과 기간제 근로자 사용 기간을 늘리는 내용이다. 실업자가 임시직이어도 적극 취업할 수 있게 미니잡

mini-job, 미디잡midi-job 등 새로운 형태의 일자리에 보험료를 감면하는 방안도 담겼다.

프랑스의 사례도 주목할 만하다. 투자은행 출신의 정치 신인 에마뉘엘 마크롱 대통령은 "평등은 잘못 이해되었고, 새로운 숨결을 불어넣어야 한다"를 기치로 노동 개혁에 나섰다. 신규 채용을 하는 조건으로 기존 고임금 인력 해고를 허용했고, 산별 노조의 힘을 빼는 개혁을 단행했다.

다만 '해고를 쉽게'에만 초점을 맞춘 정책은 신중히 적용해야 한다. 자칫 한국처럼 양극화가 심한 나라에서는 양극화를 더 심화하는 결과를 낳을 수 있다. 독일의 하르츠 개혁 역시 전체 고용률은 높였지만 이른바 '나쁜 일자리'를 양산했다는 비판에서 자유롭지 않다. 그렇다고 무조건 비정규직 보호만 외치는 진보 일각의 시각도 동의하기는 어렵다.

대안으로 유연 안정성flexibilization으로 대표되는 타협적 노선을 고려할 필요가 있다. 덴마크와 네덜란드가 적용한 모델이다. 정규직에 대한 과보호를 완화하는 대신 실업급여와 양질의 직업 훈련 등 두터운 사회 보장을 통해 완충지대를 구축하는 방식이다. 유연성을 강조한 마크롱 대통령도 공공 일자리를 줄이며 아낀 돈을 실직자 재취업을 위한 예산에 투입했다. 곰곰이 복기할 사례다.

국민연금,

'폭탄 돌리기'는 그만

국민연금 개혁은 이미 한참 늦었다. 2024년 9월 4일, 윤석열 정부는 현재 9%인 보험요율을 13%로 올리고, 40%까지 줄게 돼 있는 소득 대체율을 42%로 상향하는 내용의 연금 개혁안을 발표했다. 정부가 구체적인 연금 개혁안을 내놓은 건 2003년 이후 21년 만이다. '내는 돈(보험요율)'과 '받는 돈(소득 대체율)' 측면에서는 노무현 정부에서 유시민 장관의 보건복지부가 내놓은 2007년의 안과 유사하다.

바꿔 말하면 17년 전에 단행했어야 할 개혁을 여태 완수하지 못했다는 의미다. 반발이 두렵다고 연금 개혁을 머뭇거린 기성세대의 잘못이다. 역대 정부가 개혁을 미루는 사이에 연금 재정이 악화되고 미래세대의 부담도 커졌다.

2018년의 일은 두고두고 아쉽다. 연금 전문가인 윤석명 한국보건사회연구원 명예연구위원은 "연금 개혁이 시급한 2018년 제4차 재정 계산 때 아무 조치도 하지 못하면서 오히려 연금을 더 주자는 쪽의 논의를 많이 진행했다"고 하며 "제도 개혁이 아니라 개악과 관련된 논쟁을 하면서 골든타임을 놓쳤다"고 지적한 바 있다.

　　대체 2018년에 무슨 일이 있었을까. 그해 재정 추계에서 국민연금 기금 소진 시점이 2060년에서 2057년으로 앞당겨질 것이라는 전망이 나왔다. 이에 보건복지부는 4개의 개편안을 마련한 뒤 관련 논의를 경제사회노동위원회(경사노위) '국민연금개혁과 노후소득보장특별위원회(연금개혁특위)'에 넘겨버렸다. 4개 안을 나열만 하고 결정을 떠넘긴 셈이다. 무책임한 행태다. 결국 경사노위 연금개혁특위는 합의점을 도출하지 못한 채 활동을 종료했다. 문재인 정부의 책임론이 제기되는 이유다.

　　국민연금은 1988년에 도입됐다. 이후 1998년까지 계획된 보험요율 인상(3%→9%)이 정상적으로 이뤄졌다. 하지만 이후 26년간 보험요율을 단 한 차례도 인상하지 않고 9%대를 유지했다. 그 결과 지금의 국민연금은 가입자가 납부한 금액보다 훨씬 많은 연금을 지급하는 구조로 짜여 있다. 정상적인 연금 제도라면 가입자가 납부한 금액에 약간의 추가 지급이 이뤄지는 것이 바람직하다. 하지만 현재는 납부한 금액의 평균 2배를 지급하는 비정상적인 상태다. 기성세대가 낸 보험료만으로 연금 지급이 어려워지는 실정이다.

이에 따라 가장 큰 직격탄을 맞는 당사자는 미래세대다. 향후 재정 부담이 특정 세대에 집중될 우려가 크다. '적게 부담하고 많이 받는' 세대와 '많이 부담하고 적게 받는' 세대 사이에 형평성 논란이 번질 가능성이 높다. 청년층 사이에는 "돈만 내고 연금은 제대로 못 받을 수 있다"는 불신이 팽배하다. 이런 식의 국민연금 구조는 정의롭지도 공정하지도 않다. 지속 가능할 리도 없다. 결단이 필요하다. 인기가 없는 일이어도 미래를 위해, 우리 사회를 위해 필요하다면 하는 게 보수의 중요한 가치다.

시간도 부족하다. 국민연금의 고갈 예상 시점은 불과 30년 뒤다. 개혁이 미뤄지면서 매일 쌓이는 적자만 885억 원이다. 청년에게 국민연금은 내기만 하고 받을 수는 없는 '밑빠진 독'일 뿐이다. 미래세대에 그런 불공정과 불안을 언제까지 짊어지게 할 수는 없다. 모수 개혁은 정부와 야당의 간극이 좁으니 빠르게 결론을 내야 한다. 이와 동시에 세대 간 형평성과 지속 가능성의 근본적 해결책을 담아 '100년 안심'을 약속할 수 있는 구조 개혁 논의에도 착수해야 한다. '폭탄 돌리기'는 그만할 때가 됐다.

소득 대체율 인상이 답이 아닌 이유

연금 개혁은 세대마다 합리적으로 보험료를 부담하고 그에 따른 급여는 적정 수준을 유지하되, 이와 동시에 재정 안정까지 꾀해야 한다. 하나하나 풀기 어려운 고난도의 숙제다. 그래도 이와 같은 균형적 시각을 갖추지 않고는 연금 제도가 유지되긴 어렵다.

무엇보다 국민연금 수급 연령과 정년이 일치하지 않는 소득 크레바스 현상은 당장 도래한 위기다. 국내 65세 이상 고령자의 상대적 빈곤율은 2019년 기준 43.2%다. 우리나라는 OECD 회원국 중 40%를 넘는 유일한 국가이자, OECD 평균 13.1%보다 3배 이상 높다. 이런 실정을 고려하면 소득 공백 기간이 늘어날수록 복지 재정에는 악영향을 미친다.

미래세대에도 부담으로 작용한다. 생산 연령 인구 100명이 부양하는 유소년·고령 인구 수를 총부양비라고 부른다. 통계청의 '2020~2050년 장래 인구 추계'에 따르면 2020년 기준 총부양비는 38.7이다. 100명이 38.7명을 부양한다는 뜻이다. 그런데 2050년에는 95.8명으로 증가하고, 2070년에 이르면 116.8에 다다른다. 즉 앞으로 45년 후에는 경제 활동 인구 1명이 1명 이상의 노인을 부양해야 한다는 뜻이다.

그렇다고 해서 소득 대체율을 올리는 것이 대안일 수는 없다. 노인 빈곤 문제의 해결책처럼 거론되고 있지만, 사실상 미래세대의 짐만 늘리는 결과로 이어질 수 있어서다. 효과에 대해서도 반론이 있다. 윤희숙 여의도연구원장은 저서 《콜드 케이스》에서 2024년 6월 기준 국민연금을 받지 못하는 노인이 40%이고 수급자 중에서도 수급액이 월 40만 원 미만에 해당하는 이들이 267만 명(46.8%)이라는 점을 지적한다. 20만 원 미만 수급자도 10.3%라고 한다.

이렇게 된 이유는 일자리 문제와 연동된다. 불안정한 직장에서 일자리를 얻다 보니 연금에 미가입한 경우가 늘어난 탓이다. 반대로 말하면 소득 대체율을 높일 경우 주로 좋은 직장에서 정년을 맞이한 '상대적 고소득 노인'이 혜택을 볼 가능성이 커진다는 의미다. 윤 원장의 표현대로라면 "노후 준비가 상대적으로 잘되어 있는 여유 있는 고령자 소득을 더 높이기 위해 고단한 미래 청년들의 소득을 끌어다 쓰는 것"이자 "세대 간 도적질"과 다름이 없다.[43]

따라서 구조 개혁의 설계도는 단순히 소득 대체율 인상에 그칠 것이 아니라 복합적인 형태로 짜야 한다. 앞서 진중권 교수와의 대담에서 밝혔듯 퇴직 후 재고용과 퇴직연금 등의 방안을 함께 고려할 필요가 있다. 또 특수직역연금 재정 적자 상황을 타개해 세대 내의 형평성도 맞춰야 한다. 고령자 70%에 균등 지급하는 기초연금도 노인 빈곤 해소에 미치는 효과를 기준

256

으로 개선 방안을 모색할 때다.

특히 잊지 말아야 할 점이 있다. 앞으로 30~40년 동안 연금을 납부할 2030이 개혁 과정에 반드시 참여해야 한다. 50~60대가 주축이 된 정치인, 관료, 교수들만 모여서 2030의 미래를 결정하는 건 공정하지 않다. 논의 과정부터 청년들의 참여를 보장하자. 청년들이 그들의 미래를 스스로 결정하도록 하는 게 옳다.

4

지방과의 동행

지방이 꿈꾸는

이상

시·도지사협의회나 중앙지방협력회의 같은 단체 모임에서 또는 개별적으로 지방의 시·도지사들과 만나 깊은 대화를 나눌 기회가 많다. 그때마다 지방을 바꾸겠다는 이상을 품지만 현실의 제약으로 뜻을 펴지 못하는 시·도지사들의 토로를 접한다. 때로는 지방의 엄청난 박탈감과 열패감을 느끼곤 했다. 그때마다 '이 상태로 가다가는 지방 고사枯死는 물론이고 다음 단계로 대한민국의 발전이 불가능하겠구나' 하는 생각이 절절하게 들었다. 그로 인해 서울시장 신분임에도 지방 거점 발전에 대한 고민을 하기 시작했다.

그러다가 2024년 8월 23일에 부산 동서대학교에서 열린 '2024 한국정치학회 하계 학술대회'에 초청을 받았다. 그날 나는 '한국 미래 지도자의 길'이라는 주제로 국가 발전 전략, 정치 개혁, 글로벌 안보 전략 등에 대해 박형준 부산시장과 특별 대담을 했다. 수도 서울의 시장으로서 우리나라 제2의 도시 부산의 시장과 지방 발전을 통한 한국의 신성장 동력 확보 전략에 대해 허심탄회하게 토론한 소중한 시간이었다.

특별 대담을 준비하면서 새삼 확인한 것은 중앙정부 혹은 대통령 혼자 모든 것을 다 할 수 있는 나라는 없고 한국의 상황도 그러하다는 사실이었다. 수도권은 물론이고 지방도 각각의 특징이 다른 만큼 중앙과 지방 각자의 장단점을 서로 보완하는 동행이 국가 발전에 가장 이상적이고 효과적이라는 생각이 강해졌다.

예를 들어 도시와 농촌·산촌·어촌 모두 기능과 역할 차이가 크다. 농촌도 모두 벼농사만 지을 수 없고 모든 지역에서 사과나 토마토, 딸기 등을 재배할 수도 없다. 심지어 동해와 남해, 서해에서 수산업이나 양식의 종류도 다르다. 도시도 제조업 중심인 곳과 상업이나 무역이 발달한 곳이 있다.

지방은 왜 고사하는가

서울이 항구 도시인 부산, 광양과 경쟁할 필요는 없고 자동차 산업이 발전한 울산, 광주와 같은 성격을 지닐 수도 없다. 서울에 영화 산업이나 연예기획사, 연예인이 몰려 있지만 모든 촬영을 서울 시내에서 할 수도 없고, 외국인 관광객이 서울만 보려고 오는 것도 아니다. 우리나라가 최고 꼭대기를 찍고 내리막길에 들어서 침몰할 수 있다는 '피크 코리아peak Korea론'이 제기되는데, '피크 코리아' 위기를 잠재우려면 중앙과 지방의 동행이 무엇보다 절실하다.

그간 우리나라 중앙정부는 정권이 바뀔 때마다 국토 개발, 지방 발전, 지역 균형 발전 등 다양한 이름으로 지방 발전에 나섰다. 2004년엔 국가균형발전특별법을 제정하고 지역특화발전특구 제도를 도입한 후 16년 동안 세종시와 10개 지방 혁신도시로 153개의 공공 기관을 옮겼다. 2019년에는 '광주형 일자리' '대구형 일자리' 같은 지역 주도형 일자리 창출과 지역 발전 투자 협약제를 맺어 추진했다. 2020년에는 '한국판 지역 균형 뉴딜'이라는 신산업 육성을 통한 지역 경제 활성화 노력을 폈다. 이 과정에서 수십 조 원 규모의 국비를 지원했지만, 결과는 우리가 지금 보는 그대로다.

지방에서 사람들이 떠나고 있고, 특히 청년들이 사라지면서 오래전부터 지방은 고령자들만의 땅이 됐다. 어르신들이 돌아가시면 지역이 소멸한다는 위기 의식이 높아지고, 일부 지역에선 소멸이 현실이 되고 있다. 시·군 단위 지방 외에 정부 수립 후 우리나라 2대 도시였던 부산마저 젊은이와 30~40대가 일자리를 찾아 수도권으로 대거 빠져나가면서 인천에 2위 자리를 빼앗기기 일보 직전이다.

"사람은 서울로, 말은 제주도로 보내라"라는 옛말처럼, 우리나라에서 서울 쏠림과 지방 이탈 현상은 어제오늘의 일이 아니다. 지금은 가히 문화가 됐다. 다산 정약용 선생은 1810년 전라도 강진 유배지에서 두 아들에게 보낸 서신 '시이아가계示二兒家誡'에서 "(한양이라는) 문명 세계에서 떠나지 말라"고 하며 이렇게 적었다.[44]

중국은 문명이 발달되어 아무리 외진 시골이나 먼 변두리 마을에 살더라도 성인이나 현인이 되는 데에 어려움이 없다. 그러나 우리나라는 서울 사대문에서 몇십 리만 떨어져도 태곳적처럼 원시 사회다. 혹시 벼슬에서 물러나면 빨리 서울 근처에 살며 문화의 안목을 떨어뜨리지 않아야 한다. 이것이 사대부 집안의 법도다.

그는 그러면서 "내가 죄인이 되어 지금은 너희를 시골에 숨어 살게 한다만, 앞으로는 반드시 서울의 십 리 안에서 지내게 하겠다"고 했다. 당시 외국 문물과 사정에도 밝았던 대학자이자 선각자인 다산 선생의 생각이 이런 정도였으니, 우리 선조들의 사고방식은 짐작하고도 남음이 있다. 정치·경제·문화 모두 중앙정부가 있는 서울에 집중되고 지방은 중앙의 명령을 집행하는 역할에 그쳤는데 근대 최고 지식인조차 이를 당연시한 것이다.

이런 전통은 해방 이후에도 이어졌다. 대한민국의 헌법과 관련 법령은 지방 자치의 원칙을 보장하지만, 실제로는 중앙정부의 권한이 절대적이다. 지방정부의 권한과 자율성은 중앙정부의 승인이나 감독 아래에 놓여 있다. 국토가 좁고 인구 밀도가 높은 우리나라에서 역대 정부들은 빠른 속도로 경제 발전을 이루기 위해 중앙 집권 체제를 더욱 강화했다.

동력을 상실한 나라가 될 것인가

이 과정에서 지방은 수동적인 존재로 홀대받았고, 지방에 관심을 보인 중앙 정치인들도 거의 없었다. 오죽했으면 우리나라 지방정부의 제도적 명칭은 정부가 아니라 지방자치단체, 줄여서 지자체다. 그 성격이 정부가 아니라 단체인 셈이다. 단체는 이익 단체나 친목 단체에 사용하는 용어다.

시·도지사는 단체장이라고 부르는데, 이것은 협회장과 비슷한 수준이다. 지자체는 중앙정부의 보조금을 받아 사업을 집행하고 정부의 관리·감독을 받는 존재라는 인식이 깔린 것이

"5개 초광역권이 독자적인 재정권과 발전 전략으로 승부하도록 해야 한다."

다. 지자체라는 명칭은 쉽게 바꾸지도 못한다. 우리나라에 민선民選 지방자치제도가 본격 시작된 것은 1995년이다. 그런데 지방 자치 관련 규정은 그보다 8년 앞선 1987년에 제정된 소위 '87헌법'에 명문화(제117조, 제118조)돼 있어 개헌을 해야만 명칭 변경이 가능하다.

행정 구역도 마찬가지다. 지금 우리나라 행정 구역은 산과 강 등 자연 지형을 중심으로 설정된 조선 시대의 8도 체제를 원형으로 일제강점기인 1916년에 정리한 13개 시·도 체제와 거의 동일하다. 2000년대 들어 우리나라는 현대적인 전자電子 정부를 구현하고 있다. 하지만 행정 구역 개편 논의는 이해관계 충돌로 제자리걸음을 하며 전근대적 상태에 갇혀 있다.

지방정부의 재정 기반도 취약하다. 국세와 지방세의 비율에서 국세가 대부분을 차지하고 지방정부는 중앙정부의 교부금이나 보조금에 의존하는 구조가 정부 수립 후 80년여 동안 바뀌지 않고 있다. 지방정부에 자율성이 없는 상태에서 지방이 잘되길 바라는 것은 '나무에 올라가서 물고기를 구하는' 일과 다를 바 없다.

우리가 지방에 무관심한 사이에 지방의 쇠락이 가속화되면서 대한민국 전체의 성장 동력과 활력이 가라앉고 있다. 2025년 올해는 민선 지방자치제를 실시한 지 30주년을 맞는 해다. 늦기 전에 '지방과의 동행'을 본격화해야 한다. 지방이 죽으면 대한민국이 침몰한다. 이제는 악순환을 끊을 때가 됐다. 과거와 같은 수직적 명령이나 갑을 관계가 아니라 수평적이고 열린 자세로 '지방과의 동행'에 적극 나서야 한다.

소멸하지 않는다,

살아날 것이다

    2005년부터 2023년까지 19년 동안 우리나라 정부가 지방을 살리기 위해 쏟아부은 국가균형발전특별회계 예산만 197조 4,000억 원에 달한다. 이런 노력을 했음에도 교육과 의료, 일자리 같은 지표를 보면 지방과 수도권의 격차는 매년 더 벌어지고 있다.

    먼저 지방 거점 국립대학의 위상이 떨어지고 명문 고등학교가 사라졌다. 부산대학교, 경북대학교, 전남대학교, 전북대학교 등 지방의 거점 국립대는 명문 대학이었다. 서울의 웬만한 대학보다 입학 성적은 물론이고 졸업생의 진로나 평판에서도 뒤지지 않았다. 그러나 오늘날 지방 거점 국립대학교의 인기와 평판은 과거의 영광에 미치지 못한다. 전국 4년제 대학 평가에서 상위 17개 대학은 모두 서울 소재 대학이다.

1,000대 기업의 74%가 수도권에 있고 매출액 기준으로 보면 87%가 수도권에 있다 보니, 지방대 졸업생도 10명 중 4명은 수도권에서 일자리를 얻고 있다. 수도권의 높은 임금을 주는 고급 일자리들이 지방에 있는 우수 인재들까지 블랙홀처럼 빨아들이는 것이다. 수도권 인구 집중의 76% 정도는 지방 출신 청년들이 유입되면서 생겨났다고 한다.

고등학교도 마찬가지다. 과거에는 부산, 대구, 광주, 전주, 대전, 청주 같은 도시마다 명문고가 즐비했고 시·군 단위에서 이들 명문고로 진학하는 열풍까지 있었다. 그런데 어느 순간 평준화라는 이름으로 명문고가 사라졌고 지금은 자율형사립고와 특수목적고 정도만 남아 있다. 학생들도 주말이나 방학을 이용해 서울의 학원가를 찾고 있을 정도로 서울 편중 현상이 더 심각해졌다.

병원도 사정은 마찬가지다. 세계 100대 최고 병원에 선정된 국내 병원 10곳 모두 수도권에 있다. 2004년 KTX 개통에 따른 '빨대 효과'라고만 설명하기 어려울 정도로 서울 '빅 5' 대형 병원으로의 쏠림 현상이 깊어지고 있다. 노부모가 암이나 중병 진단을 받으면, 지방 병원에서 치료할 수 있어도 서울에 있는 큰 병원으로 옮기지 않으면 불효자 취급을 받는 상황이다.

최상위 20개 로펌(법률사무소·세금 소송 기준)과 회계법인도 모두 서울에 각각 본사를 두고 있다. 벤처캐피털 기업의 경우 운용자산 규모 기준 최상위 20개사의 본사가 수도권에 있는데 이 중 18개는 서울 소재 기업이다. 2006년부터 2016년까지 우리나라에서 일자리 증가가 많은 최상위 10개 시·군은 경기 화성시, 서울 강남구, 경기 성남시 분당구, 서울 서초구, 서울 금천구 등의 순서로 모두 수도권에 있다. 이런 현상은 2020년대 들어 더 가팔라지고 있다.

이로 인해 지방 중소도시의 소멸 조짐은 한층 뚜렷해지고 있다. 2000년 우리나라에서 6개뿐이던 인구 3만 명 미만 시·군·구는 2020년에 18개로 3배 정도 늘었다. 한국고용정보원 분석에 따르면 2013년 75개(전체 시·군·구의 32.9%)이던 소멸 위험 지역은 8년 만인 2021년에는 108개(전체 시·군·구의 52.9%)가 됐다.

1980년만 해도 수도권과 지방 거주 인구의 비율이 35.5% 대 64.5%였던 것이 2020년에는 50.2% 대 49.8%로 역전됐다. 전체 국토 면적의 11.8% 남짓한 서울·인천·경기도에 인구의 절반 이상이 살고 있는 것은 세계적으로 가장 높은 수도권 집중도다. 이 같은 수도권 초과밀화 현상은 집값 상승을 낳고, 집값 상승은 신생아 출생 감소를 부추기는 악순환이 벌어지고 있다. 우리나라의 출생률은 2013년부터 2024년까지 OECD 38개 회원국 가운데 12년 연속 꼴찌다.

대전환, 온전한 자율권

1995년 민선 지방자치제 도입을 계기로 각 지방자치단체들도 스스로 발전을 꾀하고 있다. 중앙정부는 지방자치단체마다의 장점을 살리고 건강한 경쟁을 유도한다고 떠들어왔다. 그러나 모든 시도가 변변한 성과를 내지 못한 채 번번이 실패하고 있다. 중앙정부가 계속 간섭하는 가운데, 지방자치단체들이 국책 사업 또는 국비 예산을 서로 가져가려고 경쟁하는 구조 탓이 크다고 본다. 나와 가까운 어느 광역자치단체장은 이렇게 말했다.

"20억 원짜리, 30억 원짜리 사업을 하는데도 중앙정부가 이러니저러니 많이 이야기한다. 300억 원짜리 이상은 투자 심사를 받으라고 한다. 국가에서 돈도 안 주면서 매칭 사업(중앙정부와 지방정부가 일정 비율로 협업하는 사업)이 아닌데도 '줄여라 말아라' 하며 참견을 한다. 어렸을 때 호적 초본, 주민등록 등본을 수기로 떼다가 지금 디지털로 하는 것만 다를 뿐 행정 구역도 수십 년 전과 똑같다."

나는 지방과의 동행을 입으로만 떠들지 않고 행동으로 실천해야 한다고 믿고 방법을 진지하게 고민했다. 내가 이렇게 한 이유는, 우리나라의 모든 지방이 현재 불황일 뿐만 아니라 미래에 대한 불안감을 안고 있어서다. 큰 틀과 접근법 자체를 바꾸지 않으면 지금의 어려움과 정체가 더 크고 깊어질 것이라는 걱정에서다. 이제 우리는 수많은 시도와 노력이 실패했음을 솔직하게 인정하고 지방과의 동행 패러다임을 완전히 바꾸어야 한다.

고르디우스의 매듭을 칼로 내려치는 것 같은 획기적인 발상의 전환을 하고 그 바탕 위에서 지방과의 동행을 해야 한다. 그러지 않으면 지방이 이대로 고사하는 건 물론이고 대한민국의 다음 단계로의 발전이 불가능하다. 지방에 몇몇 혜택을 주는 차원을 넘어 실질적인 권한과 자율권을 나누어주는 진짜 지방과의 동행이 절실하다. 그래야만 지역민의 풍요로운 삶과 일자리 창출, 지역 밀착 행정, 경제 성장 그리고 국가 전체의 균형 발전과 민주주의 강화를 이룰 수 있다.

내가 생각하는 '지방과의 동행'은 우리나라의 발전 방향을 수도권 중심에서 지방 중심으로 전환하는 데서 시작한다. 억지로 수도권 집중을 막는 것보다 지방을 지금보다 훨씬 더 살기 좋은 곳, 경쟁력 넘치는 곳으로 만들어야 한다. 이것은 말처럼 쉽지는 않은 일일 것이다. 그러나 우리나라의 국가 경쟁력을 높이고 지속 가능한 발전을 위해 꼭 필요한 대전환great transformation이다.

부단한 업그레이드,

세 도시 이야기

나는 2006년 7월에 처음 서울시장이 된 후, 10년 정도 공백이 있었지만, 총 8년 넘게 서울시장으로 일하고 있다. 그간 업무와 관련해 여러 나라에 출장을 다녀왔다. 그중 인상적인 나라로 싱가포르, 아일랜드, 두바이 세 나라를 빼놓을 수 없다. 싱가포르에 맨 처음 갔고 아일랜드와 두바이 순서로 방문했다.

세 나라는 공통점이 몇 가지 있다. 먼저 인구가 많지 않다. 싱가포르와 두바이는 인구가 500만~600만 명 언저리고 두바이는 400만 명이 채 안 된다. 싱가포르는 1인당 GNI가 8만 5,000달러, 아일랜드는 10만 달러, 두바이는 4만 달러쯤 된다. 또 세 나라는 영어를 공용어로 쓰고 있고 정치가 안정돼 있다.

이들 나라에서는 세금이 낮다. 선진국 클럽이라는 OECD

회원국의 평균 법인세가 20~25% 정도인데 아일랜드의 법인세는 그 절반인 12.5%다. 외국에서 들어왔거나 자국 기업이라도 50인, 500인 이상을 고용하는 기업 같은 기준을 정해서 그보다 더 많이 고용하면 법인세를 파격적으로 깎아준다. 첨단 기술을 보유한 빅테크 기업에 대한 법인세는 6.75%에 불과하다. 낮은 세금으로 많은 기업이 몰려왔고 덕분에 아일랜드는 아주 짧은 기간에 급성장했다. 두바이도 법인세율이 9.0%로 아일랜드와 비슷하다.

자세히 보면 이 세 나라는 우연이라기보다는 철저한 비전과 전략을 세우고 실천해 글로벌 강소국이 됐다. 싱가포르는 해상 수송로인 말라카해협을 끼고 있는 지경학적 장점을 활용해 영어 공용화와 좋은 투자 환경 조성, 우수 인력 확보와 탁월한 교육 시스템으로 금융·관광·IT·물류·교육 등을 국가 전략 산업으로 육성했다.

아일랜드는 낮은 법인세 외에 노사 화합과 사회 통합을 이룬 바탕 위에서 외국 기업에 과감한 특별 혜택을 부여하고 국가 브랜드를 키우고 홍보하는 전략을 폈다. 두바이는 "당신은 상상하라! 내가 현실로 만들겠다"는 지도자의 국정 철학 위에서 중동 최초의 자유 무역항과 자유 무역 지대를 만들고 부르즈 할리파 같은 세계 최고의 대규모 개발 사업을 벌였다. 다른 이슬람 국가와 외국인에 대한 개방적 태도로, 중동의 물류·관광·금융 허브 전략을 폈다.

이들은 국가 비전과 전략을 부단히 업그레이드하고 있다. 내가 10년 전에 갔던 두바이와 2024년에 간 두바이는 많이 달라져 있었다. 두바이국제공항은 지금 전 세계에서 유동 인구가 가장 많은 공항이 돼 있었다. 뛰어난 지도자가 탁월한 전략적 접근을 한 결과다. 항공·해상 교통의 요충지라는 강점을 이용해 발전한 싱가포르처럼, 두바이도 중동-아프리카-유럽-아시아를 아우르는 교통의 허브다. 그런 점에서 싱가포르와 두바이는 많이 닮았다. 두바이는 유럽·중동·아시아·아프리카 국가들이 자국의 공항을 이용하지 않을 수 없도록 아주 세밀한 전략을 짜고 있다.

세 도시국가는 매력적인 도시 공간과 대형 구조물을 인위적으로 만들고 있다. 일부에선 '급조한 대형 건축물'이라며 비판하지만 그게 세 나라의 생존 전략이자 차별화 노력이다. 국내외 인재와 관광객을 끌어모으기 위한 의도적인 투자다.

광역권의 효율

내가 이 세 도시국가를 자주 떠올리는 이유는 우리나라 지방의 규모와 관련이 있다. 대한민국 인구는 이 세 나라보다 훨씬 많고 우리나라를 몇 개 권역으로 나누면 각 권역이 싱가포르, 두바이, 아일랜드 같은 규모가 충분히 된다. 충청남북도를 합친 충청권은 567만 명, 전라남북도를 포함한 호남권은 494만 명이다. 대구·경북권은 493만 명, 부산·울산·경남권은 760만 명, 수도권과 강원도를 합친 인구는 2,700만 명이 넘는다.

이는 싱가포르(592만 명), 아일랜드(523만 명), 두바이(366만 명)와 비슷하거나 오히려 크다. 우리나라도 강원도를 포함한 수도권과 부산·울산·경남권, 대구·경북권, 호남권, 충청권 등 5개 초광역권으로 나누어 이 5개 권역이 각자 싱가포르 등의 경제력과 비슷하도록 할 수 있을 것이다. 사실 우리나라의 228개 시·군·구 같은 세밀화된 작은 행정 단위보다는 인구 500만 명 정도의 광역권은 여러모로 효과적이다.

2019년 노벨경제학상 수상자인 마이클 크레머 하버드대학교 경제학과 교수는 자신이 창안한 '오링 이론O-ring theory'에서 광역권의 효율을 이렇게 설명했다.

지역 번영과 경제 발전을 위해선 인재 간 협업이 중요하다. 성과는 사람 능력의 더하기가 아니라 곱하기다. 지식 서비스 산업, 첨단 산업 혁신에는 '집적 효과agglomeration effect'가 중요하다. R&D가 효과를 내려면 고급 인재를 한데 모으고 정보 등 활발한 교류가 있어야 한다.

그 효과는 현장에서 입증되고 있다. 샌프란시스코와 LA, 샌디에이고를 잇는 인구 860만 명의 샌프란시스코 광역권과 실리콘밸리 경제권은 막대한 '스필 오버 효과spill-over effect'를 내고 있다. 2005년부터 2017년까지 미국에서 이뤄진 혁신 산업 성장의 90%는 보스턴과 시애틀·샌프란시스코, 산호세·샌디에이고 등 5개 도시에서 일어났다. 보스턴을 제외한 시애틀과 샌프란시스코, 산호세와 샌디에이고가 각각 단일 경제권을 형성해 상당한 '집적 효과'를 내고 있다.

2023년에 나온 《부자 미국 가난한 유럽》이라는 책을 읽으면서 '접근하기에 따라 우리나라 지방 광역권도 엄청난 경제 단위로 성장할 수 있겠구나' 하는 생각을 굳혔다. 이 책에는 IMF가 2022년 말 기준 GDP 데이터를 갖고 있는 193개 나라와 미국 50개 주를 같은 선상에서 비교한 대목이 등장한다.

놀랍게도 미국의 일개 지방정부인 캘리포니아주(2023년 기준 인구 3,896만 명)는 미국, 중국, 일본, 독일에 이은 세계 5위 경제 규모로 집계됐다. 인도, 영국, 프랑스의 경제 규모가 캘리포니아주보다 작고, 캘리포니아주 밑에 러시아와 이탈리아, 스페인, 한국 등이 있는 것이다.

퀀텀 점프, 대한민국

　미국에서 두 번째로 잘사는 텍사스주(2022년 기준 인구 2,900만 명)는 세계 9위였다. 인도, 영국, 프랑스보다는 GDP가 작지만 러시아보다 크다. 미국의 각 주가 각자의 발전 전략을 재량껏 펼쳐 놀라운 부와 경쟁력을 창출하고 있다. 우리나라의 5개 정도 광역권도 전략적 노력을 쏟는다면 미국 주들처럼 강력한 경제 단위가 될 수 있지 않을까. 싱가포르·아일랜드·두바이 같은 강소국과 비슷해지거나 잘만 하면 넘어설 수도 있을 것이다.

　미국의 쇠락한 북동부 공업 지대인 러스트벨트rust belt 도시들의 부활에서도 비슷한 교훈을 얻을 수 있다. 버팔로, 피츠버그, 신시내티, 클리블랜드 같은 러스트벨트 도시들은 각자의 전략과 자율적인 결정으로 재건에 성공했는데 대체로 과학 기술을 동원한 첨단 산업들이 주종을 이루고 있다. 그 바탕에는 인재 발굴과 육성이 자리하고 있다.

　첨단 산업과 인재를 결합한 피츠버그 이노베이션 구역Innovation District, 버팔로 나이아가라 메디컬 캠퍼스, 클리블랜드의 헬스테크 회랑Health Tech Corridor, 신시내티의 업타운 게이트웨이Uptown Gateway 같은 혁신 지구가 생겨났다. R&D와 산업, 대학교를 연결하고 활용한 산·학·기·연産學技研 연계 전략으로 쇠락하던 지방이 되살아난 것이다.

지방의 폐광 도시 재생도 그러하다. 강원도 정선이 내국인 카지노 허용으로 발전의 계기를 잡았다면, 네덜란드의 림뷔르흐주는 석탄공사와 대학, 지방정부와 기업 등이 연합해 혁신 생태계를 구축하여 첨단 산업 도시로 탈바꿈했다.

싱가포르·아일랜드·두바이 등 3개 도시국가와 미국의 캘리포니아와 텍사스주, 러스트벨트 도시들, 네덜란드의 지방주 사례에서 어떻게 해야 지방이 달라질 수 있는가에 대한 밑그림이 나온다. 인구는 500만 명 정도 규모이면 충분히 집적 효과를 낼 수 있다. 연방제 아래의 미국 중앙정부와 주정부처럼 지방이 중앙과 대등한 존재로서 독자적인 권한과 책임을 누리는 시스템을 만들 필요가 있다.

우리나라 지방에 지금 같은 고사枯死로 가는 길이 아니라 퀀텀 점프를 할 수 있는 길을 열어주어야 한다. 나는 전국을 수도권과 함께 인구 500만 명이 넘는 4개의 초광역권으로 재편해야 한다고 본다. 이들이 활발하게 선의善意의 경쟁을 펼쳐갈 때, 초광역권은 물론이고 대한민국 전체의 퀀텀 점프가 가능할 것이다.

5개의

열쇠

정치인은 패러다임의 변화를 추구해야 한다. 정치인이 패배 의식에 갇혀 패러다임의 변화를 두려워한다면 아무것도 이뤄낼 수 없다. 그가 속한 정치와 사회도 침체와 하락을 피할 수 없다. 2014년에 처음 1인당 GNI 3만 달러에 도달한 우리나라는 10년 넘게 3만 달러 언저리에서 헤매고 있다. 향후 경제 성장률 전망도 1%대에 그쳐 저성장 그림자가 커지고 있다.

이런 상황에서 나는 대한민국의 지방을 새로운 성장 동력으로 만들어야 한다고 본다. 서울을 정점으로 한 수도권이라는 성장 동력 외에 전국에 4개의 성장 동력을 더 만드는 '지방과의 동행'으로 우리나라의 성장과 발전의 출력을 높이자는 이야기다.

① 5대 강소국

지방의 자원과 잠재적 경쟁력을 극대화하는 '지역 중심 국가 발전 전략'을 나는 '5대 강소국 프로젝트'라고 이름을 붙였다. 전국을 수도권과 충청권, 호남권, 대구·경북권, 부산·울산·경남권 등 5개 초광역권으로 나눠 각각을 글로벌 강소국 수준으로 키우자는 의미다. 이렇게 생각과 정책, 방향 등 패러다임을 바꾸고 적어도 10~20년 동안 꾸준히 국가 정책을 펴야 한다.

5대 강소국 프로젝트의 목표는 1인당 GNI 10만 달러 시대를 여는 데 있다. 2023년 1월 현재 우리나라의 1인당 GNI는 3만 5,570달러다. 원·달러 환율에 변동이 없고 최근 10년 평균 경상 성장률인 연 4.35%씩 증가하더라도 23년 후인 2048년에야 1인당 GNI가 10만 달러가 된다.

이는 임기 5년의 대통령 1~2명의 재임 기간에는 달성이 불가능하다. 최소한 20년 넘게 꾸준히 추진해야 할 대한민국의 시대적 과제다. 이를 위해 정부와 여야 정치권, 전국 지방자치단체가 심도 있는 논의를 이어가야 한다.

앞서 언급한 싱가포르, 아일랜드, 두바이 등 3개 도시국가는 작은 인구 규모에도 불구하고 빠른 경제 성장을 달성했고 높은 국민소득을 자랑한다. 이 세 나라와 우리나라 초광역권을 비교해보면 앞으로 갈 길이 가늠된다. 우리나라 대구·경북권, 호남권, 부산·울산·경남권의 1인당 GNI는 500만 명대의 비슷한 인구를 가진 싱가포르, 홍콩, 아일랜드 대비 각각 34%, 36%, 39%로 30%대에 머물고 있다. 충청권도 46%에 불과하다. 3개 권역의 경우 70% 가까이 더 발전할 여지가 있는 것이다.

'쉽지 않다'고 회의적인 생각을 할 때가 아니다. 어떻게 우리나라 초광역권들이 혁신과 도전으로 글로벌 강소국 수준의 부와 번영을 이룰 수 있는가 하는 방법을 연구·터득·실행해야 한다.

여기서 아마도 가장 중요한 것은 5개 초광역권의 인구 규모보다 그들이 독자적이고 창의적인 발전 전략을 마음껏 수립하고 펼칠 수 있는 권한과 역량을 갖고 있느냐다. 수도권과 충청권, 호남권, 대구·경북권, 부산·울산·경남권이 자율적이고 창의적으로 종합 행정을 추진할 수 있는 구조와 역량을 갖춘다면, 각자가 기존 글로벌 강소국을 뛰어넘거나 근접할 수 있다고 생각한다.

대한민국 안에서 자율성을 가진 5개 초광역권이 자신만의 차별화된 비전과 전략으로 독자적인 경제 발전, 지역 발전을 추진해 각자가 글로벌 강소국 수준이 되는 것은 상상만 해도 즐겁고 가슴 뛰는 일이다. 나는 이것이 '꿈'이 아닌 '현실'이 충분히 될 수 있다고 확신한다.

나의 5대 강소국 프로젝트는 지금까지 정치권과 학계 등에서 제기된 '메가시티'론과 근본적으로 다르다. 메가시티는 행정 체계를 통합하는 지리적인 부분에 초점이 맞춰져 있다. 반면 5대 강소국 프로젝트는 권한의 이양移讓을 중시한다. 쉽게 말해서 미국의 주정부 수준의 자율권을 지방에 주자는 것이다.

연방제 아래에서 미국 중앙의 연방정부는 외교·안보·국방 정도만 관할하고 세제와 노동, 교육 같은 모든 권한은 지방 주정부에 넘겨놓았다. 이런 구조에서 미국의 50개 주는 치열하게 경쟁하며 발전한다. 소득세와 법인세 세율은 물론이고 외국 기업과 이민자에 대한 혜택과 대우, 최저 시급, 초·중·고 교육 내용과 제도 등이 주마다 각기 다르다. 주 의회 등을 통해 주민들이 자율적으로 선택한 결과다.

시민들과 기업들은 자기에게 가장 맞는 곳을 찾아 이동한다. 미국 50개 주 간 경쟁에서는 캘리포니아가 선두 주자였지만 최근엔 텍사스가 바짝 1위를 위협하고 있다. 캘리포니아주의 개인소득세와 법인세가 높다 보니, 시민과 기업들이 텍사스 등으로 옮겨가고 있다.

5대 강소국 프로젝트는 행정기관이나 공기업들을 지방으로 인위적으로 옮기는 것과는 다르다. 5개 초광역권이 창의적인 방식으로 미래 먹거리를 창출하고, 젊은이들이 떠나지 않고 다시 돌아오는 동기를 만들어내는, 새로운 종합 행정 패러다임을 지향한다. 지역 실정에 맞는 혁신적인 정책을 마음껏 펼치고 실현하도록 하자는 취지다.

② 5 대 5 예산

우리나라 역대 정부의 지방 발전 정책을 보면 지역에 혜택을 주는 방식을 예외 없이 구사했다. 가능성이 있거나 육성이 필요한 곳에 혜택을 신설 또는 확대를 해주는 방식인데, 이는 지방에 선심을 베푸는 중앙 집권적 사고방식과 다를 게 없다. 세종시와 10개 지방 혁신 도시에 153개의 공공 기관을 이전하거나 윤석열 정부에서 추진된 2026년까지 비수도권 대학 30곳을 '글로컬Glocal 대학'으로 지정해 5년간 1,000억 원씩 총 3조 원을 지원하는 '글로컬 대학 30' 사업도 그러하다.

이런 접근 방식은 한계가 분명하다. 토지 매입 등을 위해 돈이 투입되는 사업 초기 단계에는 사람과 돈, 일자리 등이 반짝 생기지만 시간이 지날수록 효과가 반감한다. 자금 투입이 끊기는 후반부가 되면 파급 효과는 거의 없어진다. 이래서는 지방의 도약은 고사하고 점점 중앙정부에 의존하는 구조가 굳어진다. 중앙정부가 지방에 뿌리는 자금을 받아내려는 경쟁만 치열해질 뿐이다.

뜻있는 청년이 지방에 회사를 세우고 본사도 그곳에 계속 두려고 하고, 30~40대 가장들이 가족을 모두 데리고 가서 함께 살고 싶은 지방이 되어야 한다. 그러려면 세금 혜택이나 보조금만으로는 부족하다. 자녀 교육, 주거·문화, 세금 등 전반적인 생활 여건이 수도권에 뒤지지 않는다는 평가를 받을 정도로 좋아지고 높아져야 한다.

그러려면 각 지방정부의 자율성을 대폭 강화하는 것만이 유일한 길이다. 지방이 각기 실정에 맞게 자율적으로 책임지고 각종 정책과 법령을 선택·결정해 추진할 수 있어야 한다. 예를 들어 최저 임금, 근로 시간, 세금, 초·중·고 운영, 대학교 등록금 등까지 지방마다 다름을 인정하고 허용해야 한다.

이를 위해서는 지방자치단체의, 중앙정부의 간섭과 통제·참견에서 해방된 행정 거버넌스 체계가 필수적이다. 일시적인 특구 지정, 벤처펀드 지원 같은 수준을 넘어 지역 스스로 자생력과 경쟁력을 갖출 수 있도록, 충분한 권한과 자율성을 가진 5개 초광역권 단위의 독자적인 통합 거버넌스 체계가 필요하다.

가장 먼저 예산이 떠오른다. 지방 발전이라는 좋은 의도가 있다 해도 돈(예산) 사용에 족쇄를 채운다면 제대로 실행될 수 없다. 그런데 지금 대한민국의 예산 운용을 보면 중앙정부가 전체의 80%를, 지방자치단체는 나머지 20%를 갖고 쓰는 8 대 2 구조다.

중앙이 80%의 세금을 갖고 있으면서 지방이 나머지 20%를 갖고, 30% 정도는 중앙정부가 지방자치단체에 이곳저곳 쓰라고 꼬리표를 달아 분배하는 '이할(20%) 자치'다. 이렇게 해서는 지방 발전이 원천적으로 불가능하고 제대로 된 지방 성장 전략을 마련하기도 어렵다.

　　전체 국가 예산을 중앙과 지방이 5 대 5 비율로 나눠 쓰고 있으니 세금도 5 대 5 비율로 나눠 지방이 자율적으로 쓸 수 있도록 해야 한다. 그 바탕 위에서 지방이 지역 실정에 가장 맞는 혁신적인 정책을 실현하도록 해야 한다. 그러려면 예산은 기본이고 중앙이 갖고 있는 권한을 과감하게 지역에 이전하는 결단이 필요하다. 이를 통해 5대 초광역권이 자율성과 창의성을 바탕으로 정책을 추진할 수 있도록 뒷받침해야 한다.

　　구체적으로 지방정부 조직 운영에 대한 자율권을 지방이 가져야 한다. 또 자치 사무에 대한 중앙정부의 각종 법령 사항을 조례로 대폭 위임하는 등 지방정부의 자치 조직권과 자치 입법권을 보장해야 한다. 지역의 발전과 투자를 가로막는 낡고 불합리한 규제 철폐와 개선 노력도 5대 초광역권이 스스로 결정하고 판단해 서로 경쟁하면서 과감하게 추진하도록 해야 한다.

③ 권한 이양

내가 구상하는 5대 강소국 프로젝트가 성공하려면 5개 초광역권이 행정사무·예산권을 중앙정부에서 넘겨받아 지역 발전 전략을 재량껏 구사하는 '통합 행정 거버넌스 체계'를 갖추어야 한다. 이를 위해 중앙정부는 모든 권한의 80%를 지방으로 이양해야 한다. 연방제에서처럼 중앙정부는 외교·안보·국방·국제통상만 하고 나머지 경제와 산업 관련 업무와 인·허가, 교육 등을 전부 지방으로 내려보내는 파격적인 발상을 해야 한다.

통합 행정 거버넌스 체계는 부처 간 이기주의를 극복한 행정 체계로 중앙정부에서 부처별로 나뉘어져 있는 한계를 지방정부의 종합 행정으로 극복하는 게 핵심이다. 예를 들어, 신성장 동력 분야의 첨단 신기술은 중앙정부에서 교육부, 산업부, 과기정통부, 중기벤처부, 방송통신위원회 등에 각기 분절돼 있다. 이것을 5개 초광역권에서 종합 행정으로 통합해 효과를 극대화하자는 것이다.

지금도 중앙과 지방에 똑같은 사안이 터졌거나 급박한 대응을 할 때, 또는 어떤 발전 전략을 구사할 때 서울시가 중앙정부를 속도 측면에서 압도할 때가 종종 있다. 이것은 중앙부처와 서울시 공무원들이 훈련받고 양성된 방식이 다르기 때문이다. 무슨 이야기냐 하면 중앙부처의 장관들이나 공무원들은 한

부처에서 시작해 같은 부처에서 대부분 경력을 마친다.

반면 서울시 공무원들은 순환 보직을 통해 여러 부서에 근무하면서 통합적인 사고를 하는 인재로 길러진다. 이렇게 훈련받은 서울시의 엘리트 공무원들이 부처 이기주의를 이겨내고 현장과 해법 중심으로 정책을 만들어 더 통합적이며 창의적인 해법과 성과를 낸다. 이들의 해법이 알차다 보니 중앙정부가 그 것을 활용할 때도 많다.

5개의 초광역권 정부가 일을 제대로 할 수 있도록 현재 77% 대 23% 비율인 국세와 지방세 비율을 50% 대 50%로 개선하고 법인세와 부가가치세에서 적어도 각각 50조 원 이상을 중앙에서 5대 초광역권으로 이전해야 한다. 국세를 지방세로 이양하면 지방의 재정 자립도가 높아지고 지역 특성에 맞는 자율적인 재정 운용이 가능해진다.

여기서 한 걸음 나아가 법인세와 부가가치세의 일부를 이전할 때, 공동세共同稅 제도를 도입해 중앙과 지방이 세금을 나눠 쓰도록 아예 체계를 바꾸는 방안도 추진해야 한다. 이 방법은 법만 바꾸면 되니 국회에서 여야가 합의만 하면 가능하다. 공동세 제도는 서울시 실험을 통해 성과가 입증됐다.

내가 2006년부터 2011년까지 5년 동안 서울시를 경영할 당시, 서울시의 25개 자치구 간의 재원 격차는 엄청났다. 강남·서초·송파 등 이른바 강남 3구와 나머지 비강남 지역의 재원 격차는 25 대 1이었다. 2.5 대 1이 아니라 25 대 1로 양자 간 비교 자체가 불가능했다. 서울의 동북권역이나 서남권역은 아주 어려웠다.

당시에 나는 강남·서초·송파구에서 거둬들인 세금의 절반을 다른 자치구에 공평하게 나눠주는 혁명적인 발상을 행동으로 옮겼다. 재산세 공동과세 제도를 도입해 강남·서초·송파구에서 거둬들인 세금의 절반을 여타 자치구에 공평하게 나눠 25 대 1이던 격차를 10 대 1 안쪽으로 좁혔다. 공동세는 철옹성이 아니다. 실험을 통해 성공해본 경험이 있고 정착돼 있기에 자신 있게 말할 수 있다.

예산 지출도 포괄적 보조금 제도를 강화해 5대 초광역권이 주도하고 중앙정부는 이를 지원하도록 지방 개발의 패러다임을 바꿔야 한다. 지역균형발전회계에서 부처별·광역별 지출 한도 내에서 지방정부가 자율 편성을 하도록 하고 R&D 사업에 대해서도 포괄 보조금을 도입해야 한다. 이렇게 하면 5대 초광역권이 융통성 있게 지역 개발, 지방 개발 전략을 세우는 밑천을 만들 수 있다.

지금처럼 중앙정부에서 지방으로 전부 꼬리표를 달아 내려보내지 말고 '재량껏 한번 뛰어봐라' '마음껏 활용해봐라'고 격려해주어야 한다. 포괄 보조금 한도 안에서 사업 간 예산 이·전용을 허용하면 예산 낭비를 막을 수 있다. 지방으로 권한 이

양을 하려면 과감하고 신속하게 해야 한다.

2006년 특별법에 의거해 출범한 제주특별자치도의 경우, 행정·재정·입법·환경·국제교류 등 중앙정부에 있던 4,700건의 개별 사무를 7단계에 걸쳐 찔끔찔끔 넘겨받았다. 시행착오를 줄이기 위해서였다고 아무리 좋게 해석하려고 해도 지나치게 신중하고 너무 오래 걸렸다. 5대 초광역권에는 단기간에 과감하게 권한을 넘겨야 한다. 이미 실험이 끝났으니 믿지 못할 일도 없다.

④ 엘리트 공무원

5대 강소국 프로젝트는 지도자가 굳건한 실천 의지를 갖고 덤빌 때 가능성이 열린다. 확고한 믿음이나 의지 없이 종이 위의 마스터플랜만 갖고 시작하면 후퇴하기 십상이다. 이를 위해 지도자는 수백 년간 굳어진 중앙정부의 관료주의부터 타파해야 한다. 나는 우리나라 중앙정부의 관료주의는 모든 예산을 뒤흔드는 기획재정부(기재부)에서 시작한다고 본다.

기재부 때문에 지방을 살리고 지방 분권 강화를 위해 지방에 인력과 예산을 배분하자는 논의가 지금까지 번번이 좌초했다. 중앙정부는 돈으로 지방자치단체를 통제하는데, 그 돈(중앙정부 예산)을 쥐락펴락하는 게 기재부다. 기재부의 마음에 들지 않는 정책은 어느 지방자치단체도 펼 수 없다. 돈이 들어가는 모든 정책이 예외 없이 그렇다.

자기 확신이 없는 지도자가 새 대통령이 되어 기재부를 비롯한 중앙부처 공무원들의 보고를 듣다 보면, 본인이 그렸던 모든 구상이 6개월 뒤 흐릿해진다. 대통령이 되기 전 가졌던 구상은 온데간데없이 사라지고 또다시 과거에 구사했던 정책 논리대로 흘러가게 된다.

'지방과의 동행'을 하자거나 지방에 각종 권한과 예산을 주어 자율적이고 창의적인 발전을 유도하고자 할 때에도, 항상 "지방 공무원이 기획할 능력, 수행할 여력이 되느냐"는 반론이 따라온다. 이런 문제를 해결하는 방도는 명쾌하다. 가장 유능하다고 인정받는 기재부 공무원을 비롯한 중앙정부 공무원을 지방정부로 내려보내면 된다. 기재부 관료 가운데 4분의 1만 중앙에 남기고 4분의 3은 지방에 내려보내는 식이다.

발상의 전환을 이처럼 획기적으로 하지 않으면 5개 초광역권이 자체 인력만으로 발전 전략을 세우는 데는 한계가 분명하고 이들의 퀀텀 점프도 말잔치에 그치게 된다. 엘리트 공무원들이 중앙정부에 계속 몰려 있고 지방이 자체 인력만 가지고 발전 전략을 세우고 집행하는 것은 한계가 분명하다. 문제는 이런 구조를 어떻게 바꾸느냐다.

기재부 공무원을 비롯한 중앙정부 공무원이 지방정부행을 기피했던 것은 서울(또는 과천)을 떠나 지방에서 가족과 떨어져 근무해야 한다는 점, 유배당하는 기분 때문이었다. 그러나 중앙부처 상당수가 세종시로 옮기면서 '국가공무원=서울 근무'라는 등식이 사라졌다. 그 바탕 위에서 2개 방법이 가능하다.

하나는 지방자치단체에 국가공무원 정원을 늘리는 것이다. 이미 부시장, 부지사, 기획조정실장 등은 국가공무원으로 지정돼 있는데 여기에 기획·예산·투자유치 또는 대형 국책 사업 같은 업무 중심으로 자리를 좀 더 늘리는 것이다. 또 하나는 파견 근무, 인사 교류 확대다. 과거에 1~2명으로 수가 너무 적었던 점을 보완해 중앙정부와 지방정부 공무원 간의 상호 교환 근무를 늘려 서로의 입장과 업무에 대한 이해의 폭을 넓히는 것이다.

요체는 지방에 권한만 혁신적으로 과감하게 이양할 게 아니라 이를 제대로 활용할 수 있는 인재들까지 재배치하자는 것이다. 적정 수의 엘리트 공무원들을 지방에서 일하도록 해야한다. 중앙에 인재를 모두 모아놓을 일이 아니다. 우수한 공무원을 부산·울산·경남권 같은 5대 초광역권으로 내려보내 인적 자원을 갖추도록 해야 한다.

이들이 현지에서 재량껏 발전 전략을 자유롭게 세워서 자체적으로 돈을 벌고 영남과 호남, 충청 등을 건전한 경쟁 상태로 만든다면 포퓰리즘도 사라질 수 있다. 지방에 있는 우수한 공무원들이 싱가포르와 두바이를 찾아가 '이 나라는 어떻게 이렇게 단기간에 성장했을까'와 같은 고민을 밤새도록 해야 한다.

이들 공무원은 5개 초광역권별 실정에 맞는 초·중·고 및 대학 교육, 외국인 유치, 세금 정책 등을 설계해야 한다. 어떻게 외국인 고급 인재와 이공계 인재를 유치할 것인지, 이들에게 장학금을 어떻게 줘야 데려올 수 있는지 등을 초광역권이 절실함을 갖고 정책화해 구현하도록 해야 한다.

예산·지출 같은 자금과 우수한 공무원, 행정 권한 등을 지방에 획기적으로 넘겨줘 5개 초광역권이 특화된 성장과 발전 전략을 각자 마음껏 구사하는 환경을 만들어야 한다. 삼박자가 맞아떨어지면 우리나라의 5개 초광역권이 싱가포르나 아일랜드, 또는 쇠락했다가 다시 일어선 미국 도시들과 같은 글로벌 경쟁력을 확보할 수 있다. 지방의 도약과 변신은 고질적인 수도권 집중 문제를 완화하는 '특효약'이 될 것이다.

⑤ 선의의 경쟁

최근 4~5년 동안만 봐도 부산·울산·경남이나 대구·경북 같은 곳에선 통합 논의를 벌이다가 좌초되고 재개하는 모습이 반복되고 있다. 이는 모두가 합의하는 목표도, 구체적인 밑그림도 없는 상태에서 "일단 합치자"며 행정 체계 중심으로 접근한 결과다. 시·도지사가 있고 시의원과 도의원도 있는데 이해관계를 조정하는 일은 매우 어렵다.

5개 초광역권이 중앙정부에 더 이상 "예산을 달라"고 매달리지 않고 독자적인 재정권과 발전 전략으로 각자의 정책 상품으로 승부하도록 해야 한다. 특정 사업을 혼자 진행하기 어렵다고 판단하는 초광역권이 다른 초광역권과 힘을 합치거나 연합하는 사례가 생길 수 있다. 이런 경쟁 구조에선 '1인당 25만 원 민생 회복 지원금' 같은 인기 영합적 정책은 줄어들고 미래를 위한 투자가 활발해질 것이다.

대학을 R&D와 창업 거점으로 양성하기 위해 지방대 등록금 책정을 자율화하고 지방 대학교 규제를 과학기술정보통신부 소속 4대 과학기술원 수준으로 완화하는 방안을 적극 검토해야 한다. 현재 부산에 20여 개, 대전과 천안, 광주에 각각 10여 개, 서울에 54개가 있는 대학들은 5개 초광역권의 성장과 발전에 중요한 존재들이다.

나는 2006~2011년 당시 서울시장을 지냈던 경험을 되살려 2021년 시장에 취임한 후 혁신 성장에 투자하는 대학에 대해 건물 용적률을 최대 1,000%까지 허용해 사실상 무제한 용적률 인센티브를 적용하고 있다. 20개 자연 경관 지구에 있는 대학에 대한 건물 높이 7층(28미터) 같은 규제도 없앴다. 덕분에 현재 많은 대학이 신바람 나게 이공계 첨단학과를 위한 새 건물을 짓고 있다.

서울시는 25개 구에 청년취업사관학교를 짓고 있는데 여기서 2025년부터 4,000명의 IT 소프트웨어 개발자가 배출된다. 졸업생들은 모두 '문송('문과여서 죄송합니다'의 줄임말)', 즉 인문사회계 출신이다. 수료 후 개발자가 되는 취업률이 80% 가까이 된다. 대학 캠퍼스 안에서 창업 독려 사업도 벌여 서울은 증강 현실AR:Augumented Reality, 확장 현실XR: Extended Reality부터 애니메이션·게임·웹툰 산업 글로벌 허브로 도약을 꾀하고 있다.

이와 함께 서울은 '아시아의 금융 허브' '핀테크 허브'도 시도한다. 전임 시장 시절 글로벌 금융 허브 순위에서 30위까지 떨어졌던 서울시를 내 임기에 다시 10위권으로 올려놨다. 국회의사당이 있는 여의도 서쪽 편을 개발해서 홍콩을 떠나는 글로벌 금융사들을 여의도로 끌어와야 한다.

이처럼 중앙정부가 돈과 권한, 인재를 지방에 풀고 재량과 책임을 부여할 때, 5개 초광역권은 각자 적합한 비전과 전략을 만들어 힘차게 뛰게 된다. 초기에는 초광역권 간에 다소 격렬한 경쟁이 벌어질 수 있겠지만 곧 질서가 형성될 것이다. 무엇에, 어떻게 특화하는 게 서로 윈윈하는 방법인지는 시간이 흐르면서 정리되게 마련이다.

일부 불거질 수 있는 경쟁을 염려해 초광역권 간의 경쟁을 막는 것은 우리의 잠재된 능력과 에너지를 죽이는 일이다. 5개 초광역권이 자유와 자율, 창의와 책임을 바탕으로 강력한 선택과 집중 전략으로 최고의 성과를 내도록 해야 한다. 5개 초광역권이 집약된 에너지를 폭발시킬 때, 해당 초광역권과 대한민국의 퀀텀 점프는 자연스러운 수순이다.

싱가포르·두바이·아일랜드 같은 도시국가처럼 우리나라 5개 초광역권도 충분히 발전할 수 있다. 이를 겨냥한 새로운 판 짜기를 더는 미뤄선 안 된다. 지방과 대한민국이 모두 사는, 진정한 지방과의 동행을 위해!

국제 사회와의 동행

국제 교류의

자산

　　우리나라 정치인 가운데 나만큼 국제 사회와의 동행에 진심인 사람은 드물 것 같다. 나는 미국 예일대학교 로스쿨(1998년), 영국 런던 킹스칼리지 공공정책대학원(2011년), 중국 상하이 푸단대학교(2012년)에서 공부했다. 2013년 12월부터 1년 동안은 페루 리마와 아프리카 르완다 키갈리에서 코이카 중장기자문단원으로 6개월씩 봉사 활동을 했다.

　　강대국과 중진국, 후진국 등 5개국에 체류하며 현지와 소통한 경험은 이후 정치인과 서울시장으로서 일하는 데 큰 자산이 됐다. 정치인은 사익이나 개인의 영달보다 힘없고 소외된 사회적 약자를 위해 일해야 한다는 생각을 더욱 굳히는 계기가 되기도 했다.

서울시장으로도 나는 외국 주요 도시와의 교류 협력에 앞장
섰다. 2025년 1월 현재 서울시는 친선親善 도시 25개, 우호友好
도시 51개 등 전 세계 76개 도시와 친선·우호 관계를 맺고 있
다. 이를 토대로 서울시는 행정, 문화, 인적 자원, 경제, 스포츠
등 다양한 분야에서 진실한 국제 교류와 협력을 우리나라 어느
도시보다 활발하고 짜임새 있게 추진하고 있다.

나는 국내에서의 동행 노력 못지않게 국제 사회와의 동행이
중요하다고 생각한다. 2만 8,000명이 넘는 미군 병력이 70년
넘게 우리나라에 주둔해 있고, 한반도의 서쪽 바다와 동쪽 바
다 건너편에는 세계 2위, 3위 대국인 중국과 일본이 버티고 있
다. 유사 이래 우리나라는 중국·일본과 문물을 주고받으면서
운명적인 애환과 시련을 겪었다.

지금부터 120년 전인 1905년, 우리 선조는 제국주의 일본
에 국권을 빼앗기는 치욕을 겪었다. 최근 거세게 요동치는 국제
사회의 움직임을 보면 아무리 21세기 첨단 사회라도 우리나라
지도층이 방심하고 분열하면 또다시 비슷한 수모를 겪을 수 있
다는 생각이 든다. 우리나라 지도자라면 모름지기 국제 사회와
의 건강한 동행을 통해 대한민국의 주권을 수호하고 국민의 자
유와 번영을 보장하는 일에 최우선순위를 둬야 한다.

최근 국제 정세 변화는 우리에게 많은 도전을 제기하며 상
당한 우려를 자아내고 있다. 7년 전 내가 《미래》를 집필할 때

만 해도, 미·중 패권 경쟁 또는 미·중 전략 경쟁이라는 용어를 주로 사용했지 '신냉전New Cold War'이라는 용어는 거의 쓰지 않았다. 그러나 지금은 '신냉전'이라는 표현이 빈번하게 등장한다. 미국과 중국의 경쟁이 전 지구적 차원에서 모든 분야에 걸쳐 사활을 건 강대국 싸움으로 격화됐음을 뜻한다.

이번 미·중 신냉전도 1950~80년대 미·소 냉전처럼 각자의 세력권 보존과 확장을 놓고 벌이는 지정학적 경쟁 양상을 보인다. 주로 유럽을 놓고 경쟁했던 미·소 냉전과 달리 미·중은 인도·태평양에서 치열하게 맞붙고 있다. 최근 들어서는 아프리카, 중남미 같은 글로벌 사우스Global South와 북극, 우주 공간으로 싸움이 확장되는 모양새다.

눈에 보이지 않는 이념적 경쟁도 뜨겁다. 중국은 구소련처럼 공산주의 이념 세계 전파를 주장하진 않는다. 그러나 중국식 정치·경제 모델이 서구 자유민주주의와 시장자본주의 모델의 대안이 될 수 있다고 믿고 있다. 시진핑 중국 공산당 총서기는 물론이고 블라디미르 푸틴 러시아 대통령도 이런 인식을 공유하고 있다.

자유주의 국제 진영과의 동행

　미·중 신냉전은 한국을 포함한 세계 각국에 "내 편인지, 남의 편인지"를 물으며 어느 한쪽 진영에 속할 것을 요구한다. 대상은 민주주의, 인권, 법치 존중과 항공·항행·교역 자유를 지지하는 자유주의 국제 진영과 여기에 변경을 가하려는 수정주의 국제 진영이다. 전자에는 미국과 한국, 일본, 호주, 뉴질랜드, 캐나다와 유럽 NATO 동맹국이 속해 있다.

　후자에는 미국 주도의 기존 국제 질서를 자신들의 입맛에 고쳐 쓰려고 하는 중국, 러시아, 북한, 이란 등이 참여하고 있다. 미국에 맞장을 뜨며 최전방에서 싸우는 중국이 이쪽 진영의 리더다. 두 진영에 속하지 않고 중간 지대에서 줄타기하는 인도, 브라질, 튀르키예 등도 있다.

　자유주의 국제 진영과 수정주의 국제 진영은 과거 미·소 냉전과는 달리 글로벌 공급망 사슬로 경제가 실타래처럼 얽혀 있다. 현재 중국은 세계에서 100개가 넘는 나라의 무역 1위 상대국이고 중국의 GDP는 세계 GDP의 18.7%(2023년 기준)를 차지한다. 그래서 미·중은 서로를 공급망에서 떼어내려 디커플링de-coupling을 시도하지만 현실에선 그게 쉽지 않다.

　이 과정에서 첨단 반도체, AI, 양자컴퓨터 같은 기술과 경제가 세계적 패권 경쟁에 결정적인 변수로 부상해 '경제 패권' '기술 패권' 전쟁이 미·중 신냉전에서 가장 중요한 싸움터로 부상했다. 여기에서 '경제 안보'라는 개념도 등장했다.

이 같은 격변은 국제 사회와의 동행을 큰 틀에서 강하게 규정한다. 미국, 중국이라는 강대국의 영향력과 세력권에서 우리는 자유로울 수 없는 존재이기 때문이다. 이런 변화의 바람이 불기 전까지 우리나라는 "안보는 미국에 의탁하고 경제적 이익은 중국으로부터 얻는다"는 안미경중安美經中을 국가 전략으로 삼았다. 1992년 한·중 수교부터 30여 년 동안 이 기조를 유지했다.

이제 '안미경중'은 더는 유효하지 않은 시대다. 두 진영 가운데 한쪽을 선택해야 한다면, 나는 '자유주의 국제 진영'과의 동행을 선택해야 한다고 생각한다. 이것은 우리가 미국과 중국 가운데 어느 한쪽 편에 서야 한다는 강박 관념에 의해서가 아니라 우리의 생존과 번영을 위한 자발적인 결단에서다.

이유는 자명하다. 대한민국은 자유주의 국제 질서 아래에서 정치적 주권 독립과 경제적 번영을 일구었고 그 혜택을 가장 많이 받았다. 자유·인권·법치와 국제법에 근거한 평화로운 분쟁 해결 같은 자유주의 국제 질서는 한국의 미래 번영에도 결정적으로 유리하다. 반대로 수정주의 진영을 선택할 경우, 우리는 중국의 정치적 종속 국가, 경제적으론 공급망의 하청 국가가 될 가능성이 다분하다.

2015~16년 한국의 사드THAAD 배치에 대한 중국의 무차별

적인 보복과 안하무인적 행태에서 우리는 중국의 민낯을 경험했다. 나는 "수정주의 진영, 무엇보다 중국의 위압에 굴복하면 한국의 국가 주권이 홍콩처럼 사실상 유명무실해질 것"이라는 전문가들의 진단에 동의한다.

한국의 핵심 국가 이익은 강력한 안보를 바탕으로 자주와 자립, 자존을 유지하며 지속적인 자유와 번영을 누리는 것이다. 이를 지키려면 현재 도전에 직면한 자유주의 국제 질서를 수호하고 강화하는 데 한국이 적극 참여해 그 나름의 역할을 해야 한다. 미국은 2024년 11월 현재 국가 부채가 36조 달러가 넘고 매년 그 이자 비용으로 1조 달러 이상을 내는 '지쳐가는 거인weary titan'이다. 미국 홀로 자유주의 국제 질서를 수호하라고 떠넘기고 팔짱만 끼고 있을 수 없다.

서유럽과 중·동부 유럽의 자유주의 국가들은 우크라이나-러시아 전쟁 때문에 비상이 걸려 여력이 없다. 한국은 인도, 일본, 호주 등보다 뛰어난 훈련된 군 병력과 강력한 재래식 무기를 갖추고 있다. 아세안과 중남미, 아프리카 등에서 한국은 세련된 중견 국가로 호평받고 있다. 한국이 자유주의 국제 진영의 일원으로서 자유주의 국제 질서 수호에 나선다면, 그것은 한국의 국가 이익에 도움이 될 뿐만 아니라 세계사의 진로에도 크게 기여하는 행위다.

국제 사회와 동행하는 발걸음을 내디딜 때, 한국은 유일한 동맹국인 미국은 물론이고 일본, 호주 같은 역내 자유주의 국가와 유럽 자유주의 국가들과 협력 수준을 높여 자유주의 국제 질서의 부흥과 강화에 앞장서야 한다. '뜻이 같은 나라들like-minded countries'과의 동행, 즉 자유주의 진영과의 동행이야말로 한국의 핵심 국가 이익을 수호하고 증진하는 가장 기본이다.

기회의 땅,

트럼프의 미국

　　2025년 1월 20일 제47대 미국 대통령으로 도널드 트럼프가 취임하면서 세계 정세는 더욱 거세게 요동치고 있다. 그는 취임 10여 일 만에 캐나다와 멕시코, 중국을 겨냥해 각각 25%와 10%의 보편적 기본 관세 부과를 결정했고 국내에선 불법 입국자들을 대대적으로 체포해 송환하는 작전을 벌이고 있다.

　　2020년 11월 대선에서 패배해 4년의 정치적 공백이 있었던 트럼프는 더 강력한 모습으로 복귀했다. 트럼프의 공화당은 행정부 외에 연방 상·하원까지 장악했다. 연방대법원 대법관 구성도 6 대 3으로 공화당 우위 구조다. 미국 정치의 전통인 '견제와 균형'이 잘 작동하지 않고 트럼프가 무소불위의 권력을 휘두를 수 있는 상황이다.

문제는 트럼프 대통령이 제2차 세계대전 이후 미국이 창출하고 주도적으로 관리해온 자유주의 국제 질서를 수호하고 유지·발전시키는 데 그다지 큰 관심이 없다는 사실이다. 많은 전문가는 트럼프의 등장으로 미국이 80년 동안 떠맡아온 전통적인 글로벌 리더십을 버리고 평범한 정상적인 강대국a normal great power으로 돌아갈 것으로 예상한다.

CNN 정치 분석가인 파리드 자카리아 박사의 지적대로 미국은 세계를 이끌어갈 능력이 있음에도 불구하고 자신감을 잃고 리더십을 방기하는 모습이다. 트럼프가 1기 집권(2017~2020년) 때부터 보인 이런 노선은 미국 국민의 광범위한 지지를 받아 '정책 명령mandate'이 됐다. 세계화 구호가 사라진 자리를 트럼프가 입버릇처럼 외치는 '미국을 다시 위대하게MAGA'와 '아메리카 퍼스트America First'가 차지하고 있다.

분명한 것은 누가 미국 대통령이 되든, 미국은 한국의 국가 안보에서 가장 중요한 유일무이의 동맹국이라는 사실이다. 동북아의 척박한 국제 정치 역학 관계에서 한국이 지금과 같은 번영을 누릴 수 있었던 것은 한·미 동맹이라는 굳건한 초석 덕분이라고 해도 과언이 아니다. 앞으로 한국의 지속적인 번영을 위해서도 트럼프 2기 행정부와 한·미 동맹을 공고히 하는 게 매우 긴요하다고 본다.

하지만 트럼프 특유의 거래주의적 접근과 동맹 경시, 과도한

'관세 사랑'은 한·미 동맹을 위태롭게 할 수도 있다. 따라서 우리는 어느 때보다 주도면밀하고 전략적인 대응 자세를 갖추어야 한다. 나는 2024년 미국 대선 기간 중 《신의 개입: 도널드 트럼프 깊이 읽기》와 트럼프가 41세 때 쓴 《거래의 기술》을 읽었다.

2권의 책을 읽으면서 트럼프는 흔히 생각하는 돌출 분자, 이단아, 돈만 아는 정치인 정도로 치부할 인물이 아니라는 것을 확인했다. 술과 담배, 도박, 마약 등을 평생 멀리한 그는 19권의 책을 썼고 협상과 거래에 탁월한 재능과 실력을 소유하고 있다. 그는 자신이 애독한 《손자병법》을 "미국 국민이 읽기를 바라는 첫 번째 책"이라며 권유했다. 예측 불가능한 인물이라는 선입견과 달리 그는 특정 문제에서는 놀라울 정도로 집요하고 일관된다.

협상의 달인과 협상하기

"잘사는 나라 한국이 방위비 분담금을 더 내야 한다"는 발언을 그가 2024년 5월까지 125차례 반복했다는 사실이 그의 일관된 성향을 잘 보여준다. 그의 공약 이행률은 역대 미국 대통령 가운데 가장 높은 수준에 속한다. 우리는 미국의 어떠한 대통령과도 완전하게 구분되는 트럼프 대통령 개인의 특성을 잘 파악하고 분석하며 대비해야 한다. 그렇지 않았다가는 우리 대한민국의 생존이 위태로워질 수 있어서다.

한·미 동맹이 첫 번째 시금석이다. 물론 트럼프 혼자서 한·미 동맹을 뿌리째 흔드는 결정을 내리기는 쉽지 않을 것이다. 하지만 그가 집권 1기 때 꺼냈던 주한 미군 철수나 한·미 연합 훈련 중단 같은 카드를 또다시 들고 나올 가능성은 다분하다. 한국을 상대로 한 그의 방위비 인상 요구는 집요할 것이며, 한국은 2024년 10월 한·미 방위비 분담 특별 협상SMA에서 내린 결론보다 더 많은 방위비를 부담하게 될 공산이 높다.

이에 대해 우리도 거래주의적으로, 즉 주고받기식으로 임하는 것이 맞다고 생각한다. 방위비 분담금을 더 내는 대가로 주한 미군과 한·미 연합 훈련은 건드리지 말라고 요구하고, 한국이 더 제고된 '핵 잠재력'을 갖출 수 있는 방향으로 추가 협상을 해야 한다.

경제 분야에선 트럼프가 한국에 대해 10~20%의 보편적 기본 관세를 부과하고 FTA 재개정을 요구할 가능성이 있다. 인플레이션감축법IRA:Inflation Reduction Act과 반도체법Chips Act을 수정해 한국 기업에 대한 보조금 혜택을 줄이거나 중단할 수도 있다.

우리는 미국산 원유와 천연가스 수입을 더 늘려 대미 무역 흑자를 줄이는 한편, 미국에 최근 3년 동안 가장 많은 외국인 직접 투자FDI를 하고 미국 현지 일자리도 가장 많이 창출한 나라라는 사실을 설명해 미국 측의 오해와 분노를 가라앉혀야 한다.

트럼프 2기가 한국에 위기만 가져오는 것은 아니다. 한국의 조선업과 원전·석유화학 산업은 오히려 큰 기회를 맞을 공산이 높다. AI, 반도체, 바이오, 이차전지 같은 분야에서 한국과 미국이 의기투합해 중국이 배제된 글로벌 공급망을 만든다면 한국에 '경제적 대박'이 될 수 있다. 호랑이가 무섭다고 도망만 다닐 수는 없다. 트럼프의 미국을 대할 때도 마찬가지다.

트럼프는 자신의 공약을 거의 그대로 관철한다는 점에서 '매우 예측이 가능한' 정치인이다. 그가 실현하려는 세상에 대해 우리가 선행 학습을 하고 그에 맞춰서 같이 그림을 그려주면서 그 그림을 성공시킬 때 우리도 큰 이익을 챙길 수 있을 것이다. 트럼프를 우방국으로부터 돈만 뜯어내는 '장사꾼 대통령' 정도로 여기는 표피적인 인식을 뛰어넘어야 한다. 트럼프의 성공이 대한민국에도 도움이 된다는 자세로 적극 동참할 때, 트럼프 2기가 대한민국에 큰 기회로 다가올 것이다.

'협상의 달인'인 트럼프와는 더 영리하게 협상해야 한다. 줄 것은 주되 받아낼 것은 반드시 받아내야 한다. 트럼프에게 줄 것을 주더라도 적시·적소에 주어야 효과가 극대화된다. 한국은 그동안 트럼프가 동맹에 요구하는 것들을 많이 들어줬다. 다른 동맹국들보다 더 많은 국방비를 지출하고 방위 산업도 구축했다.

2020년대 들어 우리가 미국에서 일군 일자리 창출과 투자

현황 등을 목록으로 잘 정리해 보여주면서 트럼프의 업적이 될 수 있는 청사진도 제시해야 한다. 트럼프가 큰 관심을 보이고 있는 미국 해군력 강화와 이를 위한 한국 조선업과의 협력, 원자력 동맹 같은 공동 협력 분야를 다른 산업으로 확대하고 심화·발전시켜야 한다.

우리의 입장을 어떻게 관철할 것인가

많은 전문가는 트럼프 2기에 트럼프와 김정은의 정상 회담은 시간문제일 뿐이라고 지적한다. 그러나 2019년 하노이 정상 회담에서 굴욕을 맛본 김정은이 쉽사리 응할 것 같지는 않다. 그렇다고 트럼프가 회담 성사를 위해 김정은에게 조건 없이 큰 선물을 안겨줄 수도 없다. 이를 고려하면 미국과 북한 간의 정상 회담은 러시아-우크라이나 전쟁이 종전으로 향해 가거나 큰 틀에서 미·중 관계 구획 정리 같은 중요 외교 현안 해결 뒤에 이뤄질 가능성이 높다.

우리로선 트럼프와 그 측근들의 일과성 발언이나 미·북 관계 움직임에 일희일비하는 것을 경계해야 한다. 그 대신 우리 나름대로 중심을 잡고 트럼프 정부와 긴밀한 소통 채널을 구축해 한국이 패싱당하는 최악의 사태를 막아야 한다. 나아가서 미·북 정상 회담이 성사되더라도 한국의 입장과 목표를 더 많이 반영하고 관철하도록 만반의 준비를 하고 구조를 만들어야 할 것이다.

일부 정치학자는 '아메리카 퍼스트'를 내건 트럼프주의가 트럼프의 두 번째 임기 4년에 그치지 않고 향후 10~20년간 지속될 수 있다고 지적한다. 한국은 이런 경우에 대비해 미국을 우리의 '희망적 사고'가 아니라 미국인의 입장에서 이해하는 '내재적 관점'으로 조망하고 미국의 실체를 있는 그대로 복안적 관점에서 담담하게 분석하고 진단할 필요가 있다.

MAGA 시대의 미국은 1945년 제2차 세계대전 이후 80년 가까이 우리에게 익숙했던 과거의 미국과 뼛속부터 달라져 있다. 이런 상황에서 구태의연한 전략·전술로 미국을 상대하고 재단하려 했다가는 자칫 큰 실패와 손실을 맛볼 수 있다.

미국은 중국, 일본과 달리 한반도에 영토적 야심이 없는 역외域外 강대국이다. 또 두 나라와 달리 한국의 주권을 상대적으로 더 존중하며 동반자로 대하는 편이다. 그런 점에서 우리의 생존과 번영을 위해 자유주의 국제 진영의 핵심인 미국과의 동행에 더욱 많은 정성과 공을 들여야 한다.

다만 그것을 추진하는 방법은 세련되고 발전된 형태였으면 한다. 2024년 11월 26일에 서울에서 열린 제18회 한·미 동맹 포럼에서 소상히 밝혔듯이, 경제력과 국제 사회의 위상이 G10

수준으로 높아진 대한민국은 미국과도 줄 것은 주고 받을 것은 받는, 균형 있고 당당한 협상을 해야 한다. 특히 우리의 경제력과 최첨단 기술로 미국과의 협상에 임하고 우리가 미국에 도움이 될 때, 우리는 더 존중받고 한·미 동맹도 굳건해질 수 있다.

미국의 선의에 기대지 말라

동시에 미국 우선주의가 미국 외교 정책의 뉴 노멀이 된 상황에서 대한민국의 생존과 국가 안보를 미국의 선의 하나에만 의존해선 안 된다. 한국은 한·미 동맹을 공고히 하면서 NATO, 영국, 일본 등 자유주의 국제 진영 국가들과 더욱 깊은 관계를 다져나가야 한다. 이와 함께 우리의 자주·자강 노력의 중요성은 아무리 강조해도 지나치지 않을 것이다.

가장 시급한 과제는 급속도로 강화되는 북한의 핵무기와 첨단 미사일 능력에 대한 철저한 대비다. 북한의 김정은은 한국을 대상으로 핵 선제 공격까지 할 수 있다는 핵 교리를 발표했다. 북한이 방사포와 단거리 미사일에 전술핵을 탑재해 한국을 공격한다면, 서울을 비롯한 수도권 일대에 피해가 집중될 것이다. 나는 1,000만 서울 시민의 안전을 책임지고 있는 서울시장으로서 북한의 핵 위협에 '매우 심각'한 우려를 표명해왔다.

한국은 급증하는 북한의 핵 미사일 위협에 대응하기 위해 '3축 체계Kill Chain'를 구축해놓고 있다. 그러나 3축 체계는 재래 식 무기 능력에 주로 의존해 한계가 많다. 이를 보완하고자 한 국은 미국의 '확장 억제extended deterrence' 지원을 받고 있다. 워 싱턴 선언과 한·미 핵협의그룹NCG:Nuclear Consultative Group도 발족 했다.

확장 억제는 그러나 태생적 한계를 지니고 있다. 한국 국민 은 미국의 능력을 의심하지는 않지만, 미국의 의지를 100% 신 뢰하지 못하고 있다. 확장 억제는 우리 자신의 억지력이 아니라 미국의 억지력이기 때문이다. 북한의 핵 미사일이 미국 전역까 지 타격할 수 있는데, "미국이 워싱턴DC를 지키기 위해 서울 을 포기하는 것 아닌가?"라는 의문을 가진 한국 국민이 많다.

북한의 실재하는 위협에 대해 나는 '핵에는 핵으로'라는 가 장 간단하고 확실한 자구책 외에는 다른 대응 방안이 없다고 본다. 나는 북한의 핵은 한국의 핵으로 억제해야 한다는 문제 의식 아래 독자적인 핵 무장에 방점을 찍어왔다. 이런 주장에 대해 처음에는 반대의 여론이 거셌지만, 이제는 절반이 넘는 한국 국민이 지지하고 있다.

그렇다고 한국이 핵 무장을 실제로 감행한다면 한국의 안 보는 더 취약해질 가능성이 높다. 일각에서는 트럼프 미국 대 통령이 한국의 핵 무장을 용인할 것이라고 하지만 가능성은 크지 않다. 미국이 동의하는 한국의 핵 무장은, 미국이 핵 전략을 전면 수정하지 않는 한 불가능하다. 비슷한 이유로 미국의 전술핵 한반도 재배치도 현실적이지 않다.

나는 한국의 '핵 잠재력nuclear latency' 강화가 현실적인 대안이라고 생각한다. 이는 한국의 독자적인 핵 무장론의 발전된 대안이기도 하다. 핵 잠재력이란 핵무기를 만들지 않아 핵확산금지조약NPT을 위반하지는 않으면서 '브레이크아웃 타임'을 최소화해 단기간에 핵무기를 만들어 배치할 수 있는 능력을 말한다. 한국도 일본과 비슷한 수준의 핵 잠재력을 갖춰야 한다고 생각한다.

이는 경제적 이유에서도 필요하다. 국제 사회가 인정하는 평화적 원자력 사용의 모범국인 한국은 원자력 글로벌 공급망에서도 중요한 위치를 차지하고 있다. 현재 26기의 원자력 발전소를 운영하며 세계 5위권 규모의 농축 우라늄을 사용하고 있다. 하지만 20% 미만의 우라늄 저농축만 허용되고, 그것도 미국과 사전 합의를 거쳐야 할 수 있다. 그러다 보니 한국은 우라늄 농축을 다른 나라에 전량 위탁하고 있다.

핵 잠재력과 핵 억지력

이에 비해 일본은 20% 미만의 우라늄 농축이 전면 허용돼 있고, 20% 이상 농축도 미국과 합의로 가능하다. 일본은 한국과 달리 사용 후 핵 연료도 재처리할 수 있다. 일본은 이미 상당량의 농축 우라늄을 비축해놓은 것으로 알려져 있다. 북한 핵 대응과 동시에 경제 안보 차원에서도 한국은 더 강화된 우라늄 농축 권한을 확보해야 한다.

한국의 우라늄 농축이 핵무기용 고농축우라늄HEU으로 전용될 수 있다는 미국의 우려 때문에, NPT가 허용하는 평화적 농축 권한까지 제약받고 있는 현실은 부당하다. 조속히 한·미 원자력협정을 개정해 미·일 원자력협정과 한·미 원자력협정 간의 격차를 시정해야 한다. 한국은 트럼프 2기 정부와의 협상에서 방위비 분담금을 좀 더 내더라도 한·미 원자력협정 개정을 성사시켜야 한다.

한국의 핵 잠재력 증강은 안보 효과로 이어진다. 한국은 강화된 우라늄 농축 권한을 평화적 목적으로 사용할 것임을 천명해야 한다. 하지만 안보 상황이 악화할 경우, 강화된 핵 잠재력을 군사적 목적으로 사용할 것이라는 사실을 부인할 필요는 없을 것이다. 이는 우리의 핵 억지력 강화로 이어질 것이다.

북한, 중국, 러시아 3국은 모두 핵무기를 보유하고 있고 핵 공조 가능성도 상당하다. 중국은 미국에 버금가는 핵무기 강국이 되겠다는 야심을 숨기지 않고 있다. 한·미·일 3국은 미국의 핵 능력에 의존하는 확장 억제 외에 한국과 일본의 핵 잠재력을 더 증진해 공동으로 대응하는 새로운 방안도 모색해야 한다. 첫 번째 시도로 한·미 원자력협정을 개정해야 한다.

자유주의 국제 진영과의 동행에서 빼놓을 수 없는 것은 한·미·일 3국 안보 협력이다. 일각에서는 한·미·일이 괜히 3각 안보 협의체를 만들어 가만히 있는 북한·중국·러시아를 자극한다고 비판한다. 번지수가 틀린 진단이다. 북·중·러 연대가 먼저이고, 한·미·일 연대는 그에 대한 대응으로 등장했다. 핵으로 무장한 북한의 위협이 도를 넘고 북·중·러가 수정주의 세력으로 뭉치면서 한·미·일 3국이 협력해야 한다는 여론이 국제 사회에서 자연스레 모인 것이다. 그 과정에서 2023년 8월에 3국 정상은 미국 메릴랜드주 캠프데이비드 별장에서 한·미·일 3국 안보 협의 발족에 합의했다.

이로써 북한 핵 미사일 실시간 정보 공유와 대對잠수함 작전, 미사일 방어 능력 향상 등과 한국의 인도·태평양 관여가 가능해졌다. 세계 인구의 65%가 거주하는 인도·태평양은 세계 GDP의 62%를 차지하는 가장 중요한 지역이다. 한·미·일 3국 안보 협의가 지속적으로 이어지려면 우리나라 국민의 지지가 필수적이다.

관건은 한·일 관계다. 한국의 일부 정치인이 '친일 국방'이라는 해괴한 개념을 만들어 국민 여론을 오도하고 있는데, 이들의 선동에 우리 국민이 솔깃하지 않았으면 한다. 우리는 동족상잔의 비극을 일으킨 북한의 김일성 일가도 포용하려고 했다. 우리 국민에게 씻을 수 없는 상처를 준 일본이지만 핵심 국가 이익을 지키기 위해 일본과도 협력할 수 있어야 한다.

2024년 8월 23일 부산에서 열린 한국정치학회 국제학술대회 특별 대담에서 말했듯이 나는 한·미·일 3국 관계의 역학 구조 안에서 한·일 관계가 작동하는 게 대단히 중요하고 의미가 있다고 생각한다. 그런 점에서 윤석열 정부가 여러 리스크를 감내하면서 빠른 속도로 한·일 관계를 복원하기 위해 노력한 점은 역사적으로 평가받을 부분이 있다고 생각한다.

여러 통계를 종합하면 한국은 이제 일본과 거의 대등해지고 있다. 우리가 일본을 완전히 넘었다고 이야기하기는 어렵지만 경제력으로 보나, 군사력으로 보나, 문화적 역량을 포함한 소프트 파워로 보나 한·일 관계에서의 시선을 우리가 언제까지나 과거에 머물게 할 필요는 없는 단계에 왔다고 본다. 한·일 관계를 복원하고 그것을 핵심 요소로 하는 한·미·일 3국 안보 협의를 실질적으로 진전시켜야겠다.

중국, 환상을 넘어

원칙으로

1992년 수교 후 밀월을 구가했던 한·중 관계는 최근 차갑게 식어 있다. 양국 국민 사이에는 반중·반한을 넘어 혐중·혐한 정서가 번지는 모습이다. 2024년 6월에 발표된 미국 여론조사 기관인 퓨리서치센터 조사에 따르면 한국인 100명 중 77명이 중국에 대해 부정적인 감정을 갖는다고 한다.

그럼에도 불구하고 한·중 양국은 서로 이사를 가지 못하는 불가분의 관계에 있다. 어떻게 보면 한국과 중국, 일본 등 동아시아 3국은 지리적으로나 역사적, 숙명적으로 동행하지 않을 수 없는 처지다. 특히 세계 2위 군사·경제·인구 대국인 중국을 어떻게 인식하고 대응하느냐에 따라 한국의 미래 운명이 크게 달라진다.

나는 한국이 중국에 대해 3개의 환상을 갖고 있었다고 생각한다. 한반도 통일에서 결정적인 협력국, 북한 비핵화에서 중요한 협력 파트너, 한국의 지속 가능한 발전에 필요한 거대한 시장 제공 등이다. 많은 전문가가 "한국 역대 정부가 이런 환상에 사로잡혀 정정당당한 중국 외교를 하지 못했다"고 지적하는데, 나도 이 견해에 동의한다.

베이징올림픽 성화 봉송 폭행, 천안함 폭침, 연평도 폭격, 박근혜 대통령의 천안문 망루 외교, 사드와 AIIB(아시아인프라투자은행), 홍콩 민주화 지지 폭력, 코로나19 팬데믹 등에서 한국의 대중 외교는 '저자세 외교' '조용한 외교' '굴종 외교'로 특징지어졌다. 한국이 제 목소리를 내지 못하고 중국의 입장에 순응했다는 말이다.

한국 정부 당국자들 사이에서는 주요 정책을 결정하기 전부터 '중국이 어떻게 반응할까' '중국의 추가 제재가 있지 않을까'를 걱정하는 나쁜 버릇이 생겼다. 중국 앞에서 할 말을 제대로 하지 못하고 비겁하게 움츠러드는 공중증恐中症이 한국 사회에 똬리를 틀었다. 이런 풍토는 지금도 고쳐지지 않고 있다.

폐해는 문재인 정부 들어 최고조에 달했다. 문재인 정부는 집권 직후부터 한국 영토 내에 사드 배치 등을 놓고 중국에 '3불不 합의'를⁴⁵ 해주는 눈치보기 외교를 했다. 문재인 대통령은 2017년 12월에 있었던 3박 4일간의 중국 국빈 방문 기간

동안 10번의 식사 기회 중 시진핑 중국 국가주석과의 국빈 만찬, 천민얼 충칭시 당서기와의 오찬을 제외한 8번의 식사를 혼자 함으로써 국내에서 "역대급 굴욕"이라는 비판을 받았다.

당시 그의 방중 기간에 중국 경호원의 한국 취재 기자에 대한 집단 폭행 같은 중국 측의 상식 이하의 도를 넘는 외교적 결례가 벌어져 국민적 공분을 사기도 했다. 중국 정부가 불에 기름을 끼얹는 격으로 한한령限韓令 같은 비공식 경제·문화·관광 제재를 가하면서 한국 국민의 반중 정서는 더 거세졌다.

현실과 동떨어진 대중 정책

반대로 중국은 2049년까지 세계 1위 패권국이 되겠다는 '중국몽中國夢'이라는 큰 국정 목표의 틀에서 한국을 대한다. 중국은 자국이 핵심 전략 지역으로 삼고 있는 지역에서 외세를 축출하는 데 전력을 다한다. 중국의 최후 방어선인 제1도련선 안에 들어 있는 한국에 상주하는 주한 미군과 그 근간인 한·미 동맹은 중국이 보기에 눈엣가시 같은 존재다.

주한 미군 철수와 한·미 동맹 해체를 한반도 전략적 목표로 삼고 있는 중국은 한반도에 자유민주주의 통일 국가가 들어서는 통일을 원하지 않는다. 중국은 러시아와 함께 북한 비핵화가 아니라 북한에 대한 제재 완화와 해제를 요구하고 있다. 2024년 10월, UN의 대북제재위원회 전문가 패널은 중국의 기권과 러시아의 반대로 임기를 연장하지 못한 채 종료됐다.

　경제 분야에서도 많이 달라졌다. 한·중 수교 이후 20여 년 동안 한국의 앞선 기술과 노하우 이전移轉, 중간재 및 부품 수입과 투자 유치를 갈망하던 중국의 태도는 최근 정반대로 달라졌다. 한국 정부와 기업은 중국 당국자들로부터 존대받기는커녕 뒷전으로 밀려나고 있다. 양국 간의 산업 격차가 좁혀지고 몇몇 분야에선 오히려 중국이 앞서기 시작하면서부터다. 한국은 2023년부터 매년 중국과의 무역에서 적자를 내고 있다.

　중국은 한국이 매년 상당한 무역 흑자를 내는 알짜 시장이었으나 그런 좋은 시절은 완전히 끝났다고 볼 수 있다. 한국이 중국에 더 의존하는 비대칭적인 구조가 형성된 탓이다. 우리 정부와 기업은 천편일률적인 대중 외교와 산업 정책을 펴면서 현실과 동떨어져 있는 게 아닌지 되돌아봐야 한다. 달라진 현실을 고려해 우리의 사고방식과 대중 접근법도 바뀌어야 한다.

　경제 분야에서 한국은 먼저 중국과 차별화되는 부가가치 높은 산업 분야를 적극 육성·발전시켜야 한다. 이런 차원에서 중국을 배제한 새로운 글로벌 공급망을 만들려는 미국과 자유주의 국가들과의 협력·연대를 강화하는 방안을 추진해야 한다. 반도체 분야에서 한국과 미국, 일본, 대만 4개국 간의 연대를 잇는 '칩chip 4 동맹'을 다른 산업 분야로 확대하는 것이다.

여기에서 중요한 것은 미국이나 일본이 갖지 못한 한국만의 첨단 기술력이나 탁월한 제조 역량 같은 우리만의 지렛대leverage를 갖는 것이다. 이런 지렛대가 있어야만 미국 등의 요구에 일방적으로 끌려다니지 않고 한국의 이익과 의지를 관철할 수 있다. 중국을 배제한 글로벌 공급망을 만들어낸다면, 그것은 한국에 '경제 대박' 효과를 내게 된다.

이를 위해 우리는 미국의 대중 봉쇄·견제 전선에 적극 참여해 한국의 동맹 가치를 적극 높이고 축적된 신뢰를 바탕으로 미국으로부터 첨단 원천 기술을 이전받아야 한다. 한국에 고급 기술 인력과 독보적인 제조 생산 능력, 산업 생태계가 있는 점을 설득해 조선 건조와 유지 보수MRO, 반도체, 이차전지, 원자로 등의 한국 내 제조·생산 위탁도 끌어내야 한다.

중국 내 삼성전자와 SK하이닉스 반도체 공장은 구형 레거시 반도체만 생산·판매하는 수준으로 미국의 양해를 얻어야 한다. 중국의 군사·안보 도발 행위에 맞서 우리는 바다에 대한 통제력을 강화해야 한다. 바다 통제를 통해 한국 방공식별구역KADIZ 안으로 중국 전투기의 일방적인 무단 진입도 막아야 한다.

넘지 말아야 할 마지노선

중국에 대한 한국 나름의 외교·안보 원칙을 공표하는 방안도 생각해볼 만하다. 세계의 강대국 또는 약소국은 영토 주권, 평화와 안정 수호, 자국 체제와 가치 존중 같은 기본적이고 보편적인 내용을 담은 외교 원칙을 천명한다. 내가 생각하는 우리나라의 대중 외교 원칙을 정리해보면 다음과 같다.

이런 원칙을 공표함으로써 우리는 중국과의 충돌 방지 장치와 갈등 예방 기제를 만들어나가야 한다. 중국이 한국에 지켜야 할 레드라인은 한국의 주권과 생존권 침해를 금지하는 최후

중국이 넘지 말아야 할 대한국 마지노선	한국이 넘지 말아야 할 대중국 마지노선
한국 배타적경제수역EEZ 내에서의 군사 활동	중국의 핵심 이익(대만, 인권 등) 존중
북한의 대남 위협과 공격행위 동조 한국의 방공식별구역KADIZ 무단 침입	노골적인 대중 군사적 포위망 참여 및 공격형 무기 배치
한국 영해 내 불법 조업과 불법 시설물 설치	미군 해군 기지 구축
남중국해·동중국해 등에서 항행의 자유 불허	남중국해 유사시 군사적 개입
한국 안보 주권에 대한 개입	한·미 동맹의 방위 대상에 중국 추가
한국 국가 정체성 왜곡 언행	북한 비핵화 수단으로 선제 공격 동원
한국의 가치와 이념에 반하는 행위	한·미·일 군사 동맹

방어선이다. 한국이 넘지 말아야 할 대중국 마지노선은 중국의 핵심 이익 중 우리의 국익과 직접 배치되지 않은 범위 내에서 설정되어야 한다. 두 나라가 서로 넘지 말아야 하는 레드라인을 설정하고 이를 지켜나가야 한다.

한국은 지금까지 레드라인 없이 중국에 대한 우리의 국익을 과대평가하면서 대중 공포감으로 우리의 입지를 좁혀왔다. 중국과의 관계에서 돌발 상황이 터질 때마다 양보한 것은 대부분 한국이었다. 우리는 앞으로 대중 외교에서 원칙을 가지고 중국의 도발 행위에 대응해야 한다.

중국이 위반한 행위에 대해 한국 단독 또는 몇 개 국가와 공동으로 움직임으로써 우리의 레드라인을 중국에 분명하게 각인시키고 우리의 의지와 실행 능력을 보여줘야 한다. 우리도 한국 단독 또는 한·미 동맹 차원에서 중국의 핵심 이익을 침해하는 경우를 경계해야 한다.

한·중 간에 레드라인 같은 충돌 방지 장치를 설정해놓더라도 중국의 부상과 이에 따른 힘의 비대칭성은 더 심화될 가능성이 높다. 중국과의 가치 체계 및 체제상의 상이함으로 인해 양국 간 충돌이 잦아질 수 있다. 중국은 국력이 강성해질수록 한국을 자국의 의지에 따라 움직이는 하위 파트너, 즉 속국의 길로 몰아갈 개연성이 높다.

한국과 중국이 대등하고 평화로운 길을 걸으려면 3개의 노력이 필요하다. 첫째로 불필요한 충돌을 피하는 사전 노력에 힘써야겠다. 둘째로 자유민주주의적 가치를 지키면서 우리의 주권과 생존권 보존을 위해 자강하려는 각오가 필요하다. 때로는 결사항전을 하려는 의지와 자세도 보여야 한다. 셋째로 군사력과 외교력을 강화해 한·중 간의 국력 비대칭성에 따른 피해를 최소화하는 일이다. 특히 경제력과 첨단 기술력에서 한국이 중국에 우위와 강점이 있는 '가치 국가'가 돼야 양국 간에 보완과 선린 관계가 유지될 수 있을 것이다. 경제력과 기술력 향상을 목표로 우리나라 정치권과 기업, 학계, 언론 등이 비상한 관심을 갖고 움직여야 한다.

마지막으로 대중 관계에서 미국의 의중을 지나치게 의식하거나 그에 영합하려는 것은 주권 국가에 어울리지 않는 태도다. 중국을 상대로 협력할 것은 한다는 당당한 자세로 임하고, 중국과 일부러 척질 필요는 없다. 그러나 한·미 동맹이라는 방파제가 약화되거나 사라지는 것은 안보에 치명상이 되는 만큼 신중하고 사려 깊은 행보가 필요하다. 한·미 동맹이 없다면, 한국은 중국이란 블랙홀에 빨려 들어가 사라질 수 있기 때문이다.

통일은 '안보·경제·국제'

3중 복합 게임

북한과의 통일은 우리가 국제 사회와의 동행을 생각할 때 빼놓을 수 없는 화두다. 휴전선 155마일을 경계로 70년 넘게 팽팽한 군사적 긴장 아래 맞대고 있는 북한은 UN에 한국과 동시 가입한 별도 국가다. 동시에 같은 역사와 문화, 언어를 공유하는 동포들이 사는 곳이다.

한반도에서 분단 체제를 극복하고 통일된 국민 국가nation state를 세우겠다는 염원은 1945년 해방 및 분단 이후 남북한 모두에 공통된 소망이었다. 최소한 자국 국민은 물론이고 대외 정책으로 표방할 때도 그러했다. 그런데 아닌 밤중에 홍두깨처럼 북한이 느닷없이 '적대적 2개 국가론'을 들고 나왔다.

김정은은 2023년 12월 말에 열린 북한 노동당 8기 제9차

전원회의에서 '남북한 각각의 2개 국가'를 거론하더니 이듬해 1월 15일에 열린 최고인민회의에선 '적대적 2개 국가' 관계를 공식화했다. 할아버지 김일성과 아버지 김정일이 하늘처럼 받들던 대남對南 통일 과업을 폐기한 것이다.

전문가들은 그 이유를 한국 정부의 대북 및 통일 정책과 남쪽으로부터의 문화 사상 유입을 원천 봉쇄하고, 한국을 적대 국가로 규정함으로써 핵무기 사용의 논리적 완결성을 더 높이기 위해서라고 본다. 한국과 외관상 완전히 절연한 북한의 독립성을 천명하는 게 외교적으로 도움이 된다는 관측도 있다. 중국과 러시아가 외교적 부담 없이 국제 무대에서 북한을 전폭 지지하고 북·중·러 3국의 밀착을 거침없이 밀어붙이기 좋다는 것이다.

북한의 돌변은 통일에 관심이 적은 국내 MZ세대에게 '타는 불에 기름을 쏟는' 셈이 됐다. 현재의 냉랭한 남북 관계를 보면 북한 또는 통일과의 동행을 이야기한다는 것 자체가 뜬금없어 보인다. 하지만 통일의 꿈을 버리고 우리가 다른 외국과의 동행만 추구한다는 건 한민족으로서의 자기모순이다. 통일과의 동행을 이룰 수 있는 방법을 찾기 위해 북한 김정은 체제의 실체부터 생각해보자.

세계에서 유례없는 3대 세습을 이어가고 있는 북한은 세계에서 두 번째로 긴 세습 통치 국가인 캄보디아를 압도하는 세계 최장기 세습 지배 국가다. 철옹성처럼 꽁꽁 문을 걸어 잠근 북한이 저렇게 오랜 시간을 버틸 수 있는 이유는 무엇일까? 어떻게 해야 북한이 걸어둔 빗장을 열 수 있을까?

핵 개발과 경제 발전 동시에 가능한가

김일성-김정일-김정은으로 이어지는 세습은 표면적으로는 각각 통치 이념, 군사력, 경제력이라는 순환 구조를 갖는다. 김일성은 '주체사상'을 만들어 북한식 전체주의 리더십의 이념적 토대를 만들었다. 이어 그의 아들인 김정일은 핵 카드를 뽑아 들고 '선군 정치Military First'를 외치며 군사 강국화에 매진했다.

김정일 사망 후 28세에 집권한 김정은은 할아버지의 사상과 아버지의 군사력을 이어받아 경제 건설을 앞세웠다. 그는 집권과 함께 핵무력과 경제라는 2개 목표를 동시에 실천하겠다는 '병진竝進 노선'을 전면에 내세웠다. 2025년은 두 번째 '국가경제 발전 5개년 계획(2021~2025년)'이 마무리되는 해다.

하지만 김정은의 경제 건설 목표는 실현되지 못하고 있다. 세계 어느 나라도 북한을 무력 침공할 의사가 없는데도, 스스로 핵무기 개발에 집착해 경제난과 국제적 고립을 자초하고 있어서다. 핵무기 개발로 발생하는 한반도 상시 위기 상황은 북한 주민에게 김정은이라는 3대 세습 지도 체제가 필요하다는 환상을 갖게 만든다. 그런 점에서 북한의 핵 개발은 김정은 일가와 소수 특권층의 권력 보위 목적이 강하다.

이런 북한을 상대로 우리나라 역대 정부는 여러 정책을 추진했으나 북한의 의미 있는 변화와 북한의 핵 포기에 모두 실패했다. 왜 그럴까? 나는 한국의 보수와 진보 정권 모두 대북 지원을 전제로 북한의 비핵화와 개방을 유도하는 기능주의적 접근을 편 것이 원인이라고 생각한다.

모든 한국 정부는 남북한 간에 무력 충돌이나 전쟁 재발을 원치 않으면서 북한을 상대로 인도적 지원과 경제 교류를 실시했다. 이를 통해 북한 안에서 변화가 발생할 것으로 기대했다. 햇볕정책, 비핵개방 3000, 한반도 신뢰 프로세스, 신한반도 신경제 지도, 평화 체제, 윤석열 정부의 담대한 구상에 이르기까지 모두 한결같이 경제 지원과 교류 협력을 중요한 유인책으로 제시했다.

보수와 진보 정권에 따라 어떤 정권은 북한에 엄격했고 다른 정권은 관대한 정도의 차이는 있었다. 그러나 약간 과장하자면, 북한이 핵무기 개발에 나선 지 30년이 넘는 동안 우리의 대북 정책은 다람쥐 쳇바퀴 돌 듯이 제자리걸음만 했다. 문재인 정부가 '한반도 운전자론'을 내세우면서, 미·북 담판을 주선하는 것처럼 보였지만, 존 볼턴 당시 백악관 국가안보보좌관은 미·북 정상 회담을 '정치적 쇼'라고 비판했다.

그사이 북한의 핵무력은 더 강화됐고 미국과 중국 사이의 전략 경쟁은 신냉전 양상으로 더 악화됐다. 지원과 협력을 통해서 북한의 변화를 유도한다는 논리가 이론적으로는 맞지만 북한의 현실을 고려할 때 적용에 한계가 있음을 깨닫게 된 것이다. 이 방법이 성공하려면 북한 내부에 외부의 경제 지원으로 정치적 영향력을 키워나가는 세력이 존재해야 하는데, 오랜 세습 체제의 북한에는 그런 세력이 현재 없다.

북한 핵의 포기를 유도하는 제재 정책도 마찬가지다. 외부 제재로 인해 북한 내부에서 피해를 입는 세력이 존재하고, 그 세력이 지도자에게 압력을 가해야 하는데, 북한의 특성상 이런 일이 불가능하다. '햇볕정책'과 '제재정책' 모두 북한에 미치는 영향력이 제한적이라는 게 확인된 만큼 우리는 새로운 해법을 찾아야 한다.

통일은 운명을 건 대사건

앞으로의 대북 정책에는 그간 한국과 국제 사회가 노력한 것보다 몇 배 이상 창의적인 발상과 치밀하고 꾸준한 노력이 필요하다. 구체적으로 북한을 상대로 안보 게임, 경제 게임, 국제 게임을 정교하게 맞물어 동시 전개해야 한다. '안보·경제·국제' 차원의 정책을 함께 펼치는 삼중三重 복합 전략이다.

굳건한 한·미 동맹 토대 위에서 북한의 심리적 위협을 덜어 주는 안보 게임, 북한을 대화와 협력으로 유인해내는 경제 게임을 벌여서 이겨야 한다. 그리고 미국과 중국을 상대로 한국의 국가 이익을 적극 반영하는 외교 게임도 벌여야 한다.

이 중 어느 하나만 전개하는 일도 쉽지 않은데, 3개 게임을 동시에 추진하는 일은 어려운 목표일 수 있다. 하지만 북한 문제는 세계 어느 나라도, 누구도 대신할 수 없는 한국과 한국 국민만의 운명적인 과제다.

개인적으로 안타깝게 생각하는 것은 우리 국민의 통일에 대한 관심과 열망이 사라지고 있는 현실이다. 서울대학교 통일평화연구원의 최근 통일 의식 조사 결과에 따르면, 통일에 대한 20대(47.4%)와 30대(45%) 청년 세대의 지지율은 역대 최저치를 기록했다.[46] 6·25 전쟁을 경험한 세대가 얼마 남지 않았고, 대부분의 인구가 경제적 풍요와 세계화의 과실을 맛본 세상에서 '우리의 소원은 통일'이라는 문구가 가슴에서 멀어지고 있는 것이다.

한반도 바깥으로 눈을 돌려보면 제2차 세계대전 이후 국제 정치적 요인으로 분단된 독일, 베트남, 예멘, 한국 가운데 한국을 제외한 나머지 나라들은 방법은 달라도 모두 완성된 통일 국가가 됐다. 한반도 통일은 국제 사회 전체가 세계 평화로 나아가느냐를 가늠하는 리트머스 시험지라고 볼 수 있다.

한반도 통일은 막대한 통일 비용에도 불구하고 8,000만 명의 내수 시장을 갖는 거대 경제권의 등장을 뜻한다. 통일을 이루면 한반도에서 중견 국가를 넘어선 새로운 강대국이 등장할 수 있다. 동북아 안보 구조와 지정학적 균형을 바꾸는 한민족의 운명을 건 대사건이기도 하다.

한 가지 짚고 넘어갈 사실은 우리가 이루려는 통일은 대한민국의 안보와 한반도의 평화를 지키는 통일이라는 점이다. 대한민국은 북한을 상대로 모든 영역에서 압도적 역량을 지녔고 다른 어떤 나라보다도 인류 보편의 가치를 실현하는 데 앞장서 왔다. 한반도 통일은 우리의 이러한 정체성과 맞닿아 있어야 한다.

북한 비핵화 후 남북 통일

문재인 정부 시절 6·25 전쟁을 공식적으로 끝내는 종전 선언을 한 다음 한반도에 평화 체제를 구축하려는 노력이 있었다. 지금 우리 국민 중에도 평화 체제에 관심을 갖는 사람들이 있다. 북한을 상대로 70년이 넘는 정전 체제를 해소하고, 남북한이 통일의 길로 나아가는 평화를 구축하자는 데 반대할 사람은 없다.

하지만 한반도 평화 체제 구축에 앞서 북한 비핵화가 이뤄져야 한다. 아쉽게도 북한은 일체의 비핵화 관련 논의를 거부하고 있다. 북한 비핵화가 수반되지 않는 평화 체제는 무의미하다. 한반도 평화 체제가 들어설 경우, 한·미 동맹이 해체 수순을 밟게 되는 것도 고려해야 한다. 한·미 동맹이 어떻게 다른 목표로 전환하고 진화할 것인가에 대한 진지한 논의가 이뤄져야 한다.

우리나라는 제2차 세계대전 후 독립한 신생 국가 중 유일하게 산업화와 민주화, 정보화를 연이어 성공시켰다. 한국에 남아 있는 다음 목표는 통일이다. 그러려면 지금부터라도 '통일과의 동행'을 차근차근 준비하고 담대하게 나서야 한다. 한국에서 통일에 대한 기대감이 떨어지고, 북한이 2개 국가론을 주장하며 생존을 위한 마지막 몸부림을 치는 지금이야말로 통일과의 동행 노력을 벌일 가장 적절한 시점이다.

K-리더십의

미래

페루 리마와 르완다 키갈리를 다녀오고 2권의 책을 냈다. 제목을 '오세훈, 길을 떠나 다시 배우다'로 잡았다. 세상이 지름길로만 가는 건 아니란 점을 깨달았다. 두 국가에서 봉사 활동을 하며 보낸 1년은 가장 짧은 기간에 가장 많은 것을 배운, 의미 있는 시간이었다.

한국 정치인들이 유행처럼 미국, 독일, 영국 같은 선진국으로 가는 것과 달리, 나는 '인생 뭐 있나. 남을 돕는 일보다 더 큰 보람이 있겠어?'라는 역발상에서 두 나라를 택했다. 리마와 키갈리에서 나는 홀로 생활하며 버스나 택시 등 대중교통을 이용해 원하는 곳에 가봤다. 밥도 거의 혼자서 해 먹었다. 리마시청과 키갈리시청에 매일 출근해 한국의 선진 행정 경험과 노하우를 전수했다.

낯선 객지에서 목숨을 걸고 일하는 우리 해외 봉사자들의 애환을 알게 됐고, 공적개발원조ODA 현장에서 벌어지는 말 못할 속사정도 파악했다. '현재 진행형 시장'인 남미와 '미래의 시장'인 아프리카 대륙에 대한 관심과 이해의 폭을 넓고 깊게 한 것도 소득이었다. 무엇보다도 두 대륙을 포함한 국제 사회와 한국이 동행하는 방법을 여러모로 고민해보는 값진 시간이었다.

나는 1990년대 환경운동연합의 법률상담실장과 법률위원장 겸 상임집행위원으로 활동했다. 그 영향인지 나는 지금도 지구 온난화와 기후 변화 위기 같은 국제 어젠다에 관심이 많다. 국제 사회에선 1997년 교토의정서Kyoto Protocol와 2015년 파리기후변화협약Paris Agreement 등이 이뤄졌다. 우리나라는 온실가스 감축 목표를 자발적·선제적으로 제시하는 모범 국가다.

하지만 트럼프 대통령이 2025년 1월 20일 취임 당일 파리기후변화협약 탈퇴를 결정하는 행정 명령에 서명함으로써 국제적으로 지구 온난화 및 기후 변화 대응은 다시 후퇴하게 됐다. 그러나 대표적인 비전통 안보non-traditional security 분야인 기후 변화 문제에서 한국은 독보적인 문제 해결 능력을 제시할 수 있다고 생각한다.

녹색 성장 같은 분야에서 한국은 국제 사회를 상대로 퍼스트 무버로 어젠다 세팅을 해본 경험이 있고 적지 않은 노하우와

통찰력을 소유하고 있기 때문이다. UN사무총장을 배출한 한국은 강대국과 약소국 사이에서 조정 역할을 잘 수행하는 대표적인 중견 국가middle power로 꼽힌다. 오늘날 국제 사회에는 여러 나라가 공동으로 직면하는 과제가 많다. 우리는 고유의 국가 정체성과 경험, 위상을 활용해 국제 사회에 기여해야 한다.

현대사에서 한국이 독보적으로 쌓아온 경제 성장, 민주화, 인권, 평화 같은 국가 정체성이 대표적이다. 우리는 녹색 성장 외에 환경, 인권, 여성 등에서도 두각을 나타낼 수 있다. 국제 사회의 몇몇 강대국이 세팅하는 어젠다에서 그들이 제시하는 해결 방안에 공감하거나 따라가는 형태를 벗어나 이제는 우리 스스로 구체적인 문제 해결 방안을 제시하며 공감을 얻어야 한다.

지구 온난화나 코로나19 팬데믹 같은 문제에서 한국은 국제 사회와 동행하는 새로운 모델이 될 수 있다. 온실가스 배출 문제의 경우, 관련된 국제 표준을 놓고 미국과 중국은 서로 선점 경쟁을 벌이고 있다. 코로나19 팬데믹에서도 두 나라는 자국 백신을 외교적 도구로 활용하며 영향력을 확대하는 이기적 모습을 보였다.

미·중과 달리 국제 사회의 도움으로 선진국 문턱까지 발전한 우리가 그동안 받은 도움을 돌려주겠다는 겸손하고 열린 K-리더십으로 접근하면 그들에게 감동을 주고 상당한 성과를 거둘 수 있다. AI의 평화적 이용과 분쟁, 저개발, 각종 질병 같은 인류의 공동 문제 해결에 한국은 적극 관심을 가져야 한다. 이를 통해 한국은 소프트 파워 증진과 국제 사회에서 발언권 신장 같은 효과를 부수적으로 얻을 수 있다.

글로벌 사우스와의 관계

우리가 국제 사회와 동행하면서 주목해야 할 대상은 이른바 '글로벌 사우스' 국가들이다. 지구촌은 미국과 서유럽 선진국 중심인 '글로벌 웨스트', 중국·러시아 등 수정주의 성향 국가들인 '글로벌 이스트', 그리고 '글로벌 사우스'로 구성돼 있다. 이 가운데 글로벌 사우스에 속하는 국가는 130여 개국으로 가장 많다.

이들은 상대적으로 중진국 또는 저개발 국가이면서 글로벌 웨스트와 글로벌 이스트를 상대로 사안에 따라 자기 목소리를 낸다. 상당수 국가는 자원 부국이거나 인구가 많아 경제적으로 우리에게 매우 중요하다. 한국의 미래는 앞으로 글로벌 사우스와 얼마나 좋은 관계를 맺어 성장을 일궈내느냐에 달려 있다고 본다. 세계 최대 인구를 가진 세계 경제 5위 국가로 글로벌 사우스의 리더 격인 인도가 그렇다.

글로벌 사우스 국가들은 일관된 지침이나 약속에 따라 일

사불란하게 움직이는 집단이 아니다. 느슨한 자율성이 이들의 특징이다. 글로벌 사우스 소속 국가들과 잘 지내려면 양자 외교로 개별 국가들과 좋은 관계를 맺고 발전시켜야 한다. 글로벌 사우스 국가들의 독특한 정서와 유대감을 이해하면서 이들을 하나의 공동체로 모아 접근하는 입체적인 접근이 필요하다.

우리나라는 제2차 세계대전 후 1970년대까지 30년여 동안 원조를 받는 수혜국으로 있다가 1980년대 이후 원조를 주는 공여국으로 바뀌었다. 나아가서 한국은 2010년에 ODA의 선진국 클럽이라는 OECD 산하 개발원조위원회DAC의 회원국으로 가입했다. 2011년에는 부산에서 세계개발원조총회를 개최해 해외 원조 및 개발 협력 사업에서 역량을 확인했다.

개선해야 할 점이 일부 있지만 우리나라는 비교적 짧은 시간에 ODA 선진국으로 발돋움하고 있다. 제도를 더 완비하고 사업의 비전과 목표를 구체화한다면, 국제 사회에서 한국의 위상과 기여가 더 높아질 것이다. 페루와 르완다에서 코이카 소속 봉사활동을 하며 내가 직접 확인한 한국의 ODA 수준은 어느 나라에도 뒤지지 않는다.

다만 우리 정부의 해외 원조 및 인도적 지원 정책 수립·집행에서 일관된 목표와 원칙이 약한 것은 아쉬운 부분이다. 우리도 일본처럼 '인간 안보human security' 같은 확실한 원칙과 비전을 정하거나 스웨덴처럼 외교부와 산하 기관 사이의 역할 분담을 분명하게 해야 한다.

2025년은 UN 창립 80주년을 맞는 해다. 현재 UN은 인류의 미래를 향한 다양한 개혁 조치를 마련하고 있다. 예를 들어 2030년을 목표로 2015년에 발표한 지속가능발전목표SDGs의 후속 조치인 'post-2030'을 준비하고 있다. 우리나라도 이 같은 글로벌 어젠다 논의에 적극 참여해 발언권을 행사하고 주도해야 한다.

우뚝 설 그날을 위해

UN의 새천년개발목표MDGs와 지속가능발전목표는 빈곤·질병·환경·아동 등 인권 실천을 위한 포괄적인 주제를 담고 있다. 강대국 이기주의가 기승을 부리는 가운데, 다른 한편에선 더 나은 국제 사회 건설을 위한 노력이 부단히 진행되고 있다. 한국의 국가 에너지를 세계인의 공통된 문제와 고민 해결에 일정 부분 투입해 이바지하겠다는 지도자와 국민의 성숙한 결단이 필요한 시점이다.

국제 사회와의 동행이 순항하려면 우리가 상대방을 더 배려하고 더 주의를 기울여야 한다. 동행하는 상대방 국가가 다른 문명권에 속해 있기도 하고, 어떤 경우에는 우리에게 적대적인 감정을 품은 나라일 수도 있기 때문이다. 5,000년 한반도 역사에서 우리의 정체성으로 자리 잡은 '공동체 정신'과 '평화 지향적인 세계관'은 대한민국의 큰 자산이다.

4대 강국에 둘러싸인 지정학적 어려움과 특수성을 이겨내고 경제 발전과 민주주의 발전을 이뤄낸 것도 자랑거리다. 이런 장점과 경험을 살려 진지하고 겸허한 자세로 국제 사회와 동행해야 한다. 이를 통해 세계인의 자유롭고 행복한 삶과 성숙한 문화 창달에 이바지할 때, 우리는 백범 김구 선생이 《백범일지》 '나의 소원' 편에서 말한 "새로운 문화의 근원이 되고, 목표가 되고, 모범이 되는" 나라로 우뚝 서게 될 것이다.

1부 낭떠러지 끝에서 살아남기: 오세훈과 진중권의 끝장 토론

1   진중권(2020), 《진중권 보수를 말하다: 한국 보수를 향한 바깥의 시선》(동아일보사), 95쪽.

2   더불어민주당 대선 준비 조직인 집권플랜본부는 2월 6일 국회에서 '성장은 민주당, 대한민국 성장 전략' 신년 세미나를 통해 집권 시 "삼성전자급 기업 6곳을 키워내겠다"고 발표했다. 덧붙여 AI 등 첨단 산업에 강력한 국가 주도 지원을 통해 '5년 집권 내에 3%대 성장률'을 달성하겠다는 목표도 제시했다. 김태준(2025.2.6), 〈野 "집권 하면 성장률 3%대로… 삼성전자급 기업 6개 키울 것"〉, 《조선일보》.

3   손진석·홍준기(2023), 《부자 미국 가난한 유럽》(플랜비디자인), 33~37쪽.

4   트럼프 대통령은 2월 10일(현지 시간)에 있었던 폭스뉴스와의 인터뷰에서 "나는 우크라이나에 5,000억 달러(약 726조 원) 가치의 희토류를 원한다고 이야기했고, 그들은 기본적으로 그에 동의한다고 답했다"고 밝혔다. 그는 미국이 우크라이나에 투입한 돈이 대략 3,500억 달러로 유럽이 지출한 1,000억 달러의 2배가 넘는다고 주장하며 "우리는 바보가 아니다. 뭔가 얻어내지 않고 이 돈을 계속 쓸 수는 없다"고 강조했다.

5   신속통합기획은 2021년 9월에 도입한 서울시의 대표 도시·주택 정책이다. 복잡한 절차를 단축하고 사업지별 맞춤형 기획으로 정비 사업을 지원해 효율적인 도시 정비를 꾀한다. 정비 구역 지정 기간을 5년에서 2년으로 단축하는 것이 핵심이다.

6   2022년에 처음 시작한 모아주택·모아타운은 소규모 정비 방식을 활용해 재개발이 어려운 저층 주거지를 신속하게 정비하는 사업이다. 모아주택은 노후 저층 주거지를 '나 홀로 아파트' 형식으로 개발하는 방식이며, 모아타운은 모아주택 2곳 이상을 하나의 단지처럼 통합해 개발하는 사업이다. 재개발은 정비 구역 내 모든 건축물과 도로를 전면 철거하고 개발하는 반면 모아타운은 관리 계획 수립을 통해 용도 지역 상향, 건축 협정, 특별 건축 구역 지정 등으로 소규모 정비 사업 여건을 개선하고 주차장, 공원, 도로 폭 확대 등을 통해 부족한 기반 시설을 확보해나가는 방식으로 진행된다. 재개발은 평균 10년 이상이 걸리지만 개별 모아주택은 5년 내외로 사업 기간이 짧다.

7   국민연금의 큰 틀을 유지하면서 특정 변수를 조정하는 방식이다. 구체적으로는 보험 요율과 소득 대체율 등을 조정하는 것을 이른다. 국민연금의 큰 틀을 재설계하는 구조 개혁과는 차이가 있다.

8 국회 환경노동위원회 소속 이용우 더불어민주당 의원이 고용노동부에서 제출받은 자료를 분석한 결과, 삼성전자는 지난해 반도체 R&D 인력에 대한 특별 연장 근로를 15회 신청해 전 건을 승인받은 것으로 파악됐다. 반면 SK하이닉스는 현재까지 특별 연장 근로를 한 번도 실시하지 않은 것으로 조사됐다. 근로기준법상 근로 시간은 주 40시간이 기본으로, 최대 12시간까지 연장 근로가 가능하다. 이렇게 총 주 52시간을 초과해 일한 경우 사업주는 처벌 대상이다. 다만 불가피한 사정이 있는 경우 근로자 동의와 고용부 장관의 인가를 받아 근로 시간을 연장할 수 있도록 '특별연장근로제도'를 두고 있다. 고홍주(2025.1.30), 〈반도체 R&D 연장근로… 삼성 2년간 43만 시간, SK하이닉스 '0'〉, 《뉴시스》.

9 호봉제가 일반적인 일본은 2006년과 2013년에 고령자 고용 안정법을 개정해 법정 정년은 60세로 유지하되 65세까지 고용 확보 조치를 하도록 의무화했다. 기업들은 ①계속 고용(퇴직 후 재고용), ②정년 연장, ③정년 폐지 등 3가지 고용 확보 조치 중 하나를 택해야 한다. 고용 연장을 법제화하면서도 개별 기업이 자사의 사정에 맞춰 방식을 유연하게 선택할 수 있도록 허용한 것이다. 신윤재(2024.10.23), 〈고용 갈등 푼 일본, 정년 연장 여부 기업들에 맡겼다〉, 《매일경제》.

2부 선도할 것인가, 추격할 것인가: 미래로 가는 5대 동행

10 한국경제 사설(2024.12.22), 〈상위 10%가 종소세 85% 납부, 포퓰리즘적 과세 언제까지〉, 《한국경제신문》.

11 Ray Kurzweil, *The Singularity is Near*(2005)와 같은 저자의 *The Singularity is Nearer*(2024)

12 정보통신산업진흥원(2024), 〈품목별 ICT 시장 동향〉.

13 차지연(2023.1.31), 〈10년간 중산층 늘었지만 '노력하면 계층 상향' 기대는 줄어〉, 《연합뉴스》.

14 약자동행지수는 생계·돌봄, 주거, 의료·건강, 교육·문화, 안전, 사회통합 6대 영역 50개 세부 지표로 구성된다. 서울시는 민선 8기가 출범한 2022년을 기준값 100으로 설정했다. 지수가 100을 넘으면 2022년보다 정책 성과가 개선됐다는 것을 의미하고, 100보다 낮아지면 원인을 분석해 개선 방안을 내놓게 된다. 2024년 6월 19일에 공개된 첫 평가 결과를 보면, 2023년 종합지수는 111로 전년보다 11% 상승했다. 서울연구원의 성과 분석에 외부 평가단의 검증 과정을 거쳐 최종 산출됐다. 지수별로 보면 주거(125.1), 안전(124.9), 의료·건강(120.1), 생계·돌봄(100.8) 등 4개 영역은 상승했고, 교육·문화(98.4), 사회통합(97.6) 등 2개 영역은 하락했다. 세부 지표 가운데 '주거 취약계층 주거 상향 지원 규모'가 가장 큰 폭으로 올랐다. 이는 쪽방

촌·고시원·반지하 등에 거주하는 시민을 발굴해 공공임대주택 이주 등 안정적인 거주를 돕는 사업이다. 최윤선(2024.6.19), 〈서울시 '약자동행지수' 첫 발표… 주거·안전↑·사회통합↓〉, 《연합뉴스》.

15 2023년 3월 10일에 장혜영 당시 정의당 의원이 공개한 국세청 통합소득 100분위 자료 분석 결과에 따르면, 문재인 정부(2017~2021) 기간 소득 하위 64% 이하 구간의 소득 상승률은 1.1%로 집계됐다. 박근혜 정부(2013~2020) 기간의 상승률은 2.1%였다. 경제적 하층의 소득 상승률이 문재인 정부에서 오히려 반토막이 난 셈이다. 2017년에 48배였던 하위 80% 대비 상위 1%의 연소득은 2021년에 53배로 늘었다. 소득 불평등이 심화했다는 의미다.

16 동아시아연구원(EAI)이 20대 대선 직후인 2022년 3월 10~15일에 실시한 대선 패널 2차 조사에 나온 결과다. 이 조사에 따르면 이재명 후보는 소득이 높은 계층일수록 많은 표를 얻었다. 구체적으로, 월평균 소득 600만~700만 원 미만에서 이 후보는 61.7%를 얻어 가장 높은 지지율을 기록했다. 조사 대상 유권자 중 소득 구간이 가장 높은 월평균 소득 700만 원 이상에서도 이재명 후보는 49.6%를 얻어 오차범위 내에서 윤석열 당시 후보(47.9%)를 앞섰다.

17 이성규(2010), 《서울, 복지에 미치다》(21세기북스), 205~206쪽.

18 수료식에 즈음해 덕수궁 인근 '스페이스 소포라'에서 '희망의 인문학' 수료생들의 전시회가 열렸다. 석고상, 도자기, 목공예와 스스로 성찰하고 자존감을 회복하는 과정에서 작성한 글, 캘리그라피, 그림 등 150여 점이 공개됐다. 정수연(2024.11.15), 〈자립 의지 북돋는 오세훈표 '희망의 인문학' 수료… 827명 배출〉, 《연합뉴스》.

19 동행식당은 쪽방 주민들이 하루 한 끼 원하는 메뉴를 골라 편안하게 식사할 수 있도록 지원하는 사업으로 2022년에 시작했다. 동행목욕탕은 쪽방촌 주민에게 월 2회, 혹서기와 혹한기에는 월 4회 목욕권을 제공한다. 온기창고는 쪽방촌 주민들을 위한 생필품 가게다. 쪽방촌 주민 개인이 배정받은 적립금 한도 내에서 필요한 물품을 자율적으로 선택할 수 있다.

20 박기성 교수는 변양규 김앤장 법률사무소 전문위원과 함께 2017년 9월 한국노동경제학회가 발간하는 학술지 《노동경제논집》에 논문 〈안심소득제의 효과〉를 발표했다. 이에 앞서 같은 해 5월에는 소설가 복거일 씨 등과 공저한 단행본 《기본소득 논란의 두 얼굴》(한국경제신문)을 출간했다.

21 DB에 등록된 연구 책임자는 이정민 서울대학교 경제학부 교수다. 다음의 사이트를 참조하면 된다. https://www.socialscienceregistry.org/trials/10958

22 중위소득 대비 85% 이하면서 보유 재산이 3억 2,600만 원 이하인 가구.

23 디딤돌소득 시범 사업은 2022년 7월에 시작했다. 시범 사업을 위해 2022년에 중위소득 50%·재산 3억 2,600만 원 이하 484가구를 선정했다. 2023년엔 대상을 중

위소득 85% 이하로 확대, 1,100가구를 추렸다. 이듬해 4월엔 가족 돌봄 청년과 저소득 위기 가구를 중심으로 총 492가구를 추가로 선정했다. 지원 집단은 중위소득 85% 대비 가구 소득 부족분의 절반을 3년간 지원받는다.

24 고미혜(2024.11.21), 〈20년 뒤처진 韓 사회보장 지출… "2065년 GDP 대비 26.9% 전망"〉, 《연합뉴스》.

25 비교 대상은 중위소득 50% 이하 디딤돌소득 미수령 가구다. 한편 디딤돌소득 시범 사업 연구에 참여한 이정민 서울대학교 경제학부 교수는 "자녀 교육이나 직업 훈련에 돈을 쓴다는 건 장기적으로 노동 생산성과 계층 이동 가능성을 높이는 인적 자원에 대한 투자"라고 평가했다. 송진호(2024.10.8), 〈근로 소득 늘고 자녀 교육에 투자〉… 서울시 '디딤돌소득' 효과 톡톡〉, 《동아일보》.

26 이설영(2024.10.7), 〈일할수록 소득 늘도록 설계… '진정한 자립' 도와(서울시 '디딤돌소득' 2년)〉, 《파이낸셜뉴스》.

27 이상은·최해련(2023.12.20), 〈뒤플로 MIT 교수 "한국에는 선별적 소득 지원 제도가 적합"〉, 《한국경제신문》.

28 김현철(2023), 《경제학이 필요한 순간》(김영사), 36~37쪽.

29 2025년에는 취약계층 4~5세 유아에게 창의력, 사고력 등을 촉진하는 양질의 온라인 콘텐츠를 제공해 건강한 정서적·신체적 발달을 돕는 '서울런 키즈' 사업이 시범적으로 운영된다.

30 2024년 대학수학능력시험 이후 서울시가 내놓은 조사 결과는 고무적이다. 이에 따르면 서울런을 이용하면서 수능 시험을 본 학생 1,243명 가운데 682명이 대학에 합격한 것으로 나타났다. 서울 시내 11개 대학과 의약학계열·교대·사관학교 등 진학자는 122명으로 2023년보다 56.4%가량 증가했다. 이수기(2024.11.22), 〈'교육 사다리' 서울런 회원 3만명 돌파… 올 수능 682명 합격〉, 《중앙일보》.

31 러셀 커크(2018), 《보수의 정신》(지식노마드), 754쪽.

32 전수경(2024), 《2060 대한민국 복지 디폴트》(좋은땅), 6쪽.

33 이재명 대표는 2024년 7월 10일에 당대표 연임에 나서겠다는 출마 기자 회견을 열면서 "결국 소득, 주거, 교육, 금융, 에너지, 의료 등 삶의 모든 영역에서 구성원의 기본적인 삶을 권리로 인정하고 함께 책임지는 '기본사회'는 피할 수 없는 미래"라고 하며 "출생 기본소득, 기본주거, 기본금융, 기본의료, 기본교육 등을 점진적으로 시행 확대해야 한다"고 말했다. 김정환(2024.7.10), 〈이재명, 당대표 출마 선언… "'먹사니즘'이 유일한 이데올로기"〉, 《조선일보》.

34 이와 같은 관점을 심도 있게 정리한 저작이 전수경(2024), 《2060 대한민국 복지 디폴트》다. 전 박사는 "케인즈주의 재정 정책이란 경기 순환이 반복되는 가운데 '일시

적 일탈'이 발생할 때에나 쓸 수 있는 것"이라고 하면서 "글로벌 경제 시대에 들어서 케인지언 정책은 경제는 살리지 못하고 국가 부채만 폭증시키면서 세대 간 불균형을 더욱 확대하는 결과를 낳고 있다"고 썼다(90~91쪽).

35 관련 논의는 김태일, 〈스웨덴의 재정 개혁〉, 《월간 나라재정》(2022년 11월호)를 참조했다. 김 교수는 복지 천국이라고 불리는 스웨덴이 재정에서 유독 흑자 원칙을 고수하는 이유에 대해 "1990년대 초반의 금융 위기를 수습하면서 스웨덴은 대규모 재정 지출을 해야 했고, 그로 인해 국가 채무 규모가 대폭 상승했다"고 하면서 "국가 채무 상승으로 정부 재정 안정성에 대한 신뢰가 떨어지면 국채 금리가 상승하고, 그러면 재정 운용은 더욱 어려워진다"고 설명했다. 즉 만약에 닥칠 경제 위기를 수습할 재정 여력을 갖추기 위해서라는 뜻이다.

36 이현출(2018), 〈인구의 정치학: 실버민주주의의 도래와 세대 간 정의〉, 《한국정치연구》, 제27권 제2호.

37 박성원(2024), 〈2030년 대전환기의 국회, 정부, 시민사회 새 역할론: 국회는 미래위원회, 정부는 미래세대부, 시민사회는 미래대화를〉, 《국가미래전략 Insight》, 105호.

38 보고서는 구체적으로 "각 상임위원회 및 예산결산특별위원회 위원장 또는 간사들의 참여로 미래위원회의 국가미래전략에 따른 법률과 예산의 심사 결과를 타 상임위원회에 의견으로 제시, 해당 상임위원회는 반드시 수용하게 하는 권한을 법률로 명시하는 방안"을 제안하고 있다.

39 '탄생응원 서울 프로젝트' 시즌 2에서는 시즌 1 당시 2개 분야(탄생응원, 육아응원) 52개 사업에서 3개 분야(돌봄·주거, 양육친화·일생활균형, 만남·출산) 87개 사업으로 영역이 확대됐다. 2025년에는 약 3조 2,000억 원이 투입된다. 김기훈(2025.1.20), 〈'저출생 극복' 서울시 올해 탄생응원 프로젝트에 3조 2천 억 투자〉, 《연합뉴스》.

40 2016년에 도입된 CSOK는 40세 이하 기혼 여성이 있는 가정이 집을 살 때 자녀 수에 따라 1,500만~5,000만 포린트(약 5,700만~1억 9,000만 원)를 저리로 빌려주는 제도다. 상환 기간은 최대 25년이다. 둘째를 낳으면 1,000만 포린트, 셋째를 낳으면 추가로 1,000만 포린트를 원금에서 빼준다. 2019년에는 '출산 예정 대출'이 도입됐다. 용도를 묻지 않고 최장 20년 동안 1,100만 포린트(약 4,180만 원)까지 빌려주는데, 대출 후 5년 내 첫아이가 태어나면 이자가 면제되고 원금 상환이 3년간 유예된다. 둘째가 태어나면 원금의 30%가 탕감되고 상환은 3년간 더 늦춰진다. 셋째 아이가 태어나면 원금 전액이 탕감된다. CSOK와 출산 예정 대출을 동시에 이용할 수도 있다. 박성민(2024.1.16), 〈'마음 놓고 아이 낳게' 주택 지원 집중… 韓보다 낮던 헝가리 출산율 24% 껑충〉, 《동아일보》.

41 신기욱(2023), 《민주주의의 모험: 대립과 분열의 시대를 건너는 법》(인물과사상사).

42 이종혁·이진한(2023.2.2), 〈文정부 실패한 직무급제 전환… 尹정부 '칼' 뽑다〉,

《매일경제》.

43 윤희숙(2025), 《콜드 케이스: 벼랑 끝으로 한국경제를 몰고 간 5가지 장기 미해결 과제》(천년의상상), 227~229쪽.

44 정약용(2009), 《유배지에서 보낸 편지》(박석무 편역, 창비), 161쪽.

45 2017년 11월에 문재인 대통령이 중국 방문 기간 중 합의한 것으로 알려진 내용으로 '중국의 허락 없이 미국 미사일방어(MD) 체제 가입 불가, 사드 추가 배치 불가, 한·미·일 군사 동맹 불가'를 일컫는다.

46 https://ipus.snu.ac.kr/wp-content/uploads/2024/12/최종-2024-통일의식-조사-내지.pdf(검색일: 2025년 1월 15일).